恋愛と結婚の燃えつきの心理

カップルバーンアウトの原因と治療

A・M・パインズ 著
高橋丈司・岩田昌子 訳

北大路書房

Couple Burnout

Causes and Cures

by
Ayala Malach Pines

原著者まえがき

本書は、主として、カップルを対象として、仕事をしている専門家のために書いたものである。目的は、カップルバーンアウト（恋愛と結婚の燃えつきの心理）の現象——原因、危険な徴候、症状——を述べ、カップルバーンアウトに対処するための最も効果的な方略を提示することである。

本書は個人とカップルを対象とした広範な研究と臨床経験にもとづいている。研究は、カップルバーンアウト尺度（付録一を参照）を用いた延べ数千人に及ぶ調査の分析および数百人の個人とカップル（燃えつきてしまったカップルと幸せに結婚しているカップルを含む）への面接から成り立っている。面接の対象となったカップルは、アメリカ合衆国およびそのほかの国で、伝統的な結婚をしている者はもちろん非伝統的結婚をしている者も含まれており、また異性愛のカップルと同性愛のカップルの両方が含まれていた。臨床の仕事は、合衆国やそのほかの国における燃えつきた個人やカップルを対象とした心理療法、および何百というカップルバーンアウト治療集会である。

私が臨床の仕事にもとづいて到達した最も重要な結論は、燃えつきのプロセスを理解することが、燃えつきに対処することを学ぶ第一歩であるということだ。再三再四私は、個人、カップル、集団を対象とした治療活動の仕事において、燃えつきとは何であるかを理解しただけでもずいぶん治療効果があることがわかった。典型的な反応は、「ああ、燃えつきだったんだ。私たちは（あるいは私は）とてもまちがっていたと思う」であった。問題を「燃えつき」と、たんにレッテルを貼り直すことによって、罪悪感と責めの感情が、問題に対処する新しいエネルギーに置き換わっていく。

カップルバーンアウトの治療の概念的枠組みは統合的アプローチであって、それは、精神分析療法、システム療法、行動療法の利点を組み合わせたものであり、さらに、これまではこの分野ではあまり認識されていなかった、実存分析および社会心理学の視点を取り入れたものである。

一章では、現代における燃えつきの歴史的哲学的文脈を説明し、燃えつきの定義および危険な徴候を述べる。二章では燃えつきのモデルを提示する。燃えつきのモデルは愛の始まりから愛の終わりまでの燃えつきのプロセスを詳しく示す。また、燃えつきの正反対をなすものすなわち「根と翼」を述べる。三章ではカップルへの臨床的方法の文脈内で燃えつきを考察する。

仕事と結婚の両方の燃えつきに対処するために、仕事の選択と結婚のパートナー選択における類似性に注目すると、燃えつきを考察するのに役に立つ。四章では親密な関係とたいせつな仕事とのバランスをとる問題を考察する。五章ではカップルバーンアウトの性差を述べ、六章ではセックスの燃えつきの心理を述べる。

燃えつきは避けることはできないのか。この問題は多くの人から聞かれるが、七章で答えている。八章では、燃えつきたカップルと幸せに結婚しているカップルを比較した研究結果を提示し考察する。いかにしてカップルバーンアウトを避けることができるかについての助言・勧告も述べる。

本書は、理論に加えて、個人、カップル、カップル集団を対象とした治療の仕事に、カップルバーンアウトの概念的枠組みを適用することに関心をもっている専門家のために、詳細な実践方法を述べている。九章はカップルバーンアウトの治療集会について段階を追って記述し、そして、数個の治療活動およびカップルカウンセリングの文脈でこのような治療活動を使用するための理論も詳述している。

前に述べたように、カップルバーンアウトの研究に協力してくださった個人やカップルは、同性愛も含めた人々であった。同性愛者の回答は異性愛者の回答と有意には異ならなかったので、本書ではいっしょにしてある。本書において提示する例にみられるように、燃えつき（バーンアウト）に関する問題は、同性愛のカップルでも異性愛のカップルでもほぼ同じである。

〈注意〉本文中に出てくる人の名前および特徴は、プライバシーを守るために変えてある。

目次

五章 恋愛と結婚における燃えつき状態の性差 121

六章 セックスの燃えつきの心理 147

七章

恋愛と結婚の燃えつき現象は避けられないか　187

八章

燃えつきてしまったカップルと燃えつきないで愛し合っているカップル　215

一章

恋愛と結婚の燃えつきの心理
——定義、原因、症状

どんなにわたしたちがほかの恋人同士とおなじに愛しあい、生きることに伴うささいな出来事に破滅させられないよう骨折ったか、それを書くわ。どのようにそれがわたしたちをだめにし、どのようにそれを忘れたかも。ほかのみんなとおなじように。

ハン・スーイン『慕情』[198]

「一目惚れ」「相思相愛」「あとは幸せがずっと続く」。欧米文化のなかで育ったほとんどの人にとって、恋愛と結婚への期待はきわめて高い。この期待の大きさが燃えつきの程度に影響する。ほとんどの人は、恋をしたときお互いのことをよく知らないのに、この恋はずっと続くだろうと思う。この思いのために、相手の欠点が見えなくなり、そして常識を失い、先が見えなくなる。恋について理想的な思いをいだきながら、日常生活のなかで現実に直面したとき、燃えつき（バーンアウト）は生じる。燃えつきは多くの理想主義的な人が恋愛関係に期待しすぎた心理的代価なのである。受け取った以上に、注いだことに対するあるいは注いだと思い込んでいることに対する代価なのである。燃えつき状態は、期待と現実のあまりにも大きいズレから起きるのだ。失望が積み重なり、毎日ストレスがつづき、しだいに心をむしばみ、ついに燃えつきる。ドナは四〇代前半の背の高い美しい女性で、建築家として成功している。ドナは一四年の嵐のような結婚生活を送ったあと、燃えつきた。

私たちの関係は、むなしいのです。私たちの間には何もないのです。きずなもないし、コミュニケーションもないし、分かち合いも、接触も、愛情も、何もないのです。二人でいっしょに何かをする計画もないし、共通の関心事もありません。あるのは緊張だけで、それが私を疲れさせ悲しくさせます。私たちは相手に全然期待していないのです。情緒的にも、知的にも、身体的にも、なんらかの点で、私の生活を彼が支えてくれることは何ひとつありません。夫婦のような感じがしていません。心のつながりがないのです。イライラし怒りがこみ上げてきます。心を閉じその感情を鎮めねばなりません。性的にも、情緒的にも、もうこれ以上彼のために何かしてあげることはできません。彼との生活で私が得るものは何もないと思います。彼から解放されるためならばなんでもします。イライラとあわれみ以外には、彼に対して何の感情ももてません。帰宅したとき、彼がいると、ひどく緊張します。もうこれ以上彼と生活をともにしたくないのです。

ドナの夫アンドルーは四〇代半ばの会計士で、髪の毛が黒くハンサムな男性である。燃えつきた結婚生活を次のようにいっている。

ひどい話ですが、私は、知らない人と生活をしているという感じがずっとしていました。どんなにひどかったことか。二人の間には全然やり取りがなくなって、無意味な生活を送っていたのです。表面には出さないで絶望した生活を送っていました。

愛情がなくなっていること、将来をともにしたいという希望がもてないこと、事態をよくしていこうという意欲がもてないこと、アンドルーとドナのこういう感情は、燃えつきの特徴であり、結婚生活の痛ましい終局である。結婚生活の問題は婚姻制度と同じくらい古くからあるが、燃えつきは現代の現象である。燃えつきは、われわれの世代にとっての恋愛の重要性と関係がある。かつまた、燃えつきは、愛が結婚の非常にたいせつな基礎になっているという事実と関係がある。

この文化のなかで育ってきた大人で、「恋愛」はどんなものであるかを知らない人はまずいないし、またこれまでの人生で恋愛を一度か二度経験したことのない人もまずいない。恋愛を研究している学者、エレーヌ・ウォスターは、恋愛を「相手に強く心を注いでいる状態」かつ「生理的に非常に興奮している状態」と定義している。時には、「うまくいってほしいという願望だけ」で恋が終わったりするし、幸運な人は、「相手の愛を最終的に獲得するエクスタシー」を経験する。[❤209]

恋愛は、大昔からどの形態の愛よりも最高位にあったが、近年になって初めて配偶者選択の基礎として重要視されるようになった。愛情のきずなは長期間の夫婦の関係を維持するのに重要だ、と信じたい思いは、広く共通している。理性の声は、配偶者選択以外の人間のどんな努力においても歓迎されるが、配偶者選択にあたっては、理性の声を前面に出すと、軽蔑される。たとえば、ニューヨーク・タイムズに載った現代の大都会の若い職業人についてのきびしい批判記事を見てみよう。その記事の筆者は、ヤッピー（訳者注：一九八〇年代の大都市郊外に住み裕福な生活を送る若いエリート）たちを「非ロマンチスト」とよぶ。理由はこうである。ヤッピーたちは、まず、互いの資産（邸宅、収入、学歴、家族）を検討してから、ふさわしい結婚相手になり得るかどうかをきめる。結婚へのこのヤッピーのアプローチは、有名な社会学者、アービング・ゴフマンの次の記述にも現われている。

われわれの社会では結婚の申し込みの傾向として、男性は、自分の社会的特性を女性に示す。女性の社会的特性は男性ほどでなくても、結婚の妨げにはならない。[79]

われわれの社会のような、恋愛をたいせつにする社会にあっては、結婚についてのこのような鉄のように冷たい物質主義は、温かい感情のない、冷ややかな生き方であるように思える。男女の親密な関係を商取引の仕事としてみることには多くの人の抵抗がある。実際問題として、互いについての乏しい情報のままで、結婚に踏み切る人はごく少ない。しかし、愛と結婚は心の問題であり、愛は理性を越える体験であると考えられる。

愛は自由と自己決定の行為である。恋愛はいくつかの点で人の心を動かす力をもっている。恋愛は個人主義を極端なまでに実行する。最愛の人はただひとりで、置き換えることはできないのだ。幸福の追求を生まれながらにもっている権利と考える国では、恋愛は、この追及の純粋な表現であり、親密さ、家庭、将来の希望をもたらすものである。恋愛は平等の表現でもある——背景が異なることは恋人たちにとっては問題にはならない。恋人は互いの目には素敵に見えるので、二人の間には一種の星まわりの悪い平等が存在する。

恋愛をすると右記のように考えてしまうこともある。しかしこれらの考え方は、実際には配偶者選択のしかたに必ずしも対応しない。現実においては、階層、民族、人種差が問題になる。しかし恋人の側にはこれらの差異を愛が克服するであろうという信念（社会がばくぜんと認め強化している信念）がある。愛がすべてを克服できると信じたい思いがある。

恋愛が終わりだと気づき、そして二人の関係の基礎になっている恋愛の壊れやすさを直接経験したときでも、ほとんどの人は、なお、愛を信じ続けたい——おそらくは、愛に代わる選択肢が見つからないので——。アメリカでは、高い離婚率が続いている。しかし、離婚したほとんどの人は、やがて新しい人を愛するようになり、再婚する。事実、歴史的にみると、今日は以前よりも多くの人が結婚している、あるいは同棲している。イングリッド・ベンギスは結論している。「愛についての唯一の不変的なことは、われわれは愛を求め続けているということである[15]」。

愛。なぜこんなにも多くの人が、今日、愛にこだわり続けるのか。答えは、自分の人生に意味をあたえたい人々の欲求と関係がある、と思う。恋愛は対人関係の経験であって、その経験においてわれわれは自分自身より大きいものとのかかわりをもつのだ。宗教的でない人にとって、また強く信じるイデオロギーをもたない人にとって、愛は、自分を拡大する唯一の経験である。オットー・ランクがうまく述べているように、以前の人にとって宗教が果たした役割を、現代の人は恋愛に求めている――人生に意味と目的の意識をあたえる役割を果たすことを求めている[175]。

人生の意味についての究極の実存的関心は普遍的である。アービング・ヤロムによれば、実存的関心の対象は、避けられない死の恐怖であり、広大な宇宙における根無し草の恐れであり、人生をはじめるときと終わるときの完全な孤独であり、そしてやがて死にいたる、みずからつくった自分の人生の無意味さである[227]。

このような不安にともなう、とてつもなく大きな孤立感と恐怖感は、人間の独特の二重性から来ている。キルケゴールは、一五〇〇年前に、このことを、「魂と肉体の統合」として記述している[108]。これは精神的自己の逆説であり、これによって死を逃れることができない身体にとらわれている人生を転換することができる。大昔から人々は、実存的孤独と恐怖の感情を、人生に意味をあたえることによって解消しようとしてきた。このことによって、アメリカ人にとっての恋愛の重要性をある程度説明することができよう。アメリカでは、宗教的迫害から逃れてきた人々が、建国以来ずっと、宗教に束縛されないように努力してきた。宗教的でない社会では、実存的ディレンマへの解答を用意していないので、エーリッヒ・フロムが述べているように、「愛が人間の実存の問題への解答」になるのである[75]。

アーネスト・ベッカーは、ピューリッツァ賞を獲得した『死の拒否』のなかで、フロムのこの考えを発展させている。ベッカーは普遍的欲求を取り上げ吟味している。普遍的欲求は、「英雄的」と感じたい欲求であり、ものごとのより大きな、「宇宙的な」枠組みのなかで自己の人生がかかわっていることを知りたい欲求であり、そして自分自身より高いものと融合し、すっかり吸収したい欲求である。実存的ディレンマの宗教的解決を拒否する現代人にとって、第一の選択肢は恋愛である。「宇宙的な英雄行為をしたい衝動」は恋人へ向けられる。恋人は神聖な理想であり、人生を充実したものにする。恋人はすべての精神的欲求が集中するただひとりの人間になるのである[13]。

しかし恋愛を信じる人でも、恋愛によって実存的ディレンマの解決を求めているとはなかなか認めないであろう。第一に、これを認めることは、自分の人生を意義あるものとするために、ほかの人間を必要としていることを意味する。それは性格の弱さと受け取られる可能性がある。第二に、恋愛が人生における究極の意味を見つけるための乗り物であることを認めるなら、愛への希求は宗教的希求になることに同意したことになるであろう。これはたぶんたいていの人にとって受け入れられないことだろう。なぜなら、神を求める代わりに恋愛を求めることは、信仰ある者にとっては大いなる冒涜行為であり、信仰のない者にとっては見苦しいことであるからである。

それでもやはり、神との個人的なかかわりは感じておらず、しかも恋愛において自分より大きい者とのかかわりを求める人にとって、恋愛は、まさに、実存的ディレンマの解決を求めることになるように思える。愛は人生における空虚を満たすことを約束する。孤独を取り除くことを約束する。実存を肯定することを約束する。安全と永遠の幸福をもたらすことを約束する。愛の約束は、人あるいは関係の特定のイメージと結びついている。自分の理想の異性像にぴったりな人に出会ったとき、人は恋をする。そのとき、その人との関係が愛の約束すべてを実現させてくれると期待する。その人にあるいはその関係に失望したとき、人は燃えつきてしまい、何もやる気がしなくなる。

西洋の文化では、愛は人間の実存の問題に解答を出すことができるし、結婚への最良の基礎をあたえ、民主主義、平等、選択の自由、および幸福を追求することができると人々は信じるだろう。このような期待を、人気がある歌、本、テレビ、映画をとおして人々は受け取る。このようなマスメディアは、愛は人生における最も重要なものであると説く。真の愛は永遠に続く、二人は「死が分かつまで」、「ずっと幸せに」生きることができるとマスメディアによって伝えられる。

二人がどんな理想をもつかによって、結婚生活に寄せる期待の内容は大きく異なる。理想を無批判的に内面化している人は、結婚が自分たちの諸問題を解決し、人生に意味をあたえると期待する。これらの期待が実現しないとき、相手に失望するだけでなく、自分の世界が意味をもたなくなる。

事実、あるロマンチックな期待は、カップルの関係において実現されるであろう、しかし、別の期待はまったく実現されないだろう。「ずっと幸せに」生活したいと思っていた人、あるいは、結婚という行為が自分の人生に目標と意味をあたえ、人生の基本的問題のすべてに解答をあたえると期待していた人は、失望する確率がきわめて高い。このような思いに取りつかれている人のほとんどは、結婚生活に燃えつきてしまう。しかしながら、われわれはこのような思いを信じるように社会化されているのである。

われわれが結婚に対して共通してもっている期待は、ことわざやきまり文句にしばしば表現されている。結婚の燃えつきの心理についての研究で、私は、一〇〇組の結婚しているカップルに、男女関係を表わす一〇個のことば、たとえば、「一目惚れ」、「運命的な恋」などをどの程度信じているかたずねた（その一〇個は10ページの囲みのなかに提示した）。このようなロマンチックなことばを信じていることと結婚の燃えつきとの間には相関があることを私は見いだした。この二つの間に相関があるということは、燃えつきのレベルが、あるきまり文句を信じることに影響したということを意味するか、さもなければ、このきまり文句を信じたことが（非現実的な期待をつくり出したことによって）燃えつきのレベルに影響したということを意味する。

恋愛や幸せな結婚生活についての期待をずっといだいて育ってきたので、結婚生活で期待を達成することができなかったら、二人の関係を破棄する準備が以前よりもできている。高い離婚率は（アメリカは離婚率が世界で一番高い）、その証《あかし》である。結婚を終わりにするには、道徳的疑惑あるいは「契約の不履行」の証明は、もはや必要ないのだ。結婚生活が私たちの期待を実現できなかったという不一致が、しばしば十分な理由になる。

今日われわれが愛に対してもっている期待は、まだ人間性のなかに組み込まれてはいないのだ。ナサニエル・ブランデンが『恋愛の心理学』で述べているように、人間の歴史のほとんどにおいて、結婚のために愛が必要であるという考え方は、存在していなかったのである。

二〇世紀の北アメリカで育った若者は、ある考えを当然と思っている。しかしこの考えはほかの文化でも同じというわけではない。そのある考えとは、人生をともにする二人は、相手を自分の意志で自由に選ぶということ、だれも、家族も、友だちも、教会も、国も、二人のために相手を選んでやることはしないし、すべきではないということ、二人は愛にもとづいて選択するのであって、経済的理由や家族のために結婚するのではないということである。また、自分はどの人を選ぶかということがきわめて重要になる。その意味で、ある人と別の人との差異がとても重要である。自分が選んだ人との関係から幸せを得ることができると期待する。そのような幸せの追求は、まったく正常であり、実際、人間の生まれながらにしてもっている権利である。人生をともにするために選んだ人と性的充足を得ることを期待する人は、同じひとりの人間である。このような見解のすべてが、人間のほとんどの歴史において、異例なこととみなされてきた。信じられないことであるが。[27]

デニス・ド・ルージュモントは、近代における愛の特別の重要性について同様な観察をしている。

　文明から文明へと続いてきた七〇〇〇年の歴史において、現代の欧米文明だけが、ロマンスとしての愛に、日常の市民権をあたえている。……愛によって結婚し、愛に左右される結婚という危険な事業に、大きな自信をもって、踏み出すことを認めている文明はほかにない。[48]

皮肉にも、愛の祝福、愛がもつ「日常の市民権」、愛の重要性と栄光は、結婚生活を豊かにするどころか、明らかに物足りなく感じさせてきた。歴史的に見れば、以前はこんなに多くの人が恋愛の約束に失望はしなかった。愛の重要性ゆえに人々は燃えつきやすくなるのであろうか、それとも、愛が知らない間に腐食していく、この過程は、長期のすべての親密な関係にはつきものなのだろうか。この問題への関心から、私はカップルバーンアウト（恋愛と結婚の燃えつきの心理）を研究するようになった。私の目標は、燃えつき状態、燃えつきの原因と結果、および燃えつきへの最善の対処法を明らかにすることである。

カップルバーンアウトとは何か

燃えつきは、恋愛が人生に意味をあたえると期待していた人を傷つける、苦痛な状態である。あらゆる努力にもかかわらず、二人の関係が人生に意味をあたえることを実現しない、あるいは実現しないだろうと悟ったとき、燃えつきは生じる。燃えつきなくても、結婚に失望したり、不幸になったりはする。相手が思いやりがなかったり、ぐちっぽかったりしたときでも、いっしょに生活することはできる。しかし二人の関係が自分の人生に意味をあたえることを求めているのに、それが実現しないことがわかったとき、耐え切れないのだ。

カップルバーンアウトは非現実的期待と人生の移り変わりから生ずる。カップルバーンアウトは、ほとんどのカッ

あなたはどの程度次の10個のことばを信じますか。7段階で回答してください

1	2	3	4	5	6	7
全然信じない			ある程度信じる			全部信じる

( ) 一目惚れ
( ) 運命的な恋
( ) ずっと幸せがつづく
( ) 結婚は愛をダメにする
( ) 真の愛は、夢が終わったあとはじめて可能である
( ) 愛はよいワインと同じように時と共によくなる
( ) 愛しているから結婚するということはすべきではない
( ) 申し分ない人を待っている人は一生独身である
( ) 結婚世話人による結婚は幸せな結婚を保証する
( ) 真の愛は永遠である

二人は上記の10個のことばに回答し、それから、相手の回答を推測し、最後に比較する。

プルセラピストが信じているように、片方の、両方の、あるいは二人の関係の、病理によって起こるのではない。

愛の燃えつきは徐々に進行する過程である。燃えつきの始まりは突然ではない。その代わり、親密さと愛がゆっくりとあせていく。それには一般的な不定愁訴がともなう。極端な場合は、燃えつきは、二人の関係の崩壊となる。燃えつきた人はだいたい次のようにいう。「これが現実なのです。この関係に私はがまんしてきました。しかしもうこれ以上がまんできません」。

燃えつきとは、期待と現実の慢性的ズレから起こる身体的、感情的、心理的な、ひどい疲労の状態（およびその主観的経験）をいう。

身体の疲労

燃えつきの身体的疲労は、マラソンをした、あるいは、一日落ち葉かきをしたあとに生ずる疲労とは異なり、眠りでは癒されない慢性的疲労として現われる。典型として、燃えつきの犠牲者は、週末すべてをベッドのなかで過ごしたあと、月曜日の朝疲れ切って起きる。一日なんとか働いたあと、夜が訪れたとき眠れない。配偶者のひとつひとつの思いやりのないことば、ふるまいが心に浮かび、胃が痛

む。長いリスト上にひとつひとつの「意地悪」がぼんやりした眠りのなかで明白になる。彼は（彼女は）怒り狂う。眠れず寝返りを打つ。最後には何とか眠りについても夢魔に悩まされる（家が地震に遭うなど）。

眠れるように、睡眠薬を飲む、あるいはアルコールを飲む人がいる。しかし翌朝眼が覚めたときは、疲れ切ってふらふらであり、頭が割れるように痛い。典型的な燃えつきの犠牲者はますます疲れていく。しばしば慢性的頭痛、腹痛、背中の痛みがある。彼らは病気になりやすく、風邪やインフルエンザにかかりやすい。食欲がなくなる人もいる。強迫的に食べる人もいる。

感情の疲労

燃えつきた人（燃えつきの犠牲者）は、元気がなく、幻滅しており、怒りっぽくなっている。何事も説明したがらないし、問題を処理しようともしない。自分にも二人の関係にも希望はないと確信している。日に日に不幸になっていく。毎日が前日よりも悪くなっていくように思える。人生は空虚で無意味だと感じる。もうどうでもいいように思う。しばしばうつ状態になって、仕事をやる気がなくなり、子どものためにも何もしてやる気がしない。トンネルの終わりには明かりがないのだ。事態がいかに悪くとも、改善する気力がなくなっている。相手を変えることができるという考えをあきらめてしまっているし、自分自身を変えようと努力する気力ももっていない。改善への希望がないので、脱け出す道がないように感じている。極端な場合、空虚と絶望の感情から、神経衰弱または自殺という深刻な思いをいだくようになる。

精神の疲労

燃えつきの精神疲労は、自己概念の低下となってきわめて明確に現われる。そして二人の関係、とくに相手のあらゆることについて否定的態度をとるようになる。二人が初めて愛し合ったとき、互いを称賛しただけでなく、自分自身をも肯定した。このことから、これからの人生はよくなっていくように思えた。愛の魔法がすべてのことにふれていくようだった。愛というバラ色のめがねのお蔭で、パートナーはとてもハンサムで、魅力があり、性的魅力があるように見えた。人生は有意義であり前途有望であった。

燃えつきが始まったとき、事態はもはや素敵ではなくなる。パートナーはどちらも相手がしている小さな（あるいはそんなに小さくない）ことすべてがいやになり、そのために跳び上がって悲鳴をあげたくなる（彼の咳のしかた、彼女の運転のしかた、彼のうしろ姿、彼女の剃っていない足）。あれやこれやの行動にがまんすることはとても疲れるのだ。

幻滅感は相手に対してだけではない。自分についても恐ろしい失敗感をもつようになる、すなわち、自分の人生における最も重要な関係に失敗したという恐ろしい感情をもつようになるのである（たとえ自分に落ち度がなくても、たとえ失敗しないように全力を尽くしたとしても）。燃えつきの犠牲者は、鏡にうつる自分を見て、好きでない人物がそこにいると思ってしまう。彼は（彼女は）、自分の顔に、自分が知らなかったいやなしわが何本も走っているのを発見する。この失望感が、以前の愛と同じように、二人を変える。この失望感の影響は、相手についての認知のしかた、自分の人生、将来、愛する能力に及ぶ。

心の努力を必要とする状況

ほかの人といっしょに生活することは、常に努力を必要とする。合わせることと歩み寄ることを必要とする。なぜなら、当然のことだが、人々は異なっているし、ものごとの見方も異なっている。また、異なる価値観、欲求、期待をもっている。人は自分の物理的、感情的空間に他者を住まわせねばならない。この他者を住まわせるということはけっして容易なことではない。その人についてとても気にかかることがあるときは、とくにむずかしい。同じ意味で、親密な家族の長期滞在は、たんなる知り合いの長期滞在よりもストレスが大きい。

配偶者とのいっしょの生活が永遠に続く、そして永遠は非常に長い期間であることを悟ったとき、配偶者との生活はたいへんむずかしくなる。船が岸に着いたら恋は終わるのだ、ということを自覚して、洋上の船の上で恋をするのとは異なるのだ。このような状況では、困惑するようなくせを、あるいは、相容れない差異を、見逃すあるいは無視するのは比較的容易である。配偶者が湿ったタオルをベッドに投げ、これが一〇〇回もくり返されてさらに続くだろうことを知ったとき、これを見逃すことはとても困難である。

「死が二人を分かつまで」配偶者と生活をともにすることによるストレスは、結婚にいたった非常にロマンチックな考えによって増幅される。愛はすべてを克服する――べッドの上の湿ったタオルさえも克服する――と信じても、湿ったタオルについてかんしゃくを起こしている自分を発見したら、愛はすべては克服しない、または自分は配偶者を十分には愛していないと結論せねばならないだろう。

見合い結婚をした人は、自分の配偶者があまり出来がよくないことを発見したとき疑いなく失望する。しかし、恋愛結婚をした人は大きなショックを受けるだろう。のぼせあがって「夢想的な」結婚生活に入った人、相手を理想化し、魅力的な王子様／王女様と思っている人、そういう人のほとんどは燃えつきに苦しんでいる。最も耐えられないストレスは、毎日の骨折り仕事であり、毎日のごたごたである。実用的な考えから結婚生活に入った人および結婚を仕事とみている人には、まず、燃えつきは起こらない。要約すると、燃えつきるためには、人は当然、一度は燃え上がらねばならない。

燃え上がることは燃えつきる危険をともなう。けれども、情緒的かかわりをあまり警戒することは危険をもち込むことになる。実用上の理由からはじめる結婚生活は必ずしも成功しない――成功とはまったく逆である。関係の終わりを計画することは、関係を終わりにする最も確かな方法である。ある有名な離婚裁判の弁護士によると、離婚条項のある結婚契約はほとんど裁判所で終わりとなる。

燃えつきの始まりとその後

恋愛は永遠の炎ではない。燃料を補給しなければ、遅かれ早かれ燃えつきてしまう。燃えつきの始まりは突然ではない。徐々に進行していく。単一の深く傷つく出来事から、あるいはいくつかの心的外傷から燃えつきが生ずることはめったにない。

友だちや近所の人が離婚したと聞いたとき、何が不和にいたったのかと思いめぐらし、具体的な、深く傷つく、劇的な出来事をすばやく考える――旦那さんが酔っ払って奥さんを殴った、奥さんが愛人をつくったなど。これらのことは時どき離婚の原因になるが、燃えつきの原因ではない。

燃えつきは実存的ディレンマの解答である愛への失望から生ずる。燃えつきが進むのは、愛の腐食によるストレスの積み重ね、倦怠のゆるやかな増加、そして小さないらだちの積み重ねによる。導火線となるひとつの要因を取り出すことは、実際には不可能である。愛はつまらないことの積み重ねで押しつぶされてしまう。「妻が私の机を整頓したので探し物が見つからない」、「夫は便座をけっして下ろしておかない」。

燃えつきは、事態が以前と違って悪くなっている、という意識が芽ばえたときから始まる。配偶者は、以前と違って素敵でない――夢中になっていたときはけっして浮かばなかった思いである。配偶者が自分ほどは二人の関係に寄与していない、私の最も重要な欲求が充足されていない、という、いらだつ、不愉快な強い思いがある。この段階で、この進行過程を止める手だてが何もなされないと、事態はさらに悪くなる。不満の期間がはじめはごくまれだったのが、しだいにふえていく。危機が頂点に達したら、二人は、重苦しい関係になってしまうか、別れの選択をする。

ドナは燃えつきの「原因」を次のように述べている。

多くのことがありました。毎朝何かが起こりました。たとえば彼はドアをバタンと閉めます。私はそんなことをしたことがありません。私はドアをしばしば開け放しにしておきます。ここに心の広い人がいますという代わりです――たいへん象徴的だと思います。夫はドアをバタンと閉めます。するとすぐに緊張が高まります。私は即座に思います。あなたのヒツギにクギを打ってやる。これは、彼が何かをするたびに思い続けていることです……毎日私の気持ちは固まっていきます……私はまわりに物を置いておくのが好きです。アンドルーはまわりに物を置いておくのが好きではありません。彼はいつも物をかたづけ、ガレージに置きます。彼は私にたずねることさえしません。たとえば、彼は娘のマグカップを――彼女の唯一のものさえも――ガレージのなかに置こうとします。私は激怒します……彼の喫煙を避けて、私は壁ぎわまで避難します。毎晩彼はタバコを吸います。私はタバコのにおいが大きらいです。

アンドルーは、ドナと初めて会ったときでも、物をかたづけ、タバコを吸っていた。しかしドナはそのとき恋をした。いまはイライラを鎮める愛がないのだ。

燃えつきた関係を、愛がある関係にもどすことはできるだろうか。できます！　しかし、それは、すべての燃えつきた関係を救うことができるということを意味しないし、炎がどんなに小さくても、そして、どんな犠牲を払っても再燃させることができるといっているのでもない。互いへの愛はとっくになくなっているのに、結婚にしがみついているカップルもいる。あまりに早くあきらめるカップルがいる。燃え上がった愛が過ぎ去るや否や、あるいは、二、三のトラブルを経験するや否や、別れてしまう。二人の間にはまだたくさんの愛情や思いやりが残っているのに。

関係はすでに終わっているのか、まだ再燃させることができる炎が残っているかの決定は、当該の二人のみによってなされるべきであり、そして二人でいっしょになされるべきである。カップルの一方だけで炎を再燃させることはまずできない。両パートナーとも炎が完全に消えてしまった場合は、ほとんど平和的に別れ、別の人と新しい生活をはじめる機会を互いにあたえることが最善である。燃えつきは人生のプラスの転機になり得る。それは、燃えつきを克服したときだけでなく、長く死んだ関係をあとにして、新しい、おそらくは非常に異なる関係に移行すべきシグナルになるときである。

燃えつきるためには、まず燃え上がることが必要である。そして、燃えつきは人生のプラスの経験になり得る、といったとき、もちろん私は、燃えつきがよい人間関係を築くための必要条件である、といっているのではない。二人の関係における愛の炎を燃え続けさせるために、必要なことをはじめから考え出しているカップルがいる。愛し合っているこのようなカップル（燃えつきてしまったカップルとは正反対）の研究は、私の最も研究したいことのひとつである。

二人の関係が真に生き生きしているためには、恋愛の炎はいつも全開で燃え上がっている必要はない。時には下火になる。また時には揺れ動く。安定したカップルは、問題が起きても、それを深刻な脅威とは受け止めない。実際に、愛し合い、生き生きした関係にあるカップルは、衝突することについてあまり心配しない。コーリンと一一年間生活をともにしてきたジョージは、「コーリンとの関係で一番いいことは、しばらく事態を冷却させることができるということです」といっている。「別れることや私が家から出て行くことについてさえ話し合います。それから、ひとりになりたかったらひとりになって生活することはできるのだという考えをもちながらも、冷静になって、また、愛をスタートさせます」。

恋愛の炎がいつも全開になっている（最大の強さにあ

る）ことは理想ではあるけれども、実際にいつもそのような関係にあると考えることはむずかしい。そのような生活は、消耗し、疲れ果ててしまうだろう。現実の生活において、カップルは愛の炎を守る手段を講じなければ、結婚後いつまでも幸せに生活することはできないのだ。これらの手段を講じないなら、燃えつきは避けることはできない。

時代の特徴としての燃えつき

燃えつきは何年もの間「辞書の単語」であったが、心理学の概念として使われるようになったのは、ごく最近になってである。一九七〇年代半ばになって初めて、仕事の燃えつきを取り上げた論文が科学誌に載った。それに続いて、燃えつきをあつかった本、新聞、雑誌、テレビ番組が登場した。学者は燃えつきの研究をしはじめて、理論を発展させ、燃えつきはいつ起こるかおよびなぜ起こるかを予測した。今日、燃えつきに関して多くの本および何百という論文がある。興味あることに、燃えつきは仕事以外の領域と密接に関連があるにもかかわらず、また、人生のほかの領域へ燃えつきの概念を拡大しようといういくつかのよびかけにもかかわらず、カップルバーンアウトのテーマに関して書かれたものは、これまでない。

私は、仕事の燃えつきについての研究の開拓者として、燃えつきを一般の人に紹介したときの人々のものすごい興奮と安堵感を直接に経験した。燃えつきは新しい現象ではないが、燃えつきがとくに多いのは現代の特徴であると思う。燃えつきは個人の問題でなくなればなくなるほど、それだけ現代の文化の問題になり、実存的問題とかかわるようになる[163]。

燃えつきを十分に理解するためには、焦点を、燃えつきを経験している個人から文化へと拡大していく必要がある。過去一世紀の間に、いくつかの文化において結婚制度が急速に変化し、そのために、結婚生活のストレスがふえた。

そのような傾向のひとつは、拡大家族（訳者注・親子のみならず、直系血族、婚姻血族を含む大家族）の崩壊である。多くの家族機能が外部の機関や施設へ移行した（たとえば、子どもの世話は保育所へ、高齢者の世話は老人ホームへ移行した）。この傾向のゆえに、結婚を壊さないでそのまま保っていく伝統的理由のいくつかがなくなった。

過去、結婚には二つの拡大家族がかかわった。そしてカップルが互いにどのように感じているかにかかわらず、結婚は永遠に続いた。母親は娘にいった、「あなたは彼と結婚しただけではないのです。あなたは彼の家族と結婚したのです」。結婚によって結びついた二つの家族は、二人をいっしょにしておくことによって、大きな利益を得る。問題が生じたときは、当然で正常なこととして処理される（「お父さんも同じ問題を起こしました。それはまったく男たちのやるやり方です」）。不幸だというだけでは、結婚のきずなを切る正当な理由になることはまれだった。（「彼は酒を飲まない、あなたをたたいたりはしない、稼いだお金はみんな家へもってくる。ほかにあなたは何がほしいのか」）。一方で、現代の多くのカップルは（とくにＤＩＮＫｓ—Ｄｏｕｂｌｅ　Ｉｎｃｏｍｅ　Ｎｏ　Ｋｉｄｓ—とよばれるカップル（共働きで子どもがいないカップル）は）、幸せを結婚生活の必要条件と考える。幸せがなくなったとき、結婚生活を送る理由がなくなる。[54]

今日拡大家族はまれである。若いカップルはしばしば親の家から離れて暮らす。親戚や友人とのきずなは切れる。仕事の関係で、二人はまた引っ越しをする。新しい友人や家族が近くにいないので、カップルは相手をより必要としているし、期待するし、求める。

拡大家族ではない、核家族の生活は、必ずしも悪いことではない。『心の習慣』の著者ロバート・ベラーらによると、核家族においては、カップルはより大きな個人的自由を得る。そしてその自由が二人の役割、期待、関係の質を決める。[14] 現代のカップルは、自分のための人生を構築していく、より大きな自由をもっている。しかしながらこの自由は、カップルが相手に求める、より大きな要求と結びついて、現代の結婚に影響しているもうひとつの文化的傾向である高い割合の離婚となって現われる。

有名な家族セラピスト、ジェムズ・Ｌ・フラモは次のように書いている。

> 夫と妻はそれぞれ相手の不幸すべてをつくり出すことができる。たとえば、結婚における孤独、ひどい欲求不満、虐待、自尊心を傷つけるような夫婦げんか、相手が死ぬのを待つことなど。[71]

愛にもとづいて結婚した人にとって、愛がなくなった結婚生活を送ることは、受け入れることができない。しばしば二人が選ぶ選択肢は離婚である。今日では、離婚にともなう汚名を人々はさほど気にしなくなっている。近年、離婚は不幸な結婚の合理的な選択肢であるという考えが、だんだん受け入れられるようになってきている。いくつかの州の法でも性格不一致を離婚の理由として認めている。法律の眼からすると、二人が、何年もいっしょに生活したあと、合わないということを発見することはあり得ることだというのである。

別れることは以前ほどむずかしくなくなった。一九七〇年代、ほとんどの州は、離婚の理由を拡大して、無過失離婚を含めるようになった。その結果、結婚を終わりにすることがずっと容易になったのである。さらに、離婚することにともなう汚名は、以前ほどはきびしくない[144]。一九八〇年、および一九八四年と二度、アメリカ合衆国国民は、離婚し再婚した男ロナルド・レーガンを大統領に選んだ。レーガンはけっして、離婚のために、伝統的、保守的な価値観の代表である大統領の地位を失うことはなかった。

男性と女性の性役割の変化は、夫婦の関係にストレスをもたらすもうひとつの文化的傾向である。ある見解によれば、女性の役割の変化は、しばしばカップルの問題の原因になる。たとえば、結婚セラピスト、ジェムズ・プロチェスカとジェニス・プロチェスカは次のように報告している、「結婚セラピーにやってくるカップルの最も共通している理由は、平等への妻の闘争によって結婚生活がゆさぶられているということである」[174]。同様に、フィリプ・ブラムスタインとペッパー・シュワルツは、一万二千組のアメリカ人カップルを調査して、報告している、「自活できる女性は、経済的安定性を越えて、結婚に大きな期待をいだいている。彼らは自己効力感が高いので、期待が満たされないなら、別れることができる」[21]。

別の見解によれば、男性の役割の変化によって、結婚生活上の問題が生じている。バーバラ・エーレンライヒは、伝統的結婚の崩壊は、男性がこれまで果たしてきた家計支持者の役割を担わないことによって生じた、と主張する[55]。

自分たちは特別だと思うことのあやまり

愛、結婚、離婚に関する社会的規範の変化および男性、女性の性役割の変化に、ほとんどの人は気づいている。このような傾向について語る人は多い。彼らはこの問題を抽象的に語る。しかし、意識するにせよ、しないにせよ、自分たちにはあてはまらないと思っている。社会心理学者はこれを「自分たちは特別だと思うことのあやまり」とよんでいる。このあやまりについての最もすぐれた記述は、ハン・スーインの『慕情』のはしがきにある。

「じゃあきみはほんとうにそう思っているのかい、ほかの連中も、ぼくたちとおなじ満足と幸福をそれぞれの肉体から得ていると？　ほんとうにきみは、この愛が永遠には続かないと思っているのかい？　ぼくには信じられないな」そして彼は確認を求めるために周囲をみまわした。けれどもそこにあるのは、ぎんばいいかと丈高い草むらとわらびの藪、丘の斜面と海、そして太陽を浴びて金色に横たわる私たち自身だけだった。
「ねえあなた、ぶくぶく肥ったほてい腹の醜い人たちだって、私たちとおなじだけ愛し、また永久に愛していると信じているのよ。自分たちだけが特別で、自分たちのことばだけが不滅だと考えるのは、あらゆる恋人たちの幻想だわ」[198]

恋をしたとき、自分たちほど愛し合った人はいないと確信する。悲しいとき、自分たちほど悲しい思いをした人はいないと思う。そして、燃えつきたとき、燃えつきの原因の出所をきちんと探求することはめったにない。たとえば、文化的要因が恋愛関係についての彼らの非現実的期待をいかに形成したかを考えることはめったにない。その代わり、うんざりするあるいは腹立たしいことはすべて相手が引き起こしたと思ってしまう。「彼はナルシシストだ、彼は自分の欲求だけしか考えていない」。「彼女は、口やかましく、あまりに多くを求め、人を動かそうとする」。

恋愛の理想は現代の文化によって促進されてきたことを人々は認識していない。さらに、驚くことには、外のストレスや圧力が二人の関係に影響することを認識していない――仕事のストレス、姻族の問題、育児、病気。また、同性愛のカップルにとっては（とくに、二人の一方、または両方が、同性愛者であることを公にしていないとき）二人の関係そのものを隠しておかねばならない。出世してトップにのぼりつめようとする努力も、消耗することがらである。同様に、明けても暮れても幼い子の面倒をみていることもそうである。また、自分と相手が特定の関係であることを家族や同僚に隠しておきたいという欲求もそうである。このような圧力やストレスは、人生の一部であるが、お荷物である。会社の仕事で、肉体労働で、子育てで、疲れ果てているとき、パートナーを愛することはたいへんむずかしい。また、お金に関する不安で胃が痛むとき、愛の情熱を感じることもたいへんむずかしい。このようなストレスは、カップルの互いへの愛と何の関係もないが、女性の過度の要求や男性のナルシシズムと同じように、二人の関係を腐食していく。

カップルは頭のなかでこのようなストレスが二人の関係に影響すると理解していても、心のなかでは、うまくいかなかったことに対して互いを責める。そうでない場合は、自分の制御を越えたことに対して自分を責める（たとえば、失業、同性愛に対する社会の態度）。このようなことについて自分が完全に悪いと考えてしまう。両方の責め（相手を責めることおよび自分を責めること）は、自分たちは特別であると信じたことに対して支払う代価の一部である。

カップルはなぜ燃えつきについて知っておく必要があるか

燃えつきの問題の研究において、私の研究の焦点は、カップルが共有する期待とストレスおよびストレスを引き起こす文化的価値観にあったのである。愛が強調され、それにもかかわらず、別れが典型的な行動様式である社会にあっては、二人がともに暮らすことはたいへん困難である。現代は、「人生から最高のものを得よ」、「自分の利益を追求せよ」、「一番好きなことをせよ」という知恵が浸透している社会である。困っているカップルを助ける大家族もいないし、パートナーが互いにとってどんなに重要であるかを助言する人もいない。

人生をともにしているカップルにかかってくる圧力やストレスは、とてつもなく大きい。ほとんど不可避的に、このストレスは、時とともに増大し、時には耐えられなくなる。しかしながら、もともと恋愛関係に付随する腐食傾向をともないながら、高いレベルの燃えつきを経験しないカップルがいる。彼らは、多くの年月を経ても、なお刺激的で互いに支え合っている、そして二人の愛の炎はなお生き生きしている。

非現実的期待と外のストレスが愛の腐食に及ぼすマイナスの影響を知っておくことは、燃えつきと戦うために必要不可欠である。どんな人間関係においても外のストレスが燃えつきを引き起こすということを知っておくことは、自分たちは特別なのだという誤解を解くのに役立つ。燃えつきとは愛し合っているカップルがストレスの大きい状況に直面したときの共通の反応である、ということを認識することによって、二人は、状況を変えることに努力を向けることができる。互いを変えようとむだな努力をしないで済む。

燃えつきはとても苦痛をともなう経験ではあるが、克服することができる。ほかのきわめて困難な情緒的体験と同じように、正しく対処するなら、燃えつきは、カップルが自分たちの関係を再評価し、発展させる機会になる。燃えつきかけたが、燃えつきに効果的に対処することを学んだカップルは、しばしば、よりよい、より充実した、より刺激的な関係を築くようになる。

セラピストの覚え書き

セラピストにとって、とくに精神分析の立場に立つセラピストにとって、人生の意味を探求できなかったことの結果として燃えつきをあつかうことは、個人やカップルの治療の現場からかけ離れており、あまりに抽象的であるように思えるだろう。精神分析家にとっては、無意識の配偶者選択や投影的同一視のような概念のほうがいま直面しているカップルの問題により関連しているように思える。実に、無意識の要因は、配偶者選択においても、のちに燃えつきを引き起こすストレスにおいても、重要な役割を果たす。この問題は二章で論述し、個人の内面にある愛の理想のイメージを討論する。三章ではカップルセラピーへの精神分析療法の適用を述べる。そして九章ではカップルバーンアウトに関する治療集会の模様を述べる。燃えつきの実存的視点を提示することによってこの本をスタートさせる（またカップルの治療を行なう）のは、カップルセラピーへの臨床的アプローチに共通な、病理現象として燃えつきをとらえることを避けるためである。

さらに、燃えつきの概念的枠組みによって、個人やカップルが、自分たちは特別だと思うあやまりから脱け出し、自分たちの問題を正常で典型的なものとして見ることができるようになる。これによって、以前は自分の責めおよびパートナーの責めにエネルギーを使っていたのが、いまや、問題に対処し改善することにエネルギーを使うようになる。「自他の責めの枠組み」からの脱出は、カップルバーンアウトの概念的枠組みを使用する最大の利点のひとつである。

二章
恋愛と結婚の燃えつきのモデル
——愛の始まりと終わり

愛は死のように強く、
愛の情熱はよみのように激しいからです。
その炎は火の炎、すさまじい炎です。
大水もその愛を消すことができません。
洪水も押し流すことができません。

旧約聖書　雅歌

恋の始まり

恋愛関係は恋に落ちることから始まる。はじめに恋をしなかったら、あとになって恋を失うことはないだろう。したがって、恋愛以外の理由から男女関係に入った人は、燃えつきることはないだろう。同様に、愛を信じない人も、または、理想の相手を永遠に探し求め、けっして見つけることができない人も、愛に燃えつきることはないだろう。

恋に落ちることは、一目惚れであっても、ゆっくり熱くなる情熱であっても、素敵な段階である。これに対し、その後の関係は、素敵でないと感じられることがしばしばある。このはじめの素敵な段階は、恋人たちがいつまでも保ちたい、あるいは、もう一度もどりたい段階である。三〇代後半のある女性はこう述べている。

私たちはお互いの友人の家の夕食に招待されて出会ったのですが、その夜私はたいへん興奮して眠れませんでした。私は、彼がいったひとことひとことを反すうし、私が感じた興奮を彼も経験しているかどうか考えました。私たちが恋人になったとき、私はいままでで一番幸せでした。私は自分が空気中にただよっているような感じがしました。私はとても感動していたので、食べ物がのどを通りませんでした。私の心はあらゆる瞬間彼のことでいっぱいでした。彼は私がいままでに会った男性のなかで、最高に知性があり、最高にハンサムであり、一番セクシーな人だと思いました。人生はとてつもなくすばらしく、世界がバラ色に輝いていました。私たちのセックスはとても素敵でした。私は生きているという実感がしました。

しかしいまは、以前はまったく気がつかなかったいやなことがみな気になります。たとえば、彼の食べ方、話し方、子どもっぽいふるまい。いまは、彼の容姿がよいようには私にはもう思えません。つき合いはじめたときの素敵であったセックスは、私ののぼせあがりと大いに関係があり、恋人としての彼のスキルに関係があったのではないことをいまは悟っています。いまの冷静な洞察を、はじめに私がもっていた無我夢中の情熱と交換したいくらいです。

のぼせあがり、盲目、情熱。恋人たちは、自分たちの恋は特別であり、すばらしく、詩人が最高によく歌いあげるものであると思いたい。恋人たちは、自分たちが惹かれあうのは魂の神秘的な結びつきであると思いたい。ビクター・ハーバードはこれを「生命の甘美な摩訶不思議」とよんでいる。

しかしながら、心理学者は、恋を、詩人や夢想家や恋人たちに任せておかない。心理学者は、恋人たちが惹かれるのは何によるのか、人はどのようにして特定の人と恋に落ちるのか、そしてそれはなぜなのか、を説明したい。

なぜいまの相手と恋をしたのかをたずねると、典型的な答えは、容姿、性格、業績、価値観（自分と同じ価値観なので「いい人」）のような魅力的な特性をあげる。恋人が文化的規範（「彼女はちゃんとした家庭の出であるし、学歴もいい」）を満たしているからという人はまずいない。また、恋に落ちたとき（仕事上または私生活上の出来事の結果としての）自分の精神状態はどのようであったかをあげる人もまずいない。

恋に落ちたとき、恋の魅力は、もっぱら恋人の魅力的な特性によると考える傾向がある。もし外部要因が自分たちに影響していると考えたら、恋の魅力または恋人の魅力が減ってしまうと思ってしまう。自分たちは状況からは影響を受けないし、ほかの人たちとは異なると考えたがるし、自分たちの愛は形式を打ち破ることができると考えてしまう。しかし心理学の諸研究は、その相手に出会う際の状況の要因がきわめて重要であることを示している。

状況の要因

研究者が最も注目している状況の変数は、近接性と感情の高まりである。

近接性

諸研究の示すところによると、象徴的にいえば、人は近くの人と結婚する。ある古典的研究[24]では、五〇〇〇組の結婚を調べた。結果は、夫婦の三三%は互いの五ブロック以内に住んでいたことを示した。住居間の地理的距離が遠くなるほど、結婚のパーセントはいちじるしく減少した。明らかに、二人が恋に落ちるには、会う機会が必要であるが、しばしば会うと恋に落ちる可能性が高くなる。

ロバート・ザイアンスはこの現象は「くり返し会うこと」の効果によると考える。ザイアンスは、彼の研究で、被験者に一連の非常に短い出会い（三五秒以下）を設定し、いっさいの会話をしないよう相互作用の可能性を制限した。それにもかかわらず、出会いの頻度が増すにつれて、被験者が出会う見知らぬ人に対する好意的感情のレベルが増加していった。[228] ザイアンスはこの理由を次のように説明する。われわれは自分になじみのないことは否定的に評価し、回避する傾向があるが、くり返し会うことによってその人は危険ではないという認識をもつようになり、安心してその人を好意的に評価するようになる。

感情の高まり

われわれは興奮しているとき、恋に落ちる可能性がきわめて高い。また、怒っているとき、驚いているとき、嫉妬しているとき、幸福感にあふれているとき、あるいは拒否されていると感じたときもまた、そうである。事実、強い感情とともに身体的興奮を経験する人はだれでも、恋愛ができる人である。ある男性は気分が高まっているとき、とても素敵な女性にあったら、通常の状況下で会うときよりも強くその女性に惹かれる可能性が高い。社会心理学者イレーヌ・ウォルスターとエレン・バーシェイドは恋の二要因説のなかで、次のように結論づけている。

> 情熱的に人を愛するためには、まず身体が興奮しなければならない。すなわち、心臓の動悸が速くなり体が震え、顔が赤くなり、呼吸が荒くなる。いったん身体が興奮したら、あとはその人がこの感情の原因は恋のせいだと認識することである。そうすれば人は本物の恋を経験するであろう。たとえ最初の身体的興奮が恋とは関係のない経験の結果であるとしても、いったん彼がその女性に出会い、その女性に惹かれ、そしてその身体的興奮（鼓動の高まり）は恋のせいだと思えば、それは恋である。[207]

ウォルスターとバーシェイドによると（彼女らの理論はスタンリー・シャクターの開拓的研究にもとづいているが）、恋に落ちるためには、二つのことが必要である。感情の高まりと、その高まりは恋のせいだという解釈。拒絶の痛みに苦しんでいる男性は次の恋をみつけるのに準備が整っている。戦争中の恋人たちは死の影におびえながらも情熱的になる。父親を亡くしたことで悲しんでいる女性は恋に落ちやすくなっている。心の傷を負っている人やある場所から永遠に去ろうとしている人もそうである。また、うれしい出来事のあるときも恋をしやすい。たとえば、結婚式や、休暇、パーティー、春のはじめの温かい日などに、出会った男女は恋をしやすい。

諸研究は身体的感情的興奮が恋の出会いに及ぼす効果を実証している。身体的感情的興奮によって人はきわめて恋に落ちやすくなるという理論を、心理学者は次のような実験をして、検証している。被験者に「これからかなり強い電気ショックをあたえます」と告げることや、非常に深い川の上にかかっている揺れるつり橋を渡らせることや、以前は暖かく受容的であった若い女性から拒否されることや、実際にアドレナリンの注射をするなどによって検証している。すべてのケースにおいて、ドキドキした被験者は、魅力ある異性と出会ったとき、自分のドキドキや興奮は、異性の魅力のせいであると解釈する傾向があった。これらの研究はすべて、「アドレナリンは心をやさしくする」というウォルスターとバーシャイドのおもしろい説を支持する。

ドキドキする感情の高まりは、恋に落ちることにともなうリスクと挑戦にかなり関連している。恋に落ちることはすばらしいが、また、危険であり、リスクをともなう。それは傷つくかもしれないことを意味する。傷つき、失望する可能性があることを意味する。ロッククライミングはハイキングよりずっと刺激的である。なぜならロッククライミングはより大きなリスクをともなうためである。同じように、恋をすることは、たんに好きであるよりもずっと興奮する。このような感情の高まりは、カップル関係が危うくなったとき、いつでも、再び生じる(たとえば、配偶者の一方がほかの人とかかわりをもってしまったとき)。

身体的感情的な興奮について述べてきたが、これだけでは、人が恋に落ちるのに十分ではない。自分の理想の異性像に合う人に出会うことが次の必要条件である。

男女関係における理想の異性像

理想の異性像は、人生の非常に早い時期に発達し、しかも大人になったときの配偶者選択に強い影響をあたえる。なぜなら、理想の異性像は子どもの言語が発達しないうちに経験した出来事の記憶にもとづいているからである。両親は自分の子どもに理想の異性像を二つの方法によって伝達する。ひとつは子どもの愛し方によって。もうひとつは両親の互いへの愛し方によって。両親の関係は、ほとんどの人にとって、最初に、そして、最も身近で、一番長期間にわたって、観察する人間関係なので、愛のイメージの形成に最も強烈に影響する。緊張とけんかが絶えない家庭で育った人は、暖かい、愛情のある家庭で育った人とくらべると、たいへん異なった愛および人間関係のイメージをもつようになる。

理想の異性像は、最初の愛の体験がどのようなものであったかによって強く影響を受ける。われわれは、人生の初期において、身体的、感情的欲求が満たされたか、満たされなかったかによって、愛の意味をわれわれに教えてくれた人のイメージをつくりあげ内面化する。大人になったとき、その内面化したイメージに合う恋人を探し求める。ある女性は身体の面で自分のイメージに合う人を探し求める。お父さんのように、頑健で、色が浅黒く、背は低いが、ハンサムな男性に惹かれる。ある男性は情動的な面で自分のイメージに合う女性にあこがれる。お母さんのように、歯切れがよく、聡明で、陽気な女性に惹かれる。また、自分の親とは正反対の人を探し求める場合もある。母親が、出しゃばりで、感情的で、大柄で、黒髪だったという男性は、控えめで、冷静で、細身のブロンドの女性に惹かれる。

感情が高まっているとき、この内面化したイメージに、重要な点で、あてはまる人に出会ったら、このイメージをその人に投影する。こういうわけで、人は恋に落ちると、「ずっと前から彼を知っているような気がします」としばしばいう。また、のぼせ（心酔）が終わったとき、恋人が、自分が見過ごしていたいやな特性をもっており、一方恋のはじめのときに感動した、すばらしい特性を必ずしもすべてもっているわけではないということに気づいて、驚きかつ失望する。恋のはじめのときには、まるで、実際の人間を見ていなかったかのようであり、ただ自分が内面化してあったイメージを投影しただけのようである。

マリリン・フレンチは、その著『女性の部屋』で、はじめのころ夫に投影した理想の異性像とは異なる特性をあとになって夫に発見したときの失望を次のように述べている。

ある日、考えられないことが起きました。私は夫と朝食のテーブルに座っていました。私は二日酔い気味でした。私は愛するハンサムな金髪の夫を見つめていました。すると彼はバラのつぼみのような愛らしい口を開き、白い歯を見せて、ばかげたことをいいました。それを聞いたとたん、私の体はこわばり、血の流れが止まり、体温が下がりはじめたように思いました。夫は、以前は、けっしてそんなばかげたことはいいませんでした。聞き違いかと思い、夫にもう一度いってと頼みました。夫は、「雨が降っている」といいました。私は外を見ました。よく晴れていました。私はいいました。「いや、雨なんか降っていませんよ。おそらくあなたは目が悪いんじゃない。一度医者に診てもらったら。耳も」。私は夫の五感すべてを疑いはじめました。彼の感覚器官に悪いところがあってそのためこんなことをいっているのかもしれないと思いました。しかしその欠陥でさえたいしたことではない。コンタクトレンズや補聴器を使えばいいのだと思いました。私は二日酔いであるだけなのだ。

しかしそれはほんの始まりだったのです。その後も、彼はやはりばかげたことをいい続けました。不意に、私はいままでとは違って彼を見ました。すると、突然、彼がやせこけているのがわかりました。彼の歯はふぞろいです。足の指の爪は汚れています。彼がベッドでおならをするのに突然気づきました。彼はヘンリー・ジェイムスを本当には理解していません。ずっと彼はヘンリー・ジェイムスはわからないといっていましたが、私は、彼のジェイムスについての風変わりな、いい古したことばはすぐれた洞察だと思っていました。しかし突然私は、彼がジェイムスの本質をまったくわかっていないのだということに気づきました。[74]

理想の異性像はパートナーの選択に大きな影響を及ぼす。無意識の配偶者選択のテーマは、精神分析の立場に立つ多くの著作者たちが述べている。この見解のひとつによると、人は最悪の相手と結婚する。たとえば、拒否と遺棄を恐れる人は、押しかけと略奪を恐れる人と結婚する。一方の配偶者が親密さを求めているとき、もう一方の配偶者は隔たりを求める。この一見不合理な選択をなぜするのか。このことを説明するには「反復強迫」に言及しなければならない。「反復強迫」にかかると、子ども時代の心の傷の原因になっていることをくり返す傾向がある。子どものときに拒絶と遺棄を経験した人は、大人になったとき、心の傷になっている拒絶と遺棄をくり返す強迫にかかる。この反復強迫にかかっている人にとって、押しかけと略奪という心の傷を負っていてそれをくり返すパートナーがだれよりも適切である。

精神分析のもうひとつの説明によると、無意識の配偶者選択の動機は、子ども時代の心の傷を癒やしたい衝動である。二人の関係は、生き地獄のように思えるけれども、実際は二人に心の傷を癒やす最良の機会を提供している。四〇代前半のレズビアンであるマーシーは、そのいい例である。

マーシーは現在父母との関係を絶っている。彼女は、子どものとき、父親を尊敬していて、父親の志を継ぐことを夢見ていた。父親は事業では成功していたが、マーシーに対して父親の心は疎遠であった。大人になって父親の事業に参加し、父親の承認を得ようとして一生懸命働いた。しかし数年働いて、痛ましくも失望して仕事をやめ、父親および（父親のそばにいる）母親との関係を絶った。

四〇歳のとき、マーシーは生まれて初めて恋をした。相手はマリエという名前の赤毛のすばらしい女性であった。マリエは、仕事で成功し、会社の取締役であったが、自分の家族を、とくに娘を愛していた。マーシーとの関係をはじめたのはマリエのほうであったが、すぐにマーシーは追いかける人になり、マリエはマーシーに対して距離を置くようになった。追いかける人と距離を置く人との力関係への欲求不満から、マーシーはセラピー（心理療法）にやって来た。マリエの娘は大学が休暇で親のもとに帰って来ていた。そのとき、マリエは二人の関係を秘密にしておきたかったので、「いつも」娘と自分の自由時間を過ごしていた。マーシーは拒否されたと思い、傷ついた。両親との関係を絶っている問題およびいまの親密な関係において追いかける人になっている問題を治療しながら、私はマーシーに、情緒的欲求を満たすために、友だちの輪を拡大して、マリエにいままでほどには依存しないように提案した。

マーシーは、孤独で絶望していたので、街のレズビアンクラブへ行った。そこを訪れたのは初めてであった。幸運にもマーシーに近づいた女性は「マリエの生き写し」だった。すなわち、同じ赤毛であり、同じ濃い緑色の目をしており、同じく美しい容姿をしていた。しかしマリエと違って、この女性は、追いかける人であり、マーシーをたいへん情熱的に求めた。マーシーは、マーシーといつもいっしょにいたいと思っている、夢の女性のように思える女性に出会って、興奮し、喜んだろうか。否。マーシーは「その女性」が「積極的すぎる」のが不満だった。彼女にとってはその女性が「押しが強すぎて」いつもうるさかったのだ。

マーシーの子ども時代の未解決の問題、すなわち、自分との間に距離を置き、反応しない父という問題に取り組むためには、マーシーはマリエのような恋人を必要とした。

マリエは、距離を置いており、そばにもいないので、子ども時代の拒否による心の傷を再現させてくれた。第二の赤毛の女性は、一見マリエのようであるが、追いかける人であり、マーシーの理想の異性像には合わなかった。このため、マーシーがいかに自分にこたえてくれる愛情深い人を求めていても、第二の女性には惹かれないのである。

いうまでもなく、マリエは、マーシーのような追いかける人との関係によって、自分の子ども時代の未解決の問題に向き合うことになる。その未解決の問題とは、強引で未分化な家族のなかで育った結果生じた問題である。

理想の異性像には抑圧している自己の一部が含まれていることがある。結果として人は、自分が抑圧している部分をもっている人をパートナーとして選ぶことになる。たとえば、ある女性は子どものとき、敵意と攻撃性を抑圧することを学んだ。彼女はこの感情をうまく抑圧したので、現在もっている敵意と怒りの感情を意識すらしていない。彼女はいま、攻撃的な、暴力さえふるう男性にとても惹かれて恋をし、結婚をした。彼女は、夫との関係において、攻撃的な敵意をもった男性にいじめられる、やさしい思いやりのある女性の役割を演じている。彼女は、夫との関係を通じて、自分のなかにある敵意を認めることなく、自分自身の敵意と直面することができる。もちろん、夫もまた、同時に、妻との関係によって、自分のやさしい、思いやりのある側面を経験することができる。

時には、理想の異性像が望ましくない場合がある。子どものとき経験した愛のモデルが、冷たく、懲罰的で、拒否的である場合、そのモデルの特性が、大人になったときの理想の異性像の典型的な特性になる傾向がある。このような人は、冷たく、懲罰的で、拒否的である人とくり返し恋に落ちる傾向がある。相手は、けっして彼女の愛情に報いることはない。彼女は、相手の冷たさにとても不満である。しかし、温かく、寛容的で、やさしい人と恋をする機会があっても、拒否してしまう。このような人では、自分の理想の異性像に合わないので、恋の炎が自分の心のなかで発火しないのである。

極端な場合、理想の異性像は自己破壊的であり、そのために、人は、子ども時代の虐待の心的外傷（トラウマ）をくり返す。幼いとき父親から殴打され性的虐待を受けた女性は、三度結婚したが、相手はいずれも、彼女を殴打し、レイプした暴力的な男性であった。三番めの夫から何とか逃げ出し、虐待を受けた女性のための避難所で立ち直りつつあるとき、彼女は、彼女のソーシャルワーカーであるやさしい男性と出会った。彼は温かく彼女を愛した。彼は彼女との結婚を申し出たが、彼女は断った。彼は「退屈である」し「燃えあがるものがない」と、彼女は理由を述べている。実際彼女にとって燃えあがる唯一の男性は、父のように虐待する可能性のある男性だけであると彼女はいっていた。このような女性は、破壊的な理想の異性像をつくりあげてしまった子ども時代の未解決の心的外傷を長期の心理療法によって治療するか、あるいは、恋の炎を感じる男性を避ける決心をするか、でなければ、現実には、虐待をする男性とかかわり、心的外傷をくり返し続けるのである。

子ども時代の心的外傷が大きければ大きいほど、その心的外傷を克服するための治療は急がねばならないし、またその心的外傷を克服するために試みる愛は強迫的になる。

理想の異性像は、非常に幼いときに刻印されるので、変えるのはなかなかむずかしい。治療を受け、子ども時代の心的外傷と暴力的な男性との関係を明確にしたあとでさえも、このような女性はなお暴力的な男性に魅力を感じる傾向がある。しかし、彼女は面接で得た洞察によって、暴力的な男性とかかわることを思いとどまるようになる。

子どものとき虐待の経験をしていなくても、パートナーとの関係において克服しなくてはならない未解決の問題をもっている場合がある。これは自分の理想の異性像から、この課題に最もふさわしい人を選んでしまったからだ。ドナ（建築家で一四年の結婚生活のあと燃えつきた女性）は破綻した家庭の出身であった。両親の夫婦愛を観察する機会は一度もなかった。彼女の意識的な愛のイメージは、愛し合い、すべてを分かち合うことだった。しかし、彼女の無意識の理想の異性像から、このような親密さを避けようとする男性を選んだ。ドナは次のようにいう。

私のイメージはいつもすべてを分かち合うことでした。私にとって完全な愛とは仲のいい兄妹愛です。二人は、愛し合い、容姿も似ており、関心も同じであり、学歴や階層も同じであり、同一人物の男性の部分と女性の部分のようなものです。そしてすべてを分かち合うことです。しかし、アンドルーは私のイメージに合いません。私たちの間にはきずながありません。きずなは私にとってとてもたいせつです。すべてを分かち合うことがきる人を求めています。私は男の人に友だちであることを求めていま す。私にはたくさんの友だちがいます。そして友だちといかに分かち合うかを知っています。しかし、アンドルーはそうではありません。彼には友だちがあまりいません。彼はほかの人といかに分かち合うかを知りません。

アンドルーは、親密な大家族の出身であった。あまりに親密で個人が自立していないと思っていた。意識的には、アンドルーにとって、愛の関係の最もたいせつな特性は自由と自立であった。しかし、無意識的に、彼は理想の異性像によってドナを選んだ。ドナは、アンドルーが逃れたいと思っている関係を熱烈に求めている女性であった。アンドルーは次のようにいう。

私は自由が好きです。自分のことを好きなようにやる自由です。もちろん私たちはみな感情的つながりを必要とします。しかし、職業的レベルで尊敬することができなければ、その人と感情的にかかわることはできません。私がかかわる女性は自信をもっていることがたいせつです。そのため依存的な女性にはがっかりします。私はほかの人からなんらかの反応やフィードバックを得たいと思っています。しかし、操られるのは大きらいです。私は協力して生活したいと思っています。ドナは私にしてほしいことをあまりにもたくさんさせようとしました。彼女は押しつけすぎるし、私を操りすぎます。暴君ということばがかなりよくあてはまると思います。彼女はよくこういうのです。「これをやりなさい。あなたがそこから何を得られるかなんて知らないわ。ただ私はそうしてほしいの」。彼女はいつも精神的安定をとても求めて、強迫的になっていました。

ドナもアンドルーも、自分の理想の異性像によって、子ども時代の心的外傷（ドナにとっては分離と遺棄であり、アンドルーにとっては極端な親密さ）をくり返した。しかし見方を変えれば心的外傷をいやす一番よい機会になる人に近づいていったのである。彼らが相手への欲求不満を個人的成長の機会ととらえることができたら、彼らは相手が一番必要としていることをあたえることができたのだ。それは、ドナにとってはある程度の親密さであり、アンドルーにとってはある程度の自由であった。不幸にも、二人は互いに異なる筋書きの上を意識的にも、無意識的にも歩いていた。それは二人に非常に異なる期待を生み出し、その結果として、二人はそれぞれ欲求不満に陥り、ついに燃えつきたのである。

理想の異性像が、極端なよそよそしさや極端な親密さのような問題をもっていないときは、大人の愛の関係において克服すべきものはほとんどない。パートナーを選ぶとき、その選択は、子どものときの心的外傷をかかえている人の選択よりも、ずっと道理にかなっている。お互いの期待は達成されやすい。エレンとアンソニーはこのようなカップルのよい例である。どちらも再婚であったが、すでに五年間なかよく暮らしてきた。二人は自分の夢と期待について次のように話してくれた。まずエレンである。

前の夫との結婚生活が壊れはじめていたころ、私はよく白昼夢を見ました。私は夢のなかで愛する男といっしょにベッドにいました。その人の顔ははっきりしていませんでした。ただ朝だということだけがわかっていました。私は夫とはけっして朝セックスをしませんでした。そんなわけで朝のセックスは私の空想のなかで重要な部分だったのです。そしてより重要であったことは、この男性が私を愛してくれている人だということでした。私にさわるのが好きであり（夫はほとんどそんなことをしませんでした）、私と何でも話すことができる人でした。私がすべてありのままでいることができる人でした。私にとって最もたいせつなことは、よい会話とよいセックスです。アンソニーとの関係はこのような夢の実現でした。

アンソニーの理想はエレンの理想によく合っているように思える。アンソニーは次のようにいう。

私はロマンチックな理想やイメージを具体化することには常に嫌悪感をもっていました。その理由は、恋愛の夢と期待の重要な部分は前もって明確に述べることができないのだと思っていたからです。そこで、一方では、私はこれまでずっと異国風なことを選択できるようにしておきたいと思っていました。もう一方では、私の個人的体験から、階層、学歴、教養、世界観が同じでないと、関係が生涯続く可能性は低いことがわかっていましたから、それらの条件も選択できるようにしておきたいと思っていました。エレンとの関係で、私は両方を手にいれることができました。彼女が子ども時代を極東で過ごしたという事実には非常に異国風な感じがありました。しかしながら、われわれの世界観やロマンチックな理想はたいへん似ていました。私といっしょにいる人はことばで自分を守れる人であってほしいし、感情をオープンに語ってもらいたい。もちろん、セックスは素敵でなければならないと思います。

カップルの燃えつきに関して個人やカップルを治療するには、次のような質問をすることが重要である。

・初めて会ったとき、あなたはパートナーの何に惹かれたのですか。またパートナーはあなたの何に惹かれたのですか。

・あなたの考える理想のカップル関係はどのようなものですか。

・パートナーの考える理想のカップル関係はどのようなものですか。

・あなたが子どものとき両親はあなたをどのようにあつかいましたか。

・両親はお互いにどのように接していましたか。

・(男性の場合)あなたのお母さんとあなたのパートナーの間になんらかの類似性がありますか。

・(女性の場合)あなたのお父さんとあなたのパートナーの間になんらかの類似性がありますか。

・あなたのパートナーはあなたの親とまったく正反対ですか。

・あなた自身は両親のどちらかに似ていますか、あるいは異なっていますか。

このような質問をすることは、カップルの理想の異性像を知るのに役立つ(九章では、これらの質問がどのようにカップルバーンアウトの治療集会であつかわれるかを詳細に述べる)。

カップルの理想の異性像の違いは多くのトラブルのもとになる。そのユーモアある例は、花嫁と花婿が誓いをかわす場面を描いたマンガに出ている。二人の頭上のバルーンはそれぞれが思い描いていることを示している。花婿の頭上のバルーンには、花嫁がベッドにいる花婿に朝食を出している情景が描かれている。花嫁の頭上のバルーンには、花婿がベッドにいる花嫁に朝食を出している。

一章で述べたように、「運命的な出会い」(内面にある理想の異性像に合った人)をしたら、愛による幸せ、無上の喜び、満足が確実に得られると、私たちは思いこんでしまう。この場合、自分自身および人生のあらゆる問題が解決されたと思ってしまう。このため、愛に失敗したとき、大きな心の傷ができてしまうのである。

ドナのような女性にとって(彼女は破綻した家庭の出身であって、愛し合っている家族の温かさと信頼を経験したことがなかった)、「完全な愛」とは「すべてを分かち合うこと」であった。しかしながら、ドナがアンドルーに恋をしたのは、彼が「とてもロマンチックで、ハンサムであり、そして強くて無口な人」だったからである。こんな人とすべてを分かち合うことができたら、子どものときの孤独を埋め合わせてくれ、不安感を軽減してくれ、夢のすべてを実現してくれると思ったからである（「強くて無口」は、ドナが子どもの時家族をほったらかしにした父と同じである）。アンドルーが彼女の夢と期待を実現してくれないとわかったとき、ドナは彼に失望しただけでなく、彼女自身の全生活にも失望してしまったのである。

二人がそれぞれ理想の関係について実際は非常に異なるイメージをもっているときでさえ、自分たちはロマンチックな理想を共有していると思っているカップルがいる。すぐれたカップルセラピストである同僚が私に語ってくれたのであるが、男性のクライアントは、結婚生活を一七年送ったあと、カップルセラピーを受けた。そして初めて、妻が高価な宝石の贈り物は愛のしるしだといった意味がわかった。つまり、「高価な宝石の贈り物」に対する二人のイメージが同じではなく異なっていたことが、一七年もたってからわかったのである。

ソーニャの父親は彼女が五歳のとき亡くなった。そのため、彼女の理想の異性像はお父さんの代わりになる人だった。ゲーリーはアメリカの東部の家庭で育った。そして父親は「家庭の支配者」だった。母親はおとなしかったが、たいへん温かくよく世話をしてくれた。ソーニャとゲーリーが初めて仕事で会ったとき、二人とも引っ越して来たばかりだった。ソーニャは西海岸から引っ越して来た。それまで彼女は西海岸で生活していた。ゲーリーは長年同じ会社で働いたあと、新しい仕事に就いたばかりだった。ゲーリーの容姿とソーニャの容姿は互いの理想の異性像にぴったりだった。すなわち、二人は、それぞれ異性の親と同じように、背が高く、黒髪で魅力的だった。そして流行の衣服を着こなし、自分の容姿をめだたせるよう気を配っていた。彼らは同じ場所で働いており、毎日やり取りをしていたので、まもなく恋に落ちた。ゲーリーはソーニャが自分を尊重してくれるしぐさがうれしかった。従順でおとなしいところも好きだった。彼は彼女が自分のいう通りになるので気分がよかった。ソーニャは、ゲーリーが面倒をよくみてくれるし、父親のようにふるまってくれることがとても気に入った。要するに、二人は互いに相手に自分の理想の異性像の実現を感じた。

もちろん、常にそうなのであるが、互いに相手についての一番魅力的であると思ったことが、あとになって一番ストレスになる。ソーニャは自分が求めているたいせつなことが得られないときはいつでもかんしゃくを起こした。このかんしゃくはゲーリーにとってとてもストレスになった。そこで彼は彼女から遠ざかった。ソーニャは、ゲーリーが父親のようであったから彼に恋をした。しかしながら、彼女の最大のストレスは彼が彼女の父親のようであったとき、すなわち、「そばにいない」ときであった。ゲーリーがソーニャに恋をしたのは彼女が少女のようであったからであるが、彼の最大のストレスは彼女が少女のようにふるまったときであった。子ども時代の問題が理想の異性像に影響し、その理想の異性像によって彼らは互いに恋をし、後に、それが、主要なストレス源になったのである。

二人が感情的に高まり、頻繁にやり取りをし、理想の異性像がぴったり合ったときでも、次にふるい落としと選択があって初めて、二人は深くかかわるようになる。

愛のフィルター

愛のフィルターは、恋愛対象の人たちのなかから、「ふさわしくない人」をふるい落とし、いい人を選び、恋をして結婚にいたるのに役立つ。いま、普通の女性が銀行強盗に出会った劇的瞬間を考えてみよう。犯人は髪が黒くハンサムで、彼女の父親によく似ているとする。そのうえ冷静でもあるようだ。彼女は危険にさらされて、感情的に高ぶっていることは明確である。しかし彼女は犯人に恋をするだろうか。彼が銀行強盗なら、そんなことはけっして起こらないだろう。彼女の愛のフィルターは、彼が幸せな結婚にふさわしい候補者ではないと告げてくれる。

心理学者は、愛のフィルター、すなわち、どんな人と恋に落ち、どんな人と結婚するかについて大いに研究してきた。最もよく研究された（おそらくは研究しやすかったからであろうが）愛のフィルターのひとつは、類似性である。

古典的研究では、婚約したカップルには次のいくつかの点について類似性があった。家柄、学歴、収入、親の社会的地位、宗教、家族関係のタイプ（親の結婚の幸福度、親に対する態度、兄弟の性別）、社交性（一匹狼であるかあるいは社交的であるか）、余暇の時間の過ごし方（「家にいる」か「外出する」）、飲酒および喫煙の習慣、同性の友だちの数、異性の友だちの数、求婚行動（これまでの結婚の回数、これまでの恋人の数、および結婚に対する態度）などがそれである。[31]

さらに、ほかの研究では、知能、身体的魅力や特性、精神的健康度、心理的成熟度、発達障害、遺伝による気質などにおいて類似性があるとされている。また、多くの研究は態度と性格の類似性に焦点をあてた。結論は幸せなカップルは不幸せなカップルよりも類似しているということであった。

これらの研究は、「類は友をよぶ」という古来の格言を実証している。しかしながら、恋に落ちるには、たんにあらゆる点で自分によく似ている人を見つけたという以上のことがあるはずである。ほとんどの人は自分とすっかり生き写しの人には恋をしないであろう。これは多くの場合真実である。前に述べた「類は友をよぶ」こととは矛盾する法則である「正反対の魅力」という格言がある。それではわれわれはどちらの法則を信じるべきか。答えは、両法則ともはたらく、ただし、同時にではなく異なるときにである。恋の候補者は、類似性という最初のふるいを通過したあと初めて相補性が機能する。二人の人が、同じような知性、世界観をもっていたときに、一方が世話を受ける必要があり、もう一方が世話をする責任を感じると、急速に親密になる。

テオドーラ・レイクは『愛されたい』のなかで述べているが、人は利己的理由から恋をする。自分に不足しているものを敏感に感じ、相手に自分に不足している性質を求める。[179] こういうわけで、きわめて論理的な男性が、過度に感情的な女性に惹かれる。それぞれは、二人で完全な人格になるために必要な諸資質を提供し合う。そして相手からあたえられる資質から利益を得る。

ロバート・ウィンチは、配偶者選択における相補性の理論のなかで、相補性の背後にある合理性を説明している。ウィンチによると、愛とは、重要な心理的欲求に対して、最小限の痛みで最大限の満足を二人でいっしょになって引き出すいとなみである。[225]

キャロルは、二〇代半ばの魅力的な女性であるが、自分よりもずっと年上の金持ちの男性と結婚した。その理由を次のように説明している。

> 父は、私がまだ赤ちゃんのときに、母と四人の子どもを残して去って行きました。母は経済的にたいへん苦労しました。私はお金について非常に心細い思いをして育ちました。父がもどってきて、すべてがうまくいく夢を何度も見

ました。夫は私が長い間求めていた父の役割と経済的安定を私にあたえてくれます。

バーナード・マーステーンは、相補性理論に、交換性理論をつけ加えることによって、よりよいものにしている。[137] 魅力とは、各パートナーがもってくる個人的資産と負債の交換価値に左右され、交換価値が最も公平であるとき一番魅力があるとマーステーンは考える。彼は人々を合理的な存在とみる。人々は恋人になる可能性のある人をふるいにかけ、自分は最小の犠牲を払うだけで最大の満足を自分にあたえる可能性のある関係を形成しようとする。すぐれた会社役員と同じように、恋愛においても、人は最良の取引をし、結婚しようとする。

四二歳の男性は妻との結婚を次のように説明する。

たぶん彼女は私の人生で一番ときめいた人ではありませんが、美しい女性であり、温かく、親切で、感受性に富んでおり、私を愛しているといってくれました。そのとき彼女はすばらしい母親になるであろうと思いました。私たちはいっしょに家庭を築くことができると私は確信しました。それは私にとって最も重要なことでした。もちろん、性的なときめきの強さよりも重要なことでした。性的なときめきは長く続かないことを私は知っていました。

マーステーンの理論によると、愛は、二人が一番よい交換価値を得たと認識したことから得られる相互の満足感である。いいかえると、愛は、一番よい取引をしたと思ったときに生じるものである。

そのようなよい取引をするためには、候補者は二つ以上のふるいをパスしなければならない。配偶者を選ぶときに用いるふるいのためのじょうごについては『フィルター理論』のなかで述べられている。『フィルター理論』は配偶者選択の過程を恋に落ちるところから結婚まで記述している。社会的背景（学歴、職業、家柄など）、価値観、興味、相補的欲求などすべてが配偶者選択に役割をもつ。しかしそれぞれが役割をもつのは異なる段階においてである。異なるフィルターが、燃え上がり、求婚、結婚においてはたらく。二人の出会いにおいては、社会的背景や住居の場所が結婚相手として望ましいかどうかに影響する。この最初のふるいをパスしたあと初めて、二人は同じ価値観および興味をもっているかどうかを検討する。重要な価値観が一致していなければ、関係のさらなる発展は望めなくなる。

深くかかわるようになると、お互いに相補い合う心理的欲求に気づくようになる。ほとんどの人は二人の関係においてある程度の安心感を得るようになると、ガードを下げて、母親のように世話をしてもらいたい欲求や父親のように保護をしてもらいたい情動的欲求を受け入れるようになる。もちろん、母親のように世話をしてもらいたい欲求と父親のように保護をしてもらいたい欲求は矛盾がないわけではない。両方とも大事にしてもらいたい欲求である。より互恵的組み合わせあるいは両立する組み合わせは、母親のように世話をしてもらいたい男性と母親のように世話をすることが好きな女性との組み合わせであり、父親のように保護をしてもらいたい女性と配偶者を保護することが好きな男性との組み合わせである。

男女間の魅力のより基本的な条件は、におい、感触、味である。[69] ある女性がある男性のにおいがいやだと思ったら、たとえ彼がそのほかの彼女のパートナー選択基準を満たしているとしても、デートはしないであろう。同様に、ある男性がある女性の感触がいやなものであったら、その女性との関係を求めないであろう。一方、二人が手あるいは唇にふれて、「電気」が二人の間に走ったなら、社会的背景や人生の目的の差異にもかかわらず、互いに惹かれる傾向がある。最もよい文学上の例は、ロミオとジュリエットである。ダンスホールで互いの容姿に惹かれ、初めてことばを交わし、初めて体にふれ、初めてキスしたあとは、両家族間の長い間の対立にもかかわらず、二人は恋することをやめることはできなかった。

視覚、嗅覚、触覚、味覚の感覚反応は、二人の関係において重要な役割を果たし続ける。ある女性は結婚生活がもう終わりであることを彼女の感覚がどのように知ったかを次のように述べている。「彼の吹き出物だらけの背中を見たとき、私は吐き気をもよおしました。彼が私にふれることを思うと、耐え切れません。その瞬間わかりました、彼との結婚生活から脱出しなければならない、しかも早く」。

愛し合っている二人が、同じ社会的背景の出であり、同じ価値観をもっており、相補い合う欲求をもっており、かつ互いの容姿、感触、においに惹かれている場合でも、すべての領域でふたりはぴったり合っているわけではない。交際の初期の段階では、差異を軽く見る傾向がある。差異を愛が克服できると考える傾向がある。しかし、実際は、時がたつにつれて、差異は悪化する傾向がある。たとえば、一日に二箱もたばこを吸う夫と非喫煙者である妻の場合を考えてみよう。交際中（結婚前）は、喫煙は問題ないと思っていた。喫煙は気にならないと彼女はいった。しかしそれまでに、喫煙者といっしょに生活したことは一度もなかったし、家族でたばこを吸う者もひとりもいなかった。彼女は二年間いやなにおいのする灰皿、むっとするにおいのする浴室、洗面所や台所にたなびいているたばこの煙との生活を経験したあと、たばこに不快感をもよおすようになった。そこで彼女は夫にたばこをやめるようにいい、同じ部屋であなたがたばこを吸うと私は息をすることができない、と不満をもらした。彼女は外が凍りつくような寒い日でも、すべての窓を開けておくことを要求した。夫は彼女の態度が変わったことを恨んだ。「お前はおれがたばこを吸うことは知っていたはずだ。前は不平をいったことは一度もなかったじゃないか」といった。

喫煙の問題は年がら年中の小言やけんかの原因になる。この問題は二人の間の腹が立つ事項となる。とくに妻が二人にとっての健康上のリスクを指摘したときはそうである。妻は、リスクにずっとさらされるくらいなら、非喫煙者と結婚しますという。夫も、同様に、喫煙者と結婚すればよかったという。このような日常の問題——夜窓を開けておく・閉める、ペットをベッドに入れる・入れない、テレビを食事中つけておく・消す——は、愛と親密さをゆっくりと腐食していく。

フィルターは私がこれまで述べたものだけではない。ある女性は、仕事で成功していない男性とは結婚しないであろう。また、ある男性は、子どもをもつ意志のない女性とは結婚しないであろう。フィルターのはたらき方は人によって程度が異なり、はたらく時期も異なる。

愛のフィルター、理想の異性像、そして状況の変数がいっしょにはたらく。愛のフィルターは、感情が高まった人が自分の理想の異性像に合う異性のなかから恋をする相手を選ぶのに役立つ。

愛のフィルターはどちらかといえば安定したものであり、理想の異性像は人生の非常に早い時期に刻まれたものであり、したがって変わりにくいものであるが、感情の高まりはその性質上一時的なものであることを心にとめておくことは重要である。感情の高まりが終わったとき、のぼせあがりが終わり、本当の愛が始まる。(❤201)一方、感情の高まりが静まったとき、燃えつきのリスクは増加する。感情の高まりと燃えつきの間にマイナスの相関があることは、燃えつきに対処するために重要な意味をもっている。

個人やカップルはセラピストによる簡単な質問に答えることによって、自分の愛のフィルターを発見することができる。第一ステップは、自分がこれまでに愛したすべての人について考え、そのなかから、自分が最も情熱的に愛した（あるいは結婚した）二人の人を選ぶ。第二ステップは、この二人についてできるだけ多くのことを想い出すことである。たとえば、容姿、性格、行動、態度、社会的背景など。次に、これら二人が共通にもっていることは何でも書き出す。二人とも温かいか、冷たいか。ベッドではよかったか。知性があったか。親密になることができたか。宗教はどうであったか。学歴はどうであったか。エキゾチックな容貌をしていたか。それらについて、自分が最も情熱的に愛した人が共通にもっていたものは自分のなかの何かを表しているのだ。それは自分にふさわしい恋人でありパートナーを選ぶフィルターである。

環境の影響

二人が愛しはじめたとき、愛が永遠に続くことをひたすら望む。しかしながら、二人は真空のなかで生活しているのではない。それは、ある人にとって幸運なことであるが、別の人にとっては不幸なことである。二人の関係は環境の影響を大きく受ける。愛の不思議な雰囲気のなかにずっと浸っていたいのだけれども、遅かれ早かれ、すべてのカップルは自分のまわりの世界と対応しなければならなくなる。二人の性格がどんなものであっても、無意識の、未解決の葛藤がどんなに多くても、あるいは少なくても、すべてのカップルは自分のまわりの世界と対応しなければならなくなる。幸運にも、愛し合う二人が支援的な環境のなかで生活している場合は、愛の成長・発達への機会、奨励、報酬、努力目標がふんだんにある。不運な場合は、圧力やストレスがいっぱいある環境のなかで生活している。支援的な環境か、圧力やストレスがある環境かでは、時の経過は、二人の関係に異なる影響を及ぼす。前者では関係を強めるし、後者では腐食させる。時の流れは、それ自体では、燃えつきの原因にはならない。これは、あとでまた述べるが、重要な点である。

私は、環境の影響を強調しているが、性格の重要性を低くみているわけではない。明らかに、相手の性格は重要である。とくに、パートナー選択の初期の段階では重要である。ある特性が、二人の関係において最後には大きなストレスになるにしても、燃え上がっているときはたいしてじゃまにならず魅力的であったりさえする。

人々は自分の環境とそれぞれのしかたで相互作用する。ある人はたくましく環境とかかわる。別の人は環境の影響を受けやすい。ある人は大胆かつ積極的であり、別の人は控えめである。またある人はどんなことでもたくみに処理する、別の人はわずかな刺激でも動揺する。自分の環境をあつかうこのような特徴的なしかたは、異なった状況においてさえも相変わらず同じであるように思える。環境と性格のどちらかを変えねばならないとき、行動を変えて環境とのかかわり方を修正することができる間は、人は性格を変えない。事実、環境を変える方が、基本的性格を変えることより通常はずっとやさしい。環境が二人の関係に影響する以上、カップルにとっても――そして燃えつきを予防したいカップルを相手に仕事をしているセラピストにとっても――、燃えつきを引き起こす環境要因は何であるのか、また燃えつきを防ぐ要因は何であるのかを知ることはたいせつである。

これらの要因を見いだすことは、恋愛と結婚の燃えつきの心理に関する私の研究の目標のひとつである。次では、燃えつきを最も促進する環境要因を三つ、および燃えつきを最も予防する要因を三つ、簡潔に述べよう。


ここで、ゲイのカップルに少しふれておくと、ゲイのカップルと異性のカップルとの間の最も重要な差異は、ゲイのカップルは社会的環境から受けるストレスが大きいということである。これは注目に値する。

燃えつき状態を大きくする要因

重荷

「あなたはパートナーとの関係においてどのくらい重荷を感じますか。重荷を感じるとは、あなたがしなければならない仕事があまりに多いので、あるいはあまりに困難なので、忍耐の限界を越えているという感情です」。これはカップルに答えてもらう第一の質問である。

結果は、重荷の程度が大きければ大きいほど、燃えつきのレベルは高くなることを示した。これは質問でたずねている二種類の重荷、量的重荷と質的重荷の両方についていえる。量的重荷を感じるのは、自分がよく遂行できると思っている以上の仕事があると感じたとき、あるいは、割り当てられた時間内に行なうにはあまりに多くの仕事があると感じたときである。たとえば、二人が古い家を修理することを決め、そして、漆喰を塗る、針金で留めて補修する、ペンキを塗る、とたくさんの仕事をし続けているときに起こり得る。質的重荷は、しなければならない課題が自分の能力を越えているという感情である。たとえば、薬物を使用している手に負えない一〇代の息子を統制する必要があるときに、この感情は起こり得る。時がたつにつれ、このような問題は、よい結婚をむしばんでしまう。

スティーブは次のように述べている。

私はあまりに多くの時間仕事をしています。仕事はあまりにハードで、あまりにプレッシャーがかかっています。職場で遅くまで長時間働くことによって、妻スーザンとの関係は弱くなっています。帰宅したときは、疲れ切って消耗していて、妻を愛する気力がなくなっています。いま私にとってはっきりしていることは、私の働き方を変えねばならないということです。しかし、もう一方、いまの仕事で本当に成功したいなら、やめることはできません。そんなわけで、私は逃れようのない不条理な状況にいます。

ぶつかり合う要求

「あなたは、配偶者からの要求と子どもからの要求がぶつかり合うことがどのくらいありますか、あるいは配偶者からの複数の要求がぶつかり合うことがどのくらいありますか」このような葛藤の頻度が多ければ多いほど、燃えつきは高くなる。妻は、子どもへ注意と時間を注ぎ、養育する仕事（要求）と夫の世話（要求）との板挟みになっていると感じている。夫は、経済的安定を求める妻の要求と、時間と注意を自分へ向けてほしい妻の要求との間で板挟みになっていると思っている。このような諸要求は、妥当であろうとなかろうと、すべてを同時に満足させることはできないので、きわめてストレスになる。

スーザンは次のようにいっている。

私は家族の間で引き裂かれていると感じています。家族は私にとってたいせつであり、家族も私がたいせつですが、家族が私に次々に要求してくるように思います。もし私が家族の要求すべてに応じていたら、私の一日はそれで終わってしまうでしょう。ほかのことには少しも時間を使えません。最悪なことは「ちょっとした頼み」です。頼みがわずかであれば断らないでやります。断われば気まずい思いをします。しかし、その「ちょっとした頼み」が多ければ、私は沈没してしまいます。家族はみな私に頼む権利があると思っています。というのは、家族は私を愛しているし、また、私たちはみな家族だからです。彼らの考え方に私は反対しません。そこで私は家族の頼みをやります。しかし、一日の終わりには疲れ切ってしまいます。そして猛烈に腹が立ってきます。とくに夫スティーブに対して。彼はけっして家で私を助けてくれません。

家族へのかかわり

「あなたは家族へのかかわりがどのくらい負担になっていると感じていますか」。このような負担が多ければ多いほど、燃えつきのレベルは高くなる。パートナーから受ける重荷、ぶつかり合ういくつもの要求、および家族へのかかわりは、重要なことがひとつ共通している。すなわち、これら三つはすべて、自他の期待通りに、基準通りに、あるいは「やるべきである」と思った通りには、できないということである。当事者はこのような期待を、外的要因、自分自身の優秀性の基準、あるいは自分のロマンチックな理想から、もつようになる。期待通りにできないこと、あるいは、期待通りにできないのではないかという恐れから、重荷、負担、心理的葛藤が生じる。

三者のもうひとつの類似性は、三つともすべてエネルギーを消耗するということである。重荷を経験している人は、自分に期待されていることは自分の力以上であると思う。ぶつかり合ういくつもの要求があるので、自分がどんなに一生懸命やっても、すべての家族の要求を満足させることはできないと感じてしまう。家族へのかかわりは、たとえみずから進んでやったとしても、心と体の力が及ばなかったと感じてしまう。三つすべてにおいて顕著であるのは、疲れ果てたという感覚である。力が及ばなかったという感覚と疲れ果てたという感覚は、愛の感情をすり減らしていく。ストレスは自分の外部から来ているので、愛の腐食の原因がしばしば外部要因にあるのは驚くことではない。しかしながら、その責めがストレスを起こしている環境に向けられるのではなくて、不条理にも配偶者に向けられる。ガスとラナはそのようなあやまった原因帰属の例である。

ガスとラナはいつも夜遅く私の事務所にやって来た。その時間は二人がそれぞれの仕事から離れることができる唯一の時間だったのである。ガスは組織体のコンサルタントであり、ラナは五人の幼い子どもの母親であった。二人とも自分は身も心も疲れ果てていると述べた。実際彼らはそのように見えた。彼らの問題は自分が燃えつきているということであった。彼らの性生活はとだえていた。彼らのコミュニケーションは、だれが牛乳をスーパーマーケットで買ってくるか、だれが一番上の子をピアノ教室につれて行くかというような家事を共有することにともなうささいなことに限られていた。

ガスとラナは二人ともしなければならない仕事がたくさんあった。ガスは大企業で長年働いたあと、自分自身でコンサルタント会社を興した。彼の前の仕事はたいへん給料がよく安定していたが、いまの新しい仕事はそうではなかった。彼はたくさんの時間を使って会社を軌道に乗せるためにがんばった。契約を結んだ仕事に加えて、彼は会社の管理業務すべてをしなければならなかった。財務上のストレスから彼は疲れ切っていた。ラナの仕事は、違った意味でストレスが多かった。五人の子どもが家にいて（二人はまだおしめが離せず）、彼女はまるまる一夜いつ眠ったのか思い出すのができないくらいだった。さらに、ひとりぼっちで支援がないと感じていたし、大きな家と五人の小さな子どもたちの世話という終わりのない仕事に疲れ切っていた。日常生活のストレスから身体がたいへん疲労していた。二人とも、自分のしていることをとても気にしており、でも目標に達していないと思っていたので、心はたいへん疲労していた。そして互いに対する愛情がなくなっていると考え出していた。

燃えつきを防止する要因

生活の変化

「あなたの親密な関係にはどのくらい変化がありますか」。変化が大きければ大きいほど燃えつきは低くなる。変化は重荷と退屈の中間のどこかに位置するだろう。それは二人が幸せになるところだ。人は自分自身の最適のレベルの変化がある生活ができれば、それが一番よい。極端に高いレベルの変化がある生活は、重荷に感じるし、不安とストレスをつくり出す。一方、極端に低いレベルの変化（すなわち全然変化がない生活）は、退屈であるし、イライラする。変化の最適のレベルは人によって異なるし、人は絶えざる刺激を必要とする。[52] こういうわけで、結婚は、はじめはどんなに刺激的であっても、変化がない場合には退屈と単調さからだめになる。

各カップルがそれぞれ異なるように、カップルが自分たちの関係に変化を導入するしかたは異なる。あるカップルにとっては、変化は旅行を意味する――森林のなかをハイキングする、美しい海のリゾートへクルマで行く、ヨーロッパを旅行するなど。別のカップルにとっては、変化はほかの人たちとかかわることである。彼らは新しい人に出会い、お互いを紹介し合うことが好きである。またあるカップルにとっては、変化は、新しいスキルを学ぶこと、授業に出席すること、手芸を学ぶことを意味する。別のカップルにとっては、身体的活動である――ヨットに乗る、太陽の下でテニスをする、雪におおわれた山でスキーをする、近所をジョギングすること。またほかのカップルにとっては、生活の変化は、ブリッジをする、パーティーを開く、コンサートに行く、スポーツの行事に参加する、あるいは政治活動を支援することである。あるカップルにとっては、生活の変化は、時間をつくって特別のデートをすることである。たとえば、毎水曜日の昼食を毎回異なるレストランでとる、レストランは交代で選ぶ。また別のカップルは、日曜の朝はベッドのなかでゆったりして、マフィン、コーヒー、新聞をそろえて朝食をとることである。

生活の変化が何かは人によって異なる。あるカップルにとっては、「水曜日の昼食」、「日曜日のベッドのなかの朝食」はあまり刺激にならないように思える。彼らにとっては、変化は自然発生的で計画しないことをやることである。彼らはベビーシッターを雇い、素敵なホテルへ行って愛し合うかもしれない。彼らは夜こっそり家を抜け出し全裸で水泳するかもしれない。温泉へ行くことが好きなカップルもいる。そこには官能的でリラックスできる雰囲気があり、相手に集中することができる。二人をじゃまする電話もないし、子どももいない。別のカップルは酒場などで「ナンパ」ゲームをするのが好きである。彼らは傍観者の反応を見て「刺激を得る」。ゲイのカップルは、ロマンチックな雰囲気をつくるために官能的な服を着、いっしょにご馳走をつくり、それから、ローソクをともしてソフトな音楽を流して、食事をする。このカップルにとっては、生活の変化は、一日の異なった時間に、異なった部屋で、愛し合うことを意味する。変化はどんな形をとっても、常にカップルの生活のなかのある時間を刺激的にすることである。それは生き生きとした感情を増加させ、二人の関係におけるロマンスを回復させる。

よい評価

「二人の関係においてあなたがしたことに対して、どのくらいあなたは評価されかつ認められていますか」。評価は燃えつきの緩衝剤になることがわかっている。評価されて尊敬されているという感情をもつことができると、人は、自分および自分を評価してくれている人についてよい感情をもつようになる。一方、評価されていないと感じると、人は、自分を批判した人に怒りを感じ、自分にも悪い感情をもつ。

人々は、まわりの人の目に鏡のように映っている自分を見る。そのような鏡が、よいイメージ、すなわち、温かく、気前がよく、セクシーで、いっしょにいるのが楽しい人というイメージを投影するとき、人は、そのように自分を見るし、そのように行動する。鏡が、冷たくて、けちで、卑怯で、いっしょにいるのが不快である人というイメージを写し出すとき、それが自己のイメージになり、行動に影響する。

われわれのほとんどは、自分自身のなかに、温かくあるいは冷たく行動する両方の能力をもっている。気前よくあるいはけちで、セクシーで楽しいやり方であるいは卑怯で不快なやり方で、行動する可能性がある。人々が温かく楽しく接してくれるときには、われわれは自然に、人を温かく楽しくする行動をとるであろう、そして人を冷たく不快にする行動はとらないであろう。これは、自己実現についてもいえる。[193] これは非常に実用的な意味をもつ。カップルという共同体において、各パートナーが相手についてよりよい認知をすればするほど、その共同体はより多くのよい結果と影響があるようになる。そして各パートナーはより多くのよい結果と影響を受けるだろう。

自己実現の機会

自己実現と個人的成長の機会を環境がカップルにあたえればあたえるほど、カップルの燃えつきは少なくなる。エイブラハム・マズローは、人間は、基本的に、自己の可能性を実現しようとする生得的動機をもっていると信じた。[127] また自己実現はカール・ロジャースの著作においても主要なテーマである。「人間を含むすべての生活体において、固有の可能性を建設的に達成しようとする基本的動き、すなわち、成長したいという自然の傾向がある」。[180]

カップルに自己実現達成の機会を提供する環境、二人が精神的成長と自己発見を追求することができる環境、二人が自己の可能性を達成するために努力することができる環境は、二人がロマンチックな情熱を強めることができる環境である。成功して仕事をしている女性のリンは、このことを次のように述べている。

私が独身であったときにできなかったことが、結婚しているいまはほとんどできます。私は夫の支えと励ましがあるので、独身のときよりもはるかにやる気が出てくるし、やることができます。

自己実現は絶えざる変化であり成長である。それは不安を引き起こすこともあるが、自己実現のために、積極的で創造的な新しい経験ができることが必要である。以上のすべては、燃えつきを防止するのに役立つ。

そのほかの燃えつきの原因と燃えつきを防ぐ環境要因

重荷、ぶつかりあう諸要求、家族へのかかわりだけが、燃えつきを強めるストレスなのではない。退屈、家事、狭い居住条件、騒音、公害などもまた燃えつきの原因である。同様に、生活の変化、よい評価、自己実現だけが、燃えつきを防ぐ環境要因なのではない。家族、友人、同僚とのよい関係、困っているときの無条件の支援、仕事についてのフィードバック、自立性、そして、個人の欲求、好み、趣味に合うように設計されている、また快適で楽しい家庭は、燃えつきを防ぐ環境の特徴である。生活の変化と自己実現は生き生きとした感情を維持するのに役立つが、よい評価と支援は家族へのかかわりを強める。

客観的環境と主観的環境

環境の影響を考えるとき、環境は客観的現実であるということがしばしば前提になっているが、これは本当ではない。われわれは自分のまわりの物理的世界と直接にかかわるのではなくて、われわれの感覚の媒介をとおしてつくられる心理的世界とかかわる。われわれは客観的ではない、主観的現実を経験するのである。われわれは、環境からの終わりのない刺激に絶え間なくさらされている。環境を把握するために、われわれはこれらの刺激のいくつかをふるい分けなければならない。われわれの感覚は、選び、組織化し、解釈し、そしてついには、個人的主観的世界観をつくりあげる。われわれの知覚は、環境の受動的反映ではなくて、われわれの世界を形成していく能動的過程の結果である。

さきにあげた研究において、燃えつきを引き起こすあるいは防止する環境の特性は、その人の心理的世界の諸側面であった。それは、客観的指標ではなくて、主観的報告にもとづいていた。人は重荷を自分が経験した通りに記述した。生活の変化、ぶつかりあう諸要求、家族への義務、よい評価もまたすべて主観的にとらえられている。同一の環境が、人によってたいへん異なって認知される。ある人にはストレスが多いと認知されるが、別の人には刺激があり、やりがいがあると受け取られる。カップルが燃えつきるかどうかは主観的環境とどう取り組むかに左右される。

ストレスを研究している心理学者、リチャード・ラザラスによると、「環境評価」は、環境の影響と、環境の影響を受けて個人のなかに生じる感情とによってなされる。「環境評価は、幸福に対する出会いの意義に関連して、出会いをどう分類するかの過程である」[117]。ある状況がどのように受け止められるかはさまざまである。幸福と関連があると評価されるかもしれないが、関連ないと評価されるかもしれない。有害である、有害である可能性がある、危険であると評価されるかもしれないが、いい結果を生む可能性が大いにあると評価されるかもしれない。[116]

同一の状況が人によって異なって影響するであろう。それは育ち方と性格による。ある状況にある人は怒りをもって反応するであろうし、別の人はうつ状態になるであろう。また、別の人は恐れあるいは罪悪感をもつであろう。また、脅威と感じる人もいれば、やりがいがあると感じる人もいる。たとえば、婚姻上の問題が生じたとき、ある人は拒否によって処理し、別の人はうつ状態になるであろう。また侮辱されたとき、無視する人もいれば、怒ってけんかをする人もいるし、復讐を計画する人もいるかもしれない。

人の問題のとらえ方はさまざまである。ある人はごくわずかなストレスでもたいへん影響を受ける。こういう人は、世界を悪が支配していると考える。そこで、常に最悪の事態にそなえていればベストであると考え、各問題を拡大して受け止め、事態はだんだん悪くなっていくと見る。別の人は、事態はだんだんよくなっていくと信じ、たいせつなことは、人生を最大限経験し幸せになることであると考える。このような人は、よくない出来事は最小限に受け止める。

ストレスの評価やストレスの処理能力にも人によって違いがある。この違いは、燃えつきがいつ起きるか、どのくらい続くか、燃えつきの結果はどのくらいきびしいかに影響する。不幸の、あるいは幸せの原因になっているのは、客観的条件だけではなくて、この客観的条件をわれわれがいかに解釈するかということである。古いユダヤ教のラビ(律法学者、先生)の話はこの点をよく物語っている。

ある男がたいへん困って助けを求めて、賢い先生のところにやって来ていいました。「先生、私は気が狂いそうです。私と妻と六人の子どもがみないっしょに、ひとつの小さい部屋に住んでいます。息をする場所もありません。騒音と密集で、私たちはみな気が狂いそうです。どうしたらよいかわかりません」。先生はいいました、「山羊を飼っていますか」。「はい」と男は答えました。先生はいいました、「その山羊を家のなかに入れなさい」。「どういう意味ですか。山羊を家のなかに入れなさいですって」。男はたいへんショックを受けてたずねました。「私たちは呼吸する空気もないといまいったばかりです」。「あなたは私の助言を求めていたのではないのですか」。先生はきびしく聞き返しました。「そうです。そうです」。男は素直に答えました。そこで男は家に帰り、山羊を部屋のなかに入れました。一週間後に男は先生のところにまたやって来ました。今度はもっと困っていいました。「先生、人生は生きる価値がありません。いまは、これまでのことに加えて、汚い山羊と暮らさねばなりません。もうがまんできません」。先生はいいました、「それでは山羊を部屋から出しなさい」。次の日男は先生のところにやって来て、先生の手にキスをしていいました、「先生、ありがとうございました。家のなかで山羊を飼わないことはなんと快適なことでしょう。空気はたくさんあるし、そして汚い山羊はいません。人生はとてもすばらしいです」。

一般に、人は、自分が課したストレスであっても、ストレスを客観的現実として認知する傾向がある。重荷、いくつもの要求、家族サービスのようなストレスを減らすためには、そのストレスは現実の要求であるのか、自己要求であるのか、すなわち、「しなければならないもの」であるのか、「したいもの」であるのかを明瞭にするために、各ストレスを吟味する必要がある。それをするためには、そのストレスと関連する報酬を認識することが必要である。たとえば、常に忙しいことは、自分は重要な人間なのだと思うことと関連しているかもしれない。また、ほかの望ましくない活動を避けるためのいいわけかもしれない。

期待の効果

恋愛についての期待は信念体系の一部である。期待は、意識的あるいは無意識的であるかもしれないし、言語に表現されるかもしれないし、表現されないかもしれない。まったく個人的なものかもしれないし、あるいは文化に共通なものかもしれない。恋愛の期待が達成できたときでも、夢が実現したあと現実は夢ほど刺激的でないことを知って失望することがある。古典的な例は、最も魅力的な女性と最も魅力的な男性が結婚したカップルの場合である。高校で最も魅力的な人どうし（学園祭の女王とフットボールの司令塔）が結婚して、郊外の白い柵のある牧場の素敵な家に居を構えた。夢が実現したあと楽しみがだんだんなくなっていき、二人はひどく失望したのである。なぜなら、夢の実現は二人の人生に永遠に充実感をあたえることになっていたが、実際はそうではなかったから。

恋愛の期待が達成されないときは（環境のストレスのせいであっても）、失望感は相手に向けられ、愛と献身の腐食を引き起こす傾向がある。相手が一度は理想の異性像に合っており、したがって、理想の愛が実現し、子どものときの傷がいやされると期待していた場合は、失望はさらに大きくなる。好意的な感情のエネルギーが二人の関係からだんだんなくなっていき、ついに愛が燃えつきる。燃えつきの経験は互いへの愛と献身を弱める。非好意的感情がらせん状に下方へ愛が終わるまで続く。

カップル関係において愛の成長が続くためには、期待を絶えず新たにしていかなくてはならない。進歩がカップルの愛の理想の一部であり、期待の一部であるときは、これは当然である。理想のカップル関係は、カップルがすべてのことをオープンに伝え合う関係である。互いに対してかつ現在の生活に対して、最大限心を注ぐ関係である。変化は成長の機会であり、成長する一番よい場所は、相手といっしょにいるところであると思う関係である。このような関係は、愛の理想が達成され、成長が中心になり、時とともによくなっていく。二人の関係は深まりより安定する、すなわち、「根」になる。また、この関係によって、二人は個人として、カップルとして成長する、すなわち、「翼」になる。このことは、順にカップルの愛と献身を強め、(少なくとも理論的には)永遠に続くよい循環をつくる。

根と翼

「根と翼」はカップルバーンアウトの正反対のことばである。根と翼のある関係の最も大きな特徴は、二人が何年もの間愛の炎をともし続けるだけでなく、二人の関係が時とともに実際によくなっていくということである。根は、安定した相互信頼の象徴であり、配偶者が自分を完全に理解してくれている(自分のよいところだけでなく欠点までも)、そして自分をまったくあるがままに愛してくれているという感情である。翼は、興奮と成長の象徴であり、二人いっしょにそして単独でも、現在の自分からも現在の生活からも成長しつつあるという感情である。

根と翼のあるカップルは、二人の関係を述べるようにいわれると、第一に述べることは、「私の配偶者は私の最良の友人である」ということばである。有名な大学の教授であるリンは彼女の結婚を次のように述べている。

私たちは一九年結婚生活をしています。その間ずっとよく話をしてきました。話に夢中になっていて高速道路の出口をまちがえたことが何度もありました。二人とも仕事にとても打ち込んでいます。しかし幸運にも専門分野は近いので、相手が何を研究しているか理解できます。そこで私たちは研究についても話すことができます。これまでずっと私たちはともに人生を歩んできましたので、互いの考え方を理解しています。しかし、私たちは非常に異なる背景の出身でありますので、自分たちの研究分野の人では出すことができない異なる視点と挑戦をあたえることができます。しかも、時とともによくなっていくのは、仕事だけではありません。すべてのことが年とともによくなっていきます。性生活、自由度、安定感、所属感、財政状況。私は、結婚する前、まわりの友人やほかのカップルを見ると、結婚をたいへん心配しました。そんなわけで私は結婚を急ぎませんでした。しかし、私たちが出会ったとき、二人とも「この人だわ」と思いました。私たちは正しかったのです。

二人の関係が生き生きしたものであるためには、根と翼が存在することが必要である。根は大きいが翼がない関係は、安定感はあるが、きわめてしばしば退屈であり、息が詰まりそうで、うっとうしい。ある女性はいう。

夫はよい人で収入もよい。彼は私や子どもたちを愛してくれています。けっしてほかの女性に興味をもちません。私たちはこれからも結婚し続けるであろうと思います。しかし私たちの間には愛の炎がありません。結婚生活がたいへん退屈なので、夫だけと時を過ごさなくてすむように、ほかの人たちが私たちに対して何かをしてくれることを望みます。

一方、翼は大きいが根がない関係は、どちらかというと寿命が短い傾向にある。典型的には、そのような関係においては、二人は、それぞれ自分の興味、自分の友人のサークル、自分の余暇活動を発展させている。二人の関係にその活動で得たものを還元していない。したがって、カップルを結びつけているきずなはゆるい。仕事をしている若い女性は次のようにいう。

結局私たちは共通なものは何もないということがわかりました。私たちは共通の言語を話していなかったのです。異なった時間に起き、生活はまったく別です。夜は二つの列車のように互いに別々に通りすぎて行きます。遅かれ早かれ、どちらかが「いっしょに生活している意味は何なのか」と疑問を出さなくてはならないと思います。

二人の関係が根と翼の両方をもっている場合でさえ、根と翼は必ずしもバランスを保っているわけではない。二人の関係において、片方（通常は妻）が根の役割を演じ、もう片方（通常は夫）が翼の役割を果たすという関係よりもむしろ、二人とも根と翼の両方をもっていることがたいせつである。二人が根と翼の両方をもっている場合のみ、安定とかかわりの基礎があり、二人の関係における愛の炎を生き生きと保つのに必要な成長のエネルギーが出てくるのである。

愛と燃えつきのモデル

恋愛と結婚の燃えつきの心理について頻繁にたずねられる質問は次の二つである。「燃えつきの原因は何か」。「燃えつきはどのようにしたら、回避することができるか」。愛と燃えつきのモデル（左ページを参照）はこの両方の質問に答えている。

本章で述べたすべての項目——恋に落ちる、環境の影響、期待の影響を含めて——がモデルの各部分である。

モデルは、燃えつきにいたる道と、根と翼にいたる道の二つを示している。二つの道はカップルが恋に落ちるところから始まる。燃えつきてしまうカップルは、根と翼のあるカップルとどのように異なるのであろうか。燃えつきてしまうカップルは深刻な情緒的問題をかかえているとしても、差異は環境のちがいにあると考えねばならない。ストレスの多い環境、あるいは、カップルがストレスだと認知する環境はカップルが夢を実現するのを妨げる。ストレスに対処することはエネルギーと愛を消耗させる。カップル

を支援する環境であると、二人は成長し、自己実現するようになる。二人の関係から得られる充実感は、二人の愛を生き生きしたものにし続ける。

愛と燃えつきのモデルには、次のような重要事項がある。

・恋愛を信じている人は、恋愛が人生に充実感をあたえると期待する。
・恋愛と燃えつきの間には直接の関係がある。恋に落ちることは、燃えつき過程のはじめの段階であり、必要条件である。
・恋に落ちる経験の独自性にもかかわらず、その経験の「どのようにして」および「なぜ」は普遍的である（だれでも同じである）。
・カップルと環境との間には相互作用がある。燃えつきの原因は、パートナーの性格や行動ではなくて、状況のストレスによる愛の理想の破壊なのである。
・本当は燃えつきが状況のストレスのせいであるのに、あやまって、パートナーのせいにしている。
・環境というのは、まったく客観的現実というわけではない。人はそれぞれが世界について認知した主観的イメー

愛と燃えつきのモデル

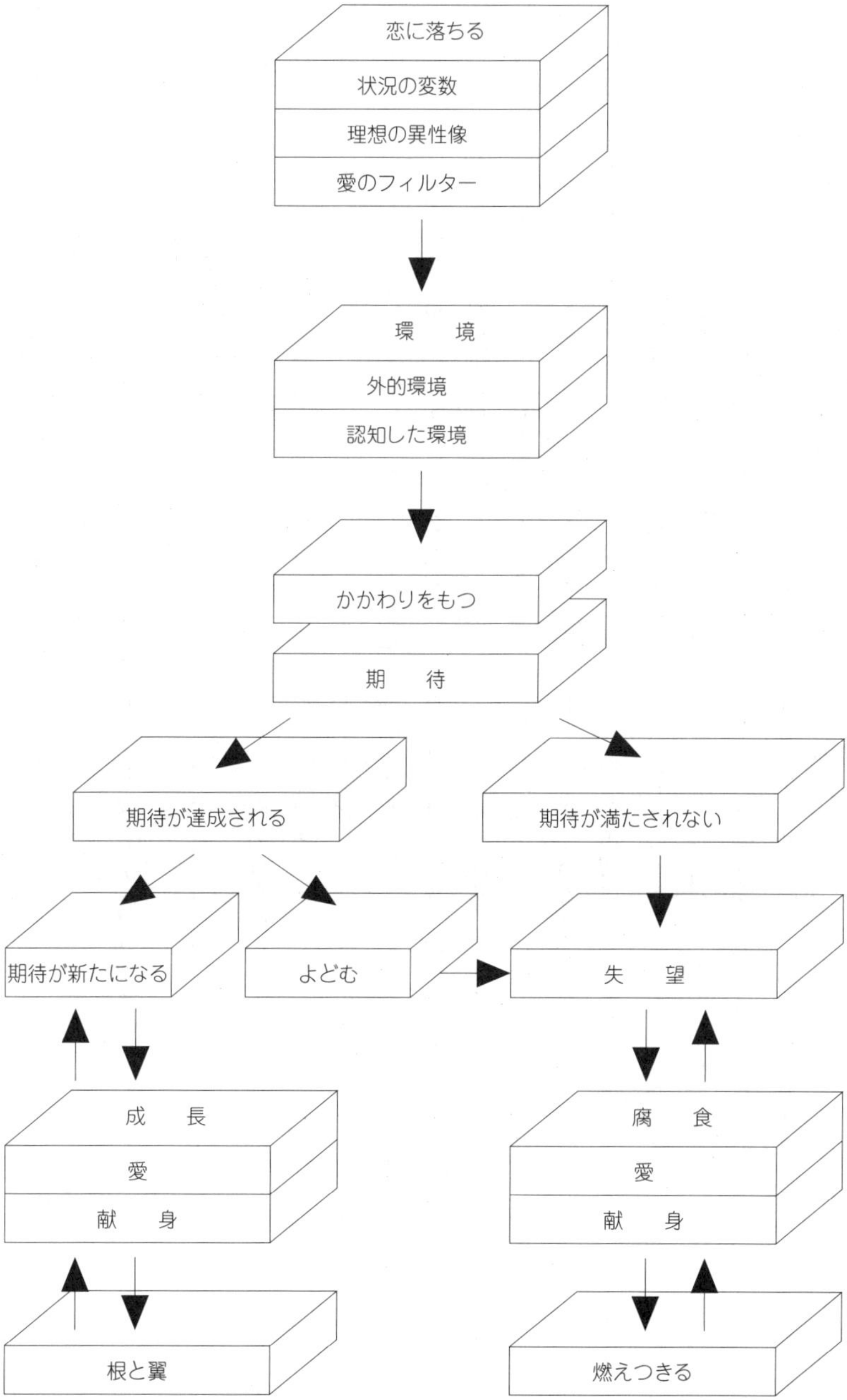
恋に落ちる
状況の変数
理想の異性像
愛のフィルター
環　境
外的環境
認知した環境
かかわりをもつ
期　待
期待が達成される
期待が満たされない
期待が新たになる
よどむ
失　望
成　長
愛
献　身
腐　食
愛
献　身
根と翼
燃えつきる

ジをもっている。

・恋愛についての期待は、学習した文化的価値と個人的経験から生じ、常に人々の信念体系の一部として存在する。期待は、恋に落ちたときに活性化され、かかわりができたときにフル回転する。かかわりが公になってもならなくても。期待は恋愛関係に強力な影響を及ぼす。無意識的であり、明確に言語化されないときでさえも。なぜなら、期待は人生の核心と認知されているものと関連しているからである。

・恋愛の期待が満たされないときは、ひどい失望を引き起こす。それにともない、相手への愛とかかわりの腐食が生じる。しかしながら、期待が満たされても、燃えつきが起こらない保証にはならない。愛の理想が人生に充実感をあたえると思っていたのに、現実にはそうでない場合には、欲求不満になる。

・カップルと、認知した環境との相互作用が進んでいくと、二人の愛の関係はよい結果になる場合があるし、悪い結果になる場合もある。最もよい結果は、「根と翼」のある関係であり、安定と成長が理想的にバランスのとれているケースである。「根と翼」のある関係においては、愛は時とともに強まり、人生に充実感をあたえ続ける。最悪の結果は、燃えつきであり、愛の死である。

セラピストの覚え書き

燃えつきの概念的枠組みは、社会心理学の視点（配偶者選択における状況の変数および文化的に共通の愛のフィルターを強調し、かつ結婚の燃えつきに及ぼす環境の影響を強調する視点）と精神分析学の視点（配偶者選択における無意識の理想の異性像を強調する視点）を統合している。この概念的枠組み（愛と燃えつきのモデル）は講義形式で参加者に提示され、その一部は構造化された実習で例証される。そのような実習のひとつが愛のフィルターの節で述べてある。実習によって参加者は自分の愛のフィルターを知ることができる。セラピストは個人、カップル、集団を対象に実習を行なうことができる。九章では、本章で提示した資料と関連がある二つの実習を述べる。ひとつは、配偶者選択と燃えつきに及ぼす理想の異性像の影響を扱う。もうひとつ（ソシオドラマ）は、カップルの根と翼の探索を扱う。

三章 カップルセラピーの三つの臨床的方法およびそのほかの方法

セラピストのところへ行く人は、だれでも問題をよく調べてもらう必要がある。

P・T・バーナム

「それはひばり」という演劇は、イスラエルのユーモア作家エフレイム・キシヨンの作であるが、シェイクスピアの「ロミオとジュリエット」をもとに、ロミオは実は死んでいなくて、あれから二〇年たったという設定で、劇は始まる。第二幕のはじめでは、二人は中年になっており、太り気味で頭がはげているロミオと、欲求不満で不平たらたらのジュリエットは、くすんだ茶色のアパートで朝を迎える。まもなく二人はひどくいらだって、初めて愛し合った夜聞いたのは、ナイチンゲール（夜うぐいす）であったか、ひばりであったかでいい合いをはじめる。「まちがいなくナイチンゲールよ」とジュリエットは断言する。「ひばりだ」。ロミオは大きな声でいい返す。そしていう。「お前はいつもそういういい方をする。ひどくおれを挑発するんだ。黒？　白だ。今日？　明日だ。ひばりだ。断じてナイチンゲールではない……」、「まあ、頑固ね。あんたは何といういしあたまなんでしょう」とジュリエットはいい返す。[109]二人は互いに背中を向け、沈黙がベッドのなかで続く。

この演劇は、情熱的で美しい恋人どうしという、ロマンチックなカップルと、薄茶けた、なれあいの結婚生活を送る中年夫婦との落差から生じるユーモアと悲哀を描いている。愛を永遠に続かせる唯一の方法は、情熱の最高潮のときに恋人たちが死ぬことであると、この劇は私たちに教えてくれているように思える。しかしながら、ほとんどの人は、二人の愛を保つために、墓場以外の場所を見つけたい。

カップルバーンアウト（恋愛と結婚の燃えつき現象）は新しい概念ではあるが、カップルバーンアウトが描いている二人の状態は、明らかに新しいものではない。カップルバーンアウトの概念が提起される前に、人々は恋に落ちたり恋が終わったりしている。結婚したり離婚したりしている。問題をかかえて相談に来たりしている。しかし、以前はけっしてこんなに多くの人がセラピストの援助を求めはしなかった。ロロ・メイがいっているように、現代は「セラピーの時代」である。[129]

技術革新にともなって、専門家への依存がますますふえていった。人間関係の領域では、セラピストは専門家である。現代の多くの夫婦は、自分たちの親が、問題をもっている自分たちを、現実には助けることができないと感じている。なぜなら、親の結婚は自分たちとは違って、恋愛よりも誓約にもとづいていたからである。問題をかかえた二人が、司祭または牧師から受け取る解答は「二人の結びつきは神聖である、あるいは少なくとも犯しがたいものである、なぜならば二人の結婚は神に祝福されたからである」というものであって、愛が死んだ問題を全然解決していないのである。

婚姻上の問題をもっているだれもが、セラピーを求めるわけではない。ある人は、セラピーは自分を助けることができるとは思わないので、セラピーを避ける。一四年の結婚生活のあと、妻から離れてほかの女性のところへ行った男性は次のようにいっている。

> 私は、二人の関係を治療するという考えを信じません。恋に落ちるとき、治療を受ける必要がありませんでしたよね。二人の関係がよくないということは、愛が終わったということを意味します。それを認める方がずっとよいのです。早ければ早いほどよいのです。

また別の人は、専門家の援助を求めることは自分の失敗を認めることになると考える。また、ほかの人は、セラピストが自分の問題を、ある種の病理として説明しようとしていることを直感的に見抜き、そのような考え方を受け入れることを拒否する。

臨床心理学は、夫婦間の問題を治療するのに最もかかわる分野であるが、『行動科学辞典』では次のように定義している。「行動障害の研究、診断、治療を行なう心理学の一分野」である。行動障害とは、同辞典によると、「不安定で、異常で、混乱している」行動である。[226]

臨床心理学者は、なんらかの病気、あるいは異常性がある問題に取り組むことができるように訓練を積む。個人を対象とするセラピストは、夫婦の問題を個人の病理が引き起こしているととらえる傾向がある。カップルセラピストや家族セラピストは夫婦の問題を夫婦の機能不全が引き起こしているとみる。どちらにせよなんらかの異常性は見つかる。異常性とは独自性（正常ではないという意味の異常、普通ではないという意味の異常）を意味する。結婚生活が不幸である場合に独自性が存在するという考え方は、レオ・トルストイの『アンナ・カレーニナ』の巻頭の題辞に非常によく表現されている。「幸福な家族は、すべて互いによく似ている。しかし不幸な家族はその独自のやり方のゆえにさまざまである」。実に、この引用句は家族セラピストたちがよく用いるお気に入りの文である。

臨床心理学の病理モデルは、深刻な不適応を起こしている個人の場合には、よくあてはまる。しかしながら、特定の夫婦の独特の異常性という考え方は、アメリカにおける結婚の五〇％以上が離婚で終わってしまっている現実をほとんど説明できないし、また離婚しなかった人の大多数も一度は離婚を考えたほど深刻な問題をもったことがある、という現実を説明できない。

カップルセラピーへの三つの臨床的方法

カップルセラピーはアメリカでは一九三〇年代に職業の一分野として始まった。しかし、急速に発展したのは、第二次大戦後になって、若者たちの離婚が激増したからである。近年はさまざまな問題に取り組む方法としてセラピーを受け入れるようになり、また問題をもつ結婚生活がふえ、一方セラピーは以前ほど費用がかからなくなり、時間も短くなったので、カップルセラピーの分野はますます発展しつつある。

家族セラピーが発達するまでは、セラピストは患者の配偶者との接触を避けたし、接触したいとは思わなかった。心理学的問題は、不健全な二人の関係から生じる。そしてそれは、セラピストとの強力な関係から最もよく治療できるという前提に立って、セラピーは行なわれてきた。カップルセラピーでは三〇年間、各配偶者に別々に面接をすることが行なわれてきた。一九六〇年代後半になって初めて、夫婦いっしょの面接が行なわれた。今日では、それがカップルセラピーの標準になっている。

カップルセラピーには三つの主要な治療方法がある。精神分析療法、行動療法、システム療法である。夫婦が結婚生活上の問題がありセラピーを受けることを決心したとき、一番出会う可能性のあるセラピーは、これらの三つのうちのどれかである。精神分析療法と行動療法は、もともとは、悩める個人を治療するために開発されたものである。ずっとあとになって、この二つは、夫婦の治療に適用されるようなったし、夫婦への治療方法は個人の治療方法とあまり変わらない。両方とも夫婦の問題には個人の病理がもとにあると考える。一方、システム療法は、悩める家族の治療から始まった方法である。

精神分析療法

精神分析療法は、生得的衝動、幼児期の経験、無意識の問題を強調する。セラピストの仕事は患者に、幼児期の未解決で、大部分は無意識である問題を反射版に投影させ、いまの大人の生活に影響していることを気づかせることである。患者は、過去の愛着をセラピストへ転移する。幼児期の無意識の問題が意識されるようになり、現在の問題と過去の問題とのつながりを患者が理解するようになって、感情転移が解決されると、セラピーは終わる。これまでの精神分析では、夫婦をいっしょに面接するという考えは受け入れることができなかった。なぜなら、精神分析療法では最も重要な要素である感情転移が、配偶者のいるところでは薄められるからである。

精神分析の立場に立つカップルセラピストは、配偶者選択における幼児期の無意識の葛藤や、無意識の動機づけを強調するし、また夫婦が不幸な破綻寸前の関係にありながら、破綻させないで維持することについては、幼児期の無意識の葛藤が影響することを強調する。セラピストは、人々を、結婚生活を含めて生活環境を積極的につくり上げていく存在と見る。配偶者選択はけっして無作為でも、偶然でもないとみる。人は子どものときには充足されなかった欲求を充足するために、一番ふさわしい配偶者を選ぶ。夫婦の独自の問題というのは、両パートナーにとって意識的でありかつ無意識的でもあるし、また抑圧されているがパートナーへ投影されてもいる問題である。

カップルセラピーへの精神分析的対象関係療法の鍵となる考え方を、ジェムズ・L・フラモ[71]は次のようにまとめている。

①自己の欲求を満足させてくれる対象関係を求める人間の欲求は、人生の基本的動機である。

②幼児は、親を見捨てることができないゆえに、あるいは親を変えることができないゆえに、親との関係で最も欲求不満を起こしている部分を問題としてかかえ込む。この場合、親の永続的な心理的イメージとして、この問題は維持されていく。

③精神内部の葛藤は、もと（幼児期）の家族の体験から生じる。この葛藤を解決しようとして、人は、現在の関係をもとの家族に類似した型にしようとする。

④配偶者を、自分の欲求から認知する傾向がある。たとえば、配偶者が自分がもっていない属性をもっているとみる傾向がある。配偶者は、幼児期の対象関係で失った面を回復するために、互いを選択する。夫婦は、その失った面を投影性同一視によって相手に見いだし、再経験できるのである。

夫婦の問題についての精神分析による説明は、直線であると思う。子どものときの心の傷が大人になってから問題として表れる。幼児期にかかえ込んだ問題や無意識の動機づけという概念によって、不合理な行動（たとえば、虐待的関係にとどまっている、あるいは、自分が愛している人が自分から離れていくようにする）を説明することができる。人は配偶者に自分の失っている部分を投影する。自分は人を愛することができないと思っている女性は、愛を示すことができない男性を選び、その男性に投影した、愛することができない感情を責める。無意識の欲求は分裂（splitting）と抑圧を経験し、それを問題としてかかえているることを反映しているので、相補的である傾向がある。被害者と虐待者、追いかける人と追いかける人から離れようとする人、サディストとマゾヒストというふうに。各配偶者は、相手に無意識の失われている部分を投影して、無意識のうちにその投影したものに反応する。このような夫婦は未分化であるので、各配偶者は、投影性同一視によって相手の投影を内面化する。そして個人の内面の葛藤が夫婦間の葛藤となる。いいかえると、夫婦間の葛藤は、各配偶者の内面の葛藤の再演である。その場合、各配偶者は内面の葛藤の一方を表出する。

精神分析のセラピストは、夫婦はお互いに無意識の欲求にもとづいて相手を選び、夫婦の現在の問題は精神内部の葛藤の再演であると考えるので、セラピーが長くなる傾向がある。セラピーはこれら未解決の葛藤を意識にのぼらせる必要がある。

新聞やテレビにおける精神分析的考えの普及にともなって、人々は精神分析の表面的知識を吸収し、自分や他者の行動を説明しはじめた。ある女性は、ある男性が彼の母親に対する未解決の敵意を、彼女に向けて表出していると非難する。二人の関係の問題から、彼の問題へと焦点を移すことによって、男性を非難の対象とし、二人の関係における自分の責任をとらないようにしている。

カップルセラピーの分野における精神分析療法の貢献は、不合理な行動のように思えることに対して、幼児期の経験や無意識の動機づけが影響していることを明らかにしたことである。また二つめの貢献は、配偶者選択や夫婦の問題における無意識の動機づけの役割を強調したことである。三つめの貢献は、人は、重要な心理的欲求を充足するために、生活環境をつくりあげている存在であるとしたことである。

精神分析療法の主要な問題点は、治療期間が長いこと、問題のある症状がなかなか治らないことに加えて、幼児期の経験をあまりに重要視して現在の環境をあまり重視しない傾向があることである。さらに、「無意識」にあまりに力点をおき、意識や精神的欲求、および、将来の目標を軽視していることである。また、過度の病理を仮定すること、および、苦しんでいる理由や根拠を「責める」ことも問題点である。

行動療法

行動療法はその焦点が、観察できる行動にある。行動療法は、病理の原因は不適切な学習と強化であるとみるので、悪い生活習慣を改善する方法をもっぱらあつかう。行動療法のセラピストは、問題の原因とその解決は現在の環境にあると考え、問題を額面通りに受け取る。行動療法のセラピストは、精神分析家とは異なって、患者が「真の」問題を理解していないとは考えない。たとえば、問題が異性に触られる行為に対する病的恐怖であるなら、行動療法のセラピストは、その恐怖をつくり出している幼児期のトラウマを意識にのぼらせるために時間を費やすことをせず、その恐怖を和らげることに全力を尽くす。行動療法では、患者は触られる行為全部の一覧表を作成し、自分が感じている最高の恐怖から一番少ない恐怖まで、順位をつける（セックスから握手まで）。そして、患者は弛緩運動（relaxation exercises）を教えられ、完全な弛緩状態にある間に、恐怖の一覧表の一番下にある項目（握手をする）を想像するように求められる。もしまだ、患者が緊張している場合は、弛緩運動にもどるようにいわれる。一覧表の一番下の項目を想像している間、リラックス（弛緩）し続けることができるとき、次の項目を想像するようにいわれる。この「漸進的弛緩法」の過程はパニックにならずに最も恐怖を感じる項目（セックスをする）を想像することができるまで続く。実際に身体的接触ができるようになると、恐怖はなくなったという最終的証明になり、治療は終わる。

行動療法を行なうカップルセラピストは、あらゆる社会的相互作用において、人は報酬を最大限にして犠牲を最小限にしようとすると仮定する。二人の幸福な関係の特徴は、両配偶者にとって最大限の報酬があるということである。二人の関係における問題の生起は、配偶者が相手に報酬をほとんどあたえていないか、犠牲が過度になっている場合である。また問題が生起するのは、バランスが取れていない場合で、一方は、報酬のほとんどを受けているのに、もう一方は、犠牲のほとんどを払っている場合である。また自分のほしい報酬を得るために強要する場合も、問題が起きる。行動療法におけるセラピストの目標は、このような考えにもとづき、夫婦に、いかにして相手により少ない犠牲でより多くの報酬をあたえるかを教えることである。そのために、セラピストは夫婦のおのおのに、自分は相手から何を得たいかを明確に述べるように求める。それから、夫婦がこれらの望んだ行動、あるいは報酬の対等の交換に達するように援助する[191]。

行動療法を夫婦に初めて適用したのは、一九六九年、リチャード・B・スチュアートであった。スチュアートは離婚裁判中の四組の夫婦を治療した。四組の夫婦の離婚したい理由は、ほとんど同じだった。基本的には夫がもっとセックスを求め、妻がもっと会話を望んでいた。セラピストは各夫婦に話し合って、ある契約を結ぶように援助した。その契約では、夫は一五分の会話をするごとに、ポーカーチップを一枚得ることができる、八枚のポーカーチップを得たら、性交とそれを交換できるのである。結果は対話が明確にふえ、セックスもそうであった。二、三回これを実施したところ、どの夫婦も離婚裁判を継続することを望まなくなり、もとのさやに収まったのである[196]。

最近の例では少し変化している。セックスと会話の交換ではなく、喜びとなるセックスの交換である。ある夜は一方の欲望に奉仕する。別の晩はもう一方の人の欲望を満足させることに奉仕する。これはやり方は少し異なっているが、ねらいは同じである。夫婦を援助して、夫婦が生産的で、前向きな交換をすることができるようにするのである。すなわち、罰あるいは強要の代わりに、対等な交換契約を話し合って結び、報酬を用いて互いの行動を修正するのである。

夫婦が話し合って決める契約は、しばしば書類にして残す。そこで、二人は再交渉することもできるし、修正することもできる。その書類を見えるところに置いて、たえず心に留め、また言及もできるようにする。契約の主な形態は「お返し契約」と「利益の契約」の二つである。

「お返し契約」では、一方の配偶者がもう一方の配偶者に望む変化は相互的であるので、片方が行動を変えたら、もう一方の配偶者も要求されている方向に行動を変える。たとえば、ルースはデービットが自分と話をする時間をもっととってほしいと思い、そしてデービットは妻が、自分の同僚との時間をとってほしいという場合、「お返し契約」では書類は次のようにしたためられる。「デービットがルースと一時間会話をしたら、ルースはデービットの同僚と一時間過ごす。この契約では、配偶者の行動の変化は、相手に左右される。もしあなたが契約の自分の役割を果たさなかったら、あなたの配偶者は行動を変える義務を果たさないであろう。この契約の問題点は、「あなたがまずやって」で、行き詰まってしまうことである。

「利益契約」では、望まれる行動をした配偶者は、もう一方の配偶者が何をするかにかかわりなく、プラスの強化を受ける。前の例でいえば、デービットが三十分妻のルースと話をしたら、週末どの映画を二人で観にいくかをデービットが決めることができる。このような契約では、一方がまず行動を変えるのを待つ欠点はない。

二種類の契約をみると、行動療法のセラピストは、夫婦の問題を額面どおりに受けとめ、二人の関係を仕事の取引と同じように解決しようとしていることがわかる。結婚生活における問題についての行動療法のセラピーは、交換理論の原理にもとづいている。夫婦は絶えず行動の交換を行なっているとみる。各行動は刺激であり反応である。夫婦関係の質は、相互の強化のレベルに左右される。正の強化は二人の満足と互恵性の可能性を高める。セラピストは夫婦がコミュニケーションのスキル、問題解決のスキル、交渉のスキルを高めるように援助する。コミュニケーションのスキルとは、さえぎらずに耳を傾けることと、自分が理解したことを示すために自分が聞いたことを要約するスキルを含む。問題解決のスキルは話し合いの特別の時間（喧嘩の時間は含まない）を見つけ、問題の正当性についての議論は避け、一度にひとつだけに問題をしぼり、前向きにしかも行動上のことばで問題を述べるスキルである。[148]

行動療法は観察できる行動を取りあつかうので、その効果を測定することができるし、実際に測定している。行動療法とほかの療法の大きな違いは、行動療法は実証的な研究を重視していることである。たとえば、ニール・ヤコブソンは五か国で行なわれた二四の効果測定研究を含め、過去二〇年間の研究を検討して、次のように結論している。行動の交換はすぐに効果が表れるが、その効果は短期間（六か月）である。これに対してコミュニケーションスキルの向上は即時の効果は少ないが、より長く（一年）効果が続く。さらにコミュニケーションスキルと問題解決のスキルの組み合わせは即時の効果があり、より長期（二年）の効果がある。しかしながら、治療が成功した夫婦の三〇％は、二年後にはまたもとへもどってしまった。はじめから治療の効果がなかった三〇％をこれに加えると、行動療法の成功率は約五〇％である。

カップルセラピーの分野における行動療法の貢献は、実証的研究の重視、夫婦の行動変容能力への信頼、治療における観察できる行動の重視、および構造化された訓練の使用である。行動療法への批判の主なものは観察できる行動だけをあまりに重視していること、および、無意識の要因をまったく無視していることである。第三の批判は、セラピストは機械工になっているということである。すなわち治療は機械的であり、効果は一時的であるという批判である。

行動療法対精神分析療法

明らかに、精神分析療法と行動療法とは人間の性質について非常に異なった考えをもっている。精神分析療法家は、人間の本質は、幼児期の経験がもとになって、無意識の過程に現われると考える。したがって、この過程がセラピーの焦点になる。一方、行動療法家は、人間の本質は外に現われた行動であると考える。両方とも、夫婦が援助を求めてやってきたとき、セラピストの理論的視点から援助をあたえる。この場合、セラピストの理論的視点は、夫婦の視点とはほとんど関係がない。夫婦は専門家が自分たちを助けてくれると信じて、セラピストの視点、考え方に協力する。そして、ほとんどの場合、なんらかの改善がなされる。それは、二人が新しい前向きの姿勢でお互いを考えているからであり、また、古い行動パターンを変えようと努力しているからでもあって、セラピーは事態をよくしてくれると信じているからである。

システム療法

システム療法志向のセラピストにとって、治療の焦点は、カップルを構成している二人の個人にあるのではなく、二人がいっしょにつくり上げている新しいシステムにある。カップルシステムは、二人の合計というよりはむしろひとつの独自性をもっているとみる。システムの一方（一方の配偶者）の変化は、もう一方（もう一方の配偶者）の変化を引き起こす。そしてこれはさらに、前者の変化を引き起こす。そして、それはさらに後者の変化を引き起こすというふうに続くと考える。たとえば、片方の配偶者の怒りはもう一方の配偶者の防衛的引きこもりを引き起こす。それは前者の怒りを増加させる。これが後者の引きこもりを増加させる。そして、ついにそれが前者の暴力の爆発となる。これは後者があらゆるコミュニケーションを拒絶する結果にいたると考える。

精神分析理論では、因果関係は直線的であるとみる（現在の問題は、過去の出来事によって起こっているとみる）。行動療法理論では、出来事は刺激と反応の関係の直線系列とみる。システム理論では、出来事の原因は、円で表わすことができるとみる。各配偶者の行動は、もう一方の配偶者の行動に対する反応であり、また、それが同時に相手への刺激になっているとみる。妻が、夫がやった気に障ることをセラピストに訴えたら、セラピストはその出来事に先だつことがあるはずだと考え、それを見つけようと努力する。そして、夫がやった気に障ったことのあとに、妻が何をしたかもはっきりさせようとする。

システム療法志向のセラピストは、カップルシステムにおいては、問題をかかえている人がまったく受動的で、「私は被害者です」という立場は存在しないと考える。この考えに立つと、責任をひとりだけにかぶせるということはない。配偶者双方があらゆる相互作用にかかわっているとみるからである。ある状況では、一方の配偶者が犠牲者で、もう一方の配偶者が虐待者であるようにみえるけれども、これは幻想である。夫婦が、だれが加害者で、だれが被害者であるかを勝手にいっているだけである。セラピストはこの決めつけ方を変えようとする。そのひとつの方法は、被害者が、自分は犠牲者であり、善良な人間であるというレッテルを得ようとしているのだということを示すことである。システムセラピストにとっては、これまでの二人の関係は安定した社会的システムに構造化されていて変化しない傾向があるように思える。相互作用の決まったパターンは、そのシステムを動かしていく規則になっている。カップルが問題を経験しているとき、彼らの相互作用が、なんらかの機能不全のパターンになっているとセラピストは考える。セラピストの目標は、二人の関係をだめにするようなパターンを変え、カップルのシステムを健康なバランスの取れた状態にすることである。

このような機能不全のパターンの例をあげよう。夫は、妻はいろいろ要求してくる、うるさい女だと思っている。一方、妻は、夫は冷たく、よそよそしい男だと思っている。妻は夫にいろいろ不満を述べる。しかし、夫に対し自分との時間をもっとつくって温かさを示すようには仕向けない。妻の不平・不満は、彼女は「口のうるさい女」だという確信を夫にもたせてしまう。夫は妻のがみがみを避けるために引きこもる。妻はさらにがみがみいう。夫はさらに引きこもる。

このような機能不全のパターンがはたらいているときは、いかなる欲求も充足されはしない。それゆえに、システムセラピストは、パターンを変えようとする。夫婦が、それぞれ勝手に一連の出来事を述べ、理解しているしかたが、問題の出発点だとセラピストは考える。夫は妻ががみがみいうので引きこもったのだろうか（夫はそう述べているが）、それとも、妻は夫が引きこもっているので、がみがみというのだろうか（妻はそう述べているが）。この述べ方の順序が変化するならば、夫婦が現在もっているステレオタイプ的考え方が変わり、相互作用のしかたも急速に変わることになるであろう。

逆説的介入のしかたをするシステムセラピストもいる。この場合、セラピストは治療の過程での一部として、夫婦それぞれ自分のやり方を変えないのを利用して、もっといまのやり方をするようにすすめる。たとえば、妻には、妻が望んでいる夫の変化はとても重要であり、そのためにもっとがみがみいった方がよいとすすめる。夫にはさらに引きこもることをすすめる。これは二人が自分の行動のばかばかしさに気づいて、機能不全の循環の輪をいっしょになって断ち切るだろうという前提に立っている。

ほかのシステムセラピストはもっとストレートに介入する。セラピストは、カップルに指示して、夫はこれまでは口に出さなくて受け取っていたすべてのもの（食事とか洗濯した衣服とか）を口に出して頼むようにさせた。これは二人の結婚生活を支配していた規則の変更である。すなわち、夫は頼まなくても必要なものは手に入れていたが、妻はしてほしいことは大きい声でいわねばならなかった規則の変更である。いったん規則が変更され、だれが規則をつくるのかの規則が変更されると、これまでの機能不全のパターンがこわれ、カップルの問題は解決し、セラピーは終わる。

カップルセラピーの分野におけるシステム療法の主な貢献は、カップルの関係における第三の要因、すなわち、独立システムとしてのカップルの強調である。第二の貢献は、因果関係の循環、フィードバックの輪という考え方である。そこでは、カップルの症状を、あるカップルの文脈のなかでとらえ、カップルというシステムのなかの機能に役立っていると考える。そしてカップルのコミュニケーションとしての症状・問題に注目する。

これまで、システム療法は、現在をあまりに重視し、過去はほとんど問題にしない点が批判されてきた。最近はまた、性差の問題を無視しているとフェミニストの著作家に批判されている。相補性や循環性の概念は男女間のさまざまな力の差を無視しており、二人の関係で生じたことに関して、両配偶者に同じ責任があると示唆しているという批判である。

たとえば、暴力の場合に、女性は、男性が暴力をふるう前に、何をしたのか、すなわち、どのようにして彼女は男性の暴力を引き起こしてしまったのか聞かれる。「配偶者虐待」のケースや追いかける人と追いかける人から離れたい人のケースを検討する際に用いられる中立的な言語は、ほとんどすべてのケースにおいて、女性は配偶者虐待の被害者であり、追いかける人と離れたい人の力学においては、離れたい人である、という事実に取り組んではいない。さらに、このパターンがどうして始まったかについては言及していない（女性は心理的に不利な立場におかれているのに）し、問題は性（gender）に関しているという明白な事実も無視されているとの批判である。

三つの臨床的方法と実存的方法

これまで、カップルセラピーへの主要な三つの臨床的方法を簡潔に述べてきたが、各方法はそれぞれ長所、短所をもっている。ほとんどのカップルセラピストは、カップルを対象とするとき、三つの方法のなんらかの組み合わせを用いる。典型的には、セラピストはカップルの問題の基本的力学を精神分析の視点から説明し、相互作用の問題をおこしているパターンをシステム療法の立場から記述し、そのパターンを変えようとする。そして、コミュニケーションスキルと問題解決スキルを行動療法家のように教える。

この三つの方法のそれぞれのカップルセラピストたちは、基本的に異なる志向があるにもかかわらず、臨床心理士として、カップルの問題を一種の病気または異常として説明する。セラピストが配偶者個人の異常性に焦点を合わせていても、カップルというシステムの機能不全に焦点を合わせていても、セラピストはカップルの問題を病気としてみているのである。この「病気モデル」はカップルの問題の状況の要因をまったくみていない。状況の要因には次のようなことが含まれる。身体的病気、経済的問題、仕事などのストレスおよび前に述べた文化的傾向、すなわち離婚の増加、大家族の崩壊、性役割の変化など。また、結婚の基礎として恋愛を重視する社会の雰囲気、および恋愛をしたことによってもってしまう結婚への非現実的な期待をも含む。

　病理を重視すると、当然、カップル関係の健康な部分を無視するようになる。この事実が劇的に例証されたのは、ハーバード大学医学部主催のユニークな治療研究会であった。この治療研究会の最も重要な特徴は、実際の治療中ずっとビデオを撮ったことであった。アメリカの四人の有名なカップルセラピストが同一のカップルの治療にあたり、それをビデオに撮った。四人のセラピストは、それぞれ異なる治療法を実施し、そのあとひとりずつ自分の治療法について講義をした。その講義中、いつでもビデオを提示して、質問に答え、自分の特定の治療法を解説した。この治療研究会の内容は『一組の夫婦を対象にした四人のセラピストの現実』という本にまとめられ、最近出版された[40]。

　研究会の最終の段階で、主催者は、カップルに、四人の治療者一人ひとりを評定し、それぞれの治療から何を得たかを記述してもらった。カップルは四人のセラピストにたいへん感謝し、自分たちがそれぞれの治療から得た洞察を詳細に記述してくれた。最後に主催者は、二人が望んでいたのに、見逃されていたことがなかったかどうかたずねた。カップルは躊躇せずに答えた。「四人のだれもが私たちに相手を愛しているかどうか、なぜ愛し合っているかを質問しませんでした。私たちの関係について何がよいのか、一〇年間、私たちをいっしょにしてきたものは何であるのかをだれも質問しませんでした」。

　愛についてカップルにセラピストのだれも質問しなかった理由はもちろん明白である。二人は問題をもっていた。それで二人は治療を受けにやってきた。セラピスト四人全員が自分の治療の目標はカップルの問題の解決・解消であると考えた。したがって、カップルのかかえている問題が治療の焦点であった。しかしながら、注目すべきことは、男性も女性も、魅力的で、はっきりものがいえる人であり、しかも職業的に成功しているということである。そしてさらに重要なことは、二人は互いに対して情愛をもって接しており、二人の関係を大事にしていたことである。この事実が全然セラピーでは考慮されなかったのである。

　愛がカップルセラピーの対象になることはまれである。

セラピーが、精神分析療法によって行なわれようとも、行動療法によって行なわれようとも、システム療法のセラピストによって行なわれようとも、愛はカップルセラピーの対象にならない。理由は各療法とも同じである。つまり、カップルが問題を示した以上、カップルの問題がセラピーの対象である。セラピーでは実際に愛が浮かび上がってきても、二次的な問題としてあつかわれる。しかしながら、情愛を二人の問題の基礎においているカップルにとって、愛は基本的問題である。男女の愛を信じるように、広くゆきわたって文化的価値観として教え込まれているカップルは、愛を、二人の関係においてとても大事なものとして考えている。二人は、愛が人生に充実感をあたえることを求めている。そうでないとき、二人はとても失望する。

　このようなわけで、二人は「結婚の専門家」に助けを求める。しかし、セラピストは、カップルと同じように、男女の理想を信じるように社会化されているのに、カップルにとって、愛が人生に意味をあたえることができなくなってしまった問題をみることができない。

　人々が人生に意味を見いだすことができるように援助することは、実存主義的療法の主要な目標である。それは、ロゴセラピー（ギリシャ語のＬｏｇｏｓは「意味」を表わす）とよばれる実存主義的療法の明確な目標である。ヴィクトール・フランクルは、ロゴセラピーを発展させたが、彼は、ロゴセラピーを、「人間の実存の意味および人間の実存の意味の探究」に焦点をあてたものと、述べている[73]。

　フランクルによると、人生に意味を見いだそうとする努力は「人間の生きる基本的な動機づけ」であるという。フランクルは、世論調査の結果を引用して、調査対象の八九％の者が人間は生きる目的を必要としていると考えていることを示した。ロゴセラピーは、期待、価値、選択の力を重視する。フランクルは、なんらかの病気をもっているために「意味の探究」をするあるいは「意味の探究」をすることがなんらかの病気を引き起こすという考えを否定する。人生の意味についての人間の関心は、精神的苦しみではあっても、けっして心の病ではないと述べている[73]。ナチの収容所の生き残りとしての経験にもとづいて、フランクルは、自分の人生には意味があるという認識ほど、最悪の条件下でもあれほど効果的に生きのびさせるものは、この世のなかにないと主張する。かくして、ロゴセラピーは、「患者が自分の人生の意味を見いだすことができるように援助すること」を、その仕事と考える。

　フランクルはロゴセラピーをカップルには実施しなかっ

た。ひとつには、意味の探究は各個人が単独で行なうべき独自の課題と考えていたからである。さらに、恋愛が実存的ディレンマへの解決になるとはみていなかったからである。しかしフランクルは、恋愛を自分の人生に意味を発見する経験のひとつとしてはみていた。フランクルのロゴセラピー以外の実存主義的心理療法もカップルには実施されなかったが、その理由はフランクルと同じである。[227]

恋愛と結婚の燃えつきの治療における愛について

カップルが初めてセラピーにやってきたとき、通常二人は緊張してゆううつそうな表情をしている。配偶者はそれぞれ、相手がこれまでの結婚生活で、してきた、あるいは、している、ひどいことの全部の一覧表を心のなかにもっている。もしセラピストが彼らの頭上に二つのバルーンをあげて二人がそれぞれ何を考えているか質問したら、各バルーンは相手の「よくない行為の一覧表」をセラピストに示すだろう。非合理的で頑固な自分の配偶者を変えるために、セラピストは自分の味方になって働いてくれると二人はそれぞれ思っている。しかし私は、味方になる代わりに、次のような質問をする。あなたがたが初めて会ったとき、お互いに何に惹かれたのですか。あなたは、この思いやりのない、冷たい、やさしくない男性のどこに惹かれたのですか。あなたは、このいろいろ文句をいう、ヒステリー気味の共感性に乏しい女性のどこに惹かれたのですか。これらの質問はたいそう不思議な効果がある。顔の表情がゆるみ、怒りの表情が笑いに変わり、二人はどんなに相思相愛だったかを私に語ってくれる。ドナはアンドルーに初めて会って彼と恋に落ちたときのことを次のように語ってくれた。

アンドルーは私の隣に住んでいました。私は前のボーイフレンドに腹を立てていたとき、アンドルーを食事に招待しました。彼はたいへんハンサムですぐれた資質をもっていました。私は彼に恋をしました。彼はたくましく物静かな人でした。彼は行きたいところをすぐ決め、たいていはそこへ行きました。それが私は好きでした。彼はよい恋人でした。そして美男子でした。……彼はとても上品できれい好きです。彼の自己像もよかったです。彼はいつも自信をもっているように見えました。彼はけちけちしていませんでした。よく夕食をごちそうしてくれました。私はそれを楽しみました。私たちは共通のものをたくさんもっていると思いました。つまり、彼に恋をしました。人はなぜある人に恋をしたかを説明できないと思います。なぜならそれは論理的なことではないからです。

アンドルーに、なぜドナと恋をしたかを聞きました。彼は次のようにいいました。

私たちは隣どうしでした。郵便受けのところで二、三度ばったり彼女に出会ったのを憶えています。それから彼女は私を食事に招待してくれました。彼女は知的な職業に従事しているように思いました。それは私にとって重要なことでした。彼女は女性としても魅力がありました。とても友好的であり、つきあいを深めるのはむずかしくありませんでした。……そして彼女は情緒的依存心を示しました。それはまた私にとってとても魅力的でした。

カップルバーンアウトの治療集会（その内容は九章で詳しく述べる）での私の大好きな治療活動のひとつは、参加者に、恋をしはじめのときあなたは配偶者の何に惹かれたのですかとたずねることである。それから、現在一番ストレスになっている配偶者の特性は何ですかとたずねる。すると、常に、恋に落ちたときの魅力と現在のストレスの間には直接の関連があるのである。

恋のはじめに自分を惹きつけたこと、すなわち、パートナーは自分の未解決の子どものときの問題を解決するのを助けてくれるだろうという認識は、パートナーが助けてはくれないし、助けることもできないだろうと思ったとき、燃えつき（バーンアウト）の原因になる。具体例をあげよう。ある女性がたくましくエネルギーがあったために彼女に惹かれた男性は、やがて彼女をいやになった理由を、彼女が彼に強要するしヒステリーを起こすからだという。その男性が、お金に関して気前がいいので彼にひかれた女性は、彼が金づかいが荒いのでいやになったという。

二章でレズビアンであるマーシーの例を検討したが、彼女は、子どものとき、父親を大好きだった。父親は情緒的によそよそしかったが仕事は成功していた。マーシーは大人になってマリエという女性に恋をした。マリエは会社の取締役でたいへん忙しかった。そして自分の娘にとても愛着をもっていた。マーシーがマリエに恋をしたのは、マリエが自分より上の存在に思われたからであった。つまりマリエは美しく素敵で、仕事で成功していたからである。やがてマーシーがマリエとの関係で一番ストレスになったのは、マリエが、自分が時間をマリエに使うほどにはマリエはいっしょに時間を使ってくれないし、自分ほどは二人の関係を必要としていないように思われたことであった。マーシーにとってマリエは、自分の父親と同じような存在になっていたから惹かれたのであるが、またそれがストレスにもなった。

ドナがアンドルーに恋をしたのは、彼がたくましく、物静かな人であったからである。ドナが燃えつきたのは、彼が相談せずに自分でものごとをどんどん決めてしまうし、彼がコミュニケーションのしかたを知らなかったからである。アンドルーがドナに恋をしたのは、彼女が知的な職業についていて、能力があり、彼に情緒的依存心を示したからである。アンドルーが燃えつきたのは、彼女が仕事にあまりに熱中し、あまりに情緒的安心感を求めるからである。ドナは次のように説明した。

私たちはいっしょに何かをつくり上げたことはありません。私たちは、まったくいつも別々の方向に向かっています。カップルではないのです。きずながありません。私たちが何かを話し合おうとするときいつも私は彼を激しく怒ってしまいます。というのは、私は、彼と話し合うことができないからです。私は思うのですが、彼は常に私にコントロールされないよう防御しています。そこでもし私が何かをするようにお願いしようとする場合、私はどのように彼に頼めばよいか、考えなければなりません。直接頼むことができないのです。私は考えねばなりません。疲れてしまいます。そして彼は、私が彼を操ろうとしていると思いはじめました。実際に私は彼が思ったとおりなのです。なぜなら私は彼にこれをしてほしいということができないからです。彼の反応は「うんいいよ」ではなく「どうして？」だからです。彼の金の使い方もまた気に入りません。彼は予算を立てません。彼は何かをするとき、どれだけお金がかかるか考えません……彼は気にしていませんが、私は不安になります。

アンドルーは自分の立場を次のように説明した。

私はドナの職業上の資質にはたいへん敬意を払っています。けれども、生活していくうえでたいせつなことは、仕事だけではなくいくつかのことを配慮することだと思います。そういうわけで私はあれやこれや試みてきました。ドナはけっして私のようにあれやこれや配慮しようとはしません。ここが大きな違いです。私が落ち着かない人だと彼女は思っているようです。

そしてコントロールの問題についてはアンドルーは次のようにコメントしてくれた。

ことばは少し強いのですが、ドナは人を操ろうとします。彼女はいつも私に何かをさせようとします。ほとんどの摩擦は、彼女が私に何かをさせたい、私をどこかへ連れて行きたいから起こります。あるいは私が家でゆっくりしたいときでも、あるいは私が自分のことをしたいときでも、私に何かをさせようとします。彼女が私をコントロールできないとわかったとき彼女はヒステリックになります。

ドナはアンドルーがたくましく決断力のある人だと思った。そしてお金については気前がよく、彼女を夕食に連れ出してくれた。アンドルーのこれらの資質は、ドナに情緒的な安定感をあたえてくれると思った。しかしアンドルーはこれを彼女にあたえてくれないとドナは悟った。一方、アンドルーはドナの職業上の資質と彼を頼りにしてくれることが魅力的だった。しかし、これらの資質は彼の自由を制限しようとしていることがわかるようになった。

はじめに魅力的であったことといま燃えつきの原因になっていることとの間には強いつながりがあるので、はじめの魅力を想い起こさせることは診断のためにたいへん役立つ。カップルから何が魅力的であったのかを聞いたあと、いま一番問題になっていることを予測することはとても簡単である。

理想の愛を信じる人々にとって、魅力的だったことと苦しみを引き起こしていることは、両方とも実存的探究の反映である。どちらも理想の愛の内的イメージと関連している。理想の愛においては孤独の恐怖は永遠になくなり、自己の独自性は大事に育てられるだろうと思う。ところが二人の関係がこの理想のイメージを実現しないとき、苦痛と怒りが、最初に、急に、失望を引き起こした配偶者の特性に自然に向けられる。いいかえると、魅力は実存的希望をあたえる一方、実存的希望を達成できなかったことによって起こるストレスは失望をあたえる。

いま、相手について不快に思っていることは、かつてはどんなに魅力的であったかを二人がそれぞれ理解するようになると、二人の関係の形成における自己の役割および影響力を自覚するようになる。「私の配偶者が引き起こした問題」とレッテルをはってあったストレスを「まだ実現していない希望」または「未解決の問題に取り組む機会」とレッテルをはり換えると、そのストレスは、あまり問題にならなくなる。配偶者が引き起こした問題が、実は、はじめは自分にとってとても魅力的であったことと関連があるとき、これはとくにいえることである。この理由は、配偶者の性格は変えることはできないけれども、自分の希望・夢・愛のゴールは、少なくともある程度はコントロールすることができるからである。ストレスを、まだ実現していない希望および個人の成長の機会と、レッテルをはり直すことは、無力感と失望感を減らすことになる。無力感と失望感は燃えつきの特徴である。

情愛による人生の意味の探求は、人によって異なる形態を取るし、人生の段階によっても異なる形態を取る。しかし、カップルが二人の関係のはじめにもった夢は、その後の人生において何年もの間、重要な役割を果たし続ける。その具体例をケンとマーガレットのケースで示そう。

ケンとマーガレットは、五〇代前半で、二五年結婚生活をしてきて、四人の大きくなった子どもがいる。二人が私のところにやってきたのは、結婚生活に燃えつきを感じ離婚を考え出したからである。マーガレットの主たる不満は、ケンはいつも仕事ばかりしていて彼女のそばにはけっしていない、彼女が彼を一番必要としているときでも、彼女のそばにいないということであった。「私は結婚している理由がわかりません。私はいつもひとりです」。一方、夫のケンは、自分が以前は仕事ばかりしていたことを認めた。しかしいまは、事態は変わり、彼はマーガレットともっと親密になりたいと主張した。ケンの主な不満は、マーガレットが情緒的にも性的にも拒否していることであった。

ケンとマーガレットに恋のはじめのとき相手について何が魅力的であったかをたずねたら、二人は相手の容姿（二人とも背が高く、とても魅力的であった）に惹かれたこと以外に、ケンはマーガレットの温かさに惹かれたことをあげ、マーガレットはケンのたくましさに惹かれたことをあげた。二人ともたいへん貧しく情緒的に不安定な家庭の出身であったので、二人は経済的に安定した、温かくて、心地よい、愛し合う家庭をもつ夢を共有した。二人は実際に経済的にたいへん安定し、素敵な家をもち、たくさんのすばらしいことをし、とても親密な家族をもった。

しかし、夢を実現することは容易なことではなかった。それは二人にとってたくさんの努力を必要とした。ケンは仕事で、マーガレットは家庭で。二人とも結婚生活から得たよいこと以上に、結婚生活に努力と時間を注ぎ込んだと思っていた。夢が実現したいま、ケンとマーガレットは、自分の生活は空虚だと感じていた。しかし、失望感、空虚感を「実存的危機」に帰属させるのでなく、二人はそれぞれ相手にその責任があると考えていた。

私はケンとマーガレットにたずねた。望みをひとつ実現してもらえるとしたら、何を実現してほしいか、と。ケンの回答は「私はマーガレットに私を愛してもらいたい」であった。マーガレットはいった、「私はケンと野性的な狂おしい、情熱的な恋愛をしたい」。この二人が何よりも求めているのは、愛情のある関係であった。しかも知らない人とではなく、お互いに相手との関係を求めていた。しかし二人は離婚の裁判を考えていた。ケンの望みもマーガレットの望みも、相手に一番欠けていると思っていることと関連していることは驚くことではないだろう。ケンは、マーガレットが冷たくて私を拒否すると不満を述べた。「彼女は私にキスもしてくれないし、愛情をこめて抱きしめることもしてくれません」。マーガレットはケンが彼女に相談せずにものごとをやっていくと不満を述べた。また、ケンは彼女に興味を示すよりもはるかに仕事に興味があるように思えると彼女はいった。「彼はすべてのことについて私の意見を求めません。私と過ごすよりも仕事に時間を使うことにずっと興味をいつももっています」。

予測したように、二人の最大のストレスは、ケンとマーガレットが初めて恋をしたとき、相手について一番魅力に思ったことと関連していた。あのころケンはマーガレットの温かさと友好性をとても気に入っていた。マーガレットはケンのたくましさと経済的安定性にとても惹かれていた。いまは、マーガレットはほかの人に対してあまりに友好的であり、ケンはあまりにもたくましくあまりに仕事に打ち込んでいてマーガレットを愛するのが不十分であった。

二人はいま一番問題だと思っていることと、かつて一番魅力的だと思ったこととの間の関連にも気づいた。また、いま一番のストレスと、まだ実現していない愛の理想との間に関連があることにも気づいた。さらに、二人は同じ愛の夢をもっていることを意識するようになり、夢は二人の努力の目標になった。マーガレットは、自分にとって情愛がいかにたいせつであるかを説明しようとしたとき、次のようにいった。「ケンと情愛をもつことをずっと夢見てきましたが、その情愛を見つけることは、神を見つけることと同じくらい意味のある、尊いことです」。

社会心理学の貢献――二種類の帰属

カップルセラピーに大いにかかわりがある心理学の分野がもうひとつある。それは社会心理学である。

社会心理学は科学的分野で、社会的状況における個人の行動の性質と原因を理解しようとする。問題が生じた状況が社会心理学では強調されるが、臨床心理学ではあまり強調されない。社会心理学者は、セラピストでもないし、治療にも関心がないが、「相手に対する個人の行動を形成する状況を理解すること」に関心がある。[226] 結婚生活上の問題の場合には、社会心理学者の疑問は、すべてのカップルにとって問題の原因となる状況はどのようであるかということである。家族セラピストが発する疑問は、社会心理学者のそれとは異なっていて、このカップルの独自の問題は何であるかということである。前者の疑問は結婚生活上のすべての問題に共通する側面を強調する。後者は個人の側面を強調する。かくして、セラピストは前に述べたまちがった考え――「独自性のあやまり」――を促進してしまうのである。

社会心理学者にとって、カップルを助ける最も効果的な方法は、自分たちの問題は独自なものだと思っているあやまりを、ほかのカップルの助けを借りて発見させることである。私は何組かのカップルの集団を対象とするとき、集団のメンバーに、配偶者の何が魅力的であったのか、結婚生活における期待、主なストレス、およびそのストレスへの対処のしかたを述べるようにお願いする。この過程において、カップルは自分たちの希望とストレスの両方がいかに普遍的であるか、すなわちほかのカップルと同じであるかを必ず発見する。この発見によってカップルは独自性についての自分たちのあやまりに気づく。これによって二人は、罪悪感と責めの感情が減り、情動的エネルギーが自由になって、建設的な問題解決へと向かう。

われわれはみな自分が住んでいる環境をよくしていくことには積極的である。環境との相互作用の間、われわれは観察した出来事について絶えず印象を形成し、出来事の原因を説明する。社会心理学的用語でいうと、出来事の原因帰属をする。同じ出来事でも、人によって原因帰属は大きく異なる。たとえば、ある男性が滑って転んだことは、あらゆる種類の原因に帰属させることができる。地面が滑りやすかった、彼の新しい靴のせいである、彼は生まれつきバランス感覚が悪い、集中力が欠けていた、昨晩遅くまで勉強していたので一時的に体が疲れていた、あるいは、自分の幼い子を笑わせるために意図的に転んだ。説明の焦点が環境にあるとき、帰属は状況的（たとえば地面が滑りやすかったのでその男性は滑った）という。一方、説明の焦点が人の側の何かにあるとき、帰属は人の側の要因にある（たとえばバランス感覚が悪いので滑った）という。

人々は、あまりにしばしば、自分自身の行動やほかの人の行動を人の側の要因で説明する。たとえば、嫉妬を引き起こす（配偶者が婚外恋愛をしていることがわかった）状況で、ある感情、思考、身体的症状が現われたとき、ある人はいう、「私がいま嫉妬しているのは、私が嫉妬深い人間だから」。別の人は、まったく同じ状況でも、次のようにいうであろう、「私がいま嫉妬しているのは、私の配偶者がほかの人と寝てしまったからだ」。

おもしろいことに、自分を嫉妬深いといった人も、自分は嫉妬深くないといった人も、嫉妬に対して身体的情動的症状の点ではたいへんよく似た反応をしている。彼らの嫉妬は、たいせつな自分たち夫婦の愛の関係への脅威である、と認知した同じ状況で引き起こされたのである。人の側の要因の帰属と状況の要因の帰属の差異ははっきりしている。それは、帰属をする人にとっても、帰属の対象となる人にとっても、かなり深い意味をもっている。人の側へ、原因の帰属をする人は、出来事を、そういう人であるという事実によって説明している。この説明は、社会心理学者フィリップ・ジンバルドーが「心の刑務所」とよんでいるものに人をいれてしまう。抜け出す道がない心の刑務所に入ってしまうことになる。❤231

法律家になりたいが自分は恥ずかしがり屋であるので法学部を志望しなかった人は、自家製の心の刑務所をつくってしまったことになる。貞節である人と結婚しているのに嫉妬する人は、自家製の刑務所をつくってしまっている。結婚生活上の問題をかかえており、その問題は相手の生まれつきの性格の結果であると確信しているカップルもまた、心の刑務所をつくりつつある。配偶者が自分に対してしてきた「ひどいこと」の一覧表は心の刑務所に配偶者を閉じ込めてしまうことになる。「生まれつきあのような性格であるのであのようなことをやる、そしてやり続ける。われわれの結婚生活上の問題は、これが原因だ」と考える。そういうわけで、人の側の要因の帰属を、自分自身についても自分の配偶者についても、している人は、変わろうとする意欲があまりない。

一方、状況の原因帰属をする人は、出来事を「特定の状況」に言及することによって説明している。これは、別の状況では、人は異なる行動をすることを意味している。このような状況の原因帰属をする人は、たとえば、人は大勢の聴衆の前ではあがってしまう、配偶者が見知らぬきれいな人といちゃいちゃしていると、一方の配偶者はカッカする、三人の子どもを育てていると夫婦間の性愛は弱くなる、というふうに、状況に注目する。このような帰属をする人は、「そういう人だから」、「この問題についてはやれることは何もない」というふうには、出来事を説明しない傾向がある。このような人は、二人の問題を、ストレスが大きい特定の状況が原因であるとみる傾向が大いにある。したがって、努力して状況を変えようとする。状況を変えることのできないものとして受けとめるのではなく、むしろ、状況を変えることによって、二人の生活や二人の関係を改善していこうとする。

燃えつきたカップルの治療においては、夫婦が両方とも、人の原因帰属から状況の原因帰属へ転換するように治療を進めることがとてもたいせつである。典型的にはカップルは、自分たちの結婚生活上の問題を人に原因を帰属して説明する。「彼は、冷たく、思いやりがない人で、自分の感情を人に伝えることができません」。「彼女は際限なくいろいろ要求してきます。私がしたことで彼女が満足したものはひとつもありません」と。私は、これらに反応して、彼が自分の感情を伝えた状況がいままでにひとつもなかったかどうか、彼女は彼がしたことに感謝したことがいままでにひとつもなかったかどうかたずねる。幸運なことに、少なくともひとつはあったと、二人とも認める。

この特別の一例だけでもあったならそれは彼が自分の感情を伝達できない、心を閉ざした人でなくて、ある状況では心を開く人であることを意味する。同じく彼女は要求ばかりして満足しない人ではなくて、ある状況では満足し、感謝する人であることを意味する。彼が心を開いた特別の状況、彼女が満足した特別の状況はどのようであったかを、二人がそれぞれ明確にするように私は求める。この課題はむずかしいように思えるけれども、冷たい人を温かくするあるいは、飽くことを知らない人を満足させるよりもずっとやさしいのである。

人の原因帰属から状況の原因帰属への転換は、嫉妬の場合でも同じである。嫉妬のためセラピーにきた人の場合、きわめてしばしば、「嫉妬している人」の特性に問題があるという帰属で配偶者双方がすでに一致している。これに挑戦して、私はたずねる。「あなたはこれまで結婚生活をしてきて、そんなふうにずっと嫉妬してきたのですか」。この質問に対する答えは、ほとんどの場合、「いいえ、今回が特別です」である。私はさらに質問をする、「あなたが嫉妬しているその関係はどのような関係であるか、あるいは、あなたが嫉妬した特定の時期はいつか」。そして、「あなたが全然嫉妬しなかった関係はどのような関係であったか」、あるいは、「あなたが全然嫉妬しなかった時期はいつであったか」と。これらの質問は次の質問とは大きく異なる。「私はどうして嫉妬深い人間なのでしょうか」。「私はどのようにしたら嫉妬しないように変わることができるでしょうか」。嫉妬を人の病理に帰属させないで、嫉妬を発生させた状況に帰属させる質問は重要である。

カップルは、しばしば、自分たちの関係について人の原因帰属をする。手がかりとして役立つことばは「いつも」と「けっして……ない」である。人の原因帰属をしているカップルには、もうひとつの原因帰属である、状況の原因帰属ができるように、質問をする。「私たちはけっして話し合いをしません」とカップルがいったとき、二人に質問をする。「あなたがたは、いままでに話し合ったことが一度もなかったのですか、あるいは話し合った状況はひとつもなかったのですか」と。「ひとつはあります」という場合、「あなたがたが話し合うことができた状況はどんな風でしたか」と聞く。カップルが「私たちは楽しいことをいっしょにしたことは一度もありません」といったとき、二人にたずねる。「ずっと前のことでもいいのですが、二人がいっしょにやって楽しかったと思ったことはありませんでしたか」と。「ひとつはあります」と答えたら、「二人が楽しかったその活動は何でしたか、あるいは、二人が楽しかった状況はどのようでしたか」とたずねる。

社会心理学はカップルセラピーに直接には適用されないけれども、右記の例は、社会心理学がカップルセラピストに重要な示唆をあたえていることを示している。カップルは、セラピールームの内と外で原因帰属が人から状況へ変化するよう援助を受ける。右記の例は、カップルがセラピーにもち込んできた問題に関連して、原因帰属がどのように行なわれたかを示している。セラピールームでは、人の原因帰属に矛盾することをカップルがしたことに注目して、原因帰属が行なわれる。たとえば、妻が夫は思いやりがないと不満をいったとき、セラピストは夫が思いやりのあることをしたということに注目する。人の原因帰属から状況への原因帰属への変化は、マイケル・ホワイトの概念「独特の結果」やフランツ・アレクサンダーの概念「情緒的経験の修正」とほぼ同じである。[22、4]

もちろん、実生活は人の帰属と状況帰属と両方がある。ある場合は人の帰属であり、また別の場合は、状況の帰属である。われわれが恋に落ちるのは相手がいとしい特性をもっているからである。自分は能力もあり、努力もする人だという自分自身についての原因帰属によって、われわれは、一貫した、安定した自己感をもつことができる。社会心理学は、人と環境の相互作用を強調する一方、個人の特性や資質の重要性を否定はしない。むしろ、社会心理学は、はにかみ、嫉妬、カップルバーンアウトのような人間の経験には、状況の要因が重要であることを示している。状況の要因は人の性格よりも変えられる可能性が高い。

カップルバーンアウトについてのカップルの原因帰属と観察者の原因帰属

金銭問題や仕事のストレスのような環境からの圧力は、愛の関係を腐食する。一方、環境からの支援と成長の機会は愛の情熱を充実させる。そうであるのに、ストレスという大きな重荷を負っているカップルでも、そのストレスが二人の関係の悪化の主要な原因になっているということを、客観的な観察者ほどには、認めない傾向がある。このような認めないカップルは、その代わり、自分たちの結婚生活上の問題を、相手の性格の欠陥あるいは性格のなんらかの不一致に帰属する傾向がある。同じように、環境の支援から利益を得ているカップルも、環境のプラスの効果を、観察者よりも自分たち自身に帰属させる傾向がある。この後者の帰属のあやまりによる、カップルへの被害は小さい。しかし前者の、環境のストレスの負の影響を自分たち自身に帰属させてしまうあやまりは、カップルへの被害が大きい。

人は、環境がほかのカップルの関係に及ぼしている影響の効果については、容易にわかる。カップルバーンアウトに関する二つの研究において(ひとつはアメリカで、もうひとつはイスラエルで行なわれた)、三〇〇人の被験者は、八つの短い記述によるケースを提示され、各ケースでどの程度カップルが燃えつきているかを推定するようにいわれた。

88ページの囲みには、八つの短い記述、被験者への教示、燃えつきの程度を評価するための尺度を提示した。

この短い記述のうちあるものは、性格の一致を強調している。たとえば、マークとメアリーは、性格がたいへん似ていて、同じ活動を楽しんでいるという記述。また、別の記述は、性格の不一致を強調している。たとえば、科学者のデービットとソーシャルワーカーのディーリアは、性格と好きな活動がたいへん異なっているという記述。ある記述は環境のストレスを強調している。たとえば、トムとティナは、四人の幼い子どもがいるという記述。あるいは、ジョーとジュディスは五年間結婚していたが、夫のジョーが仕事がとても忙しいので、休暇を取って旅行することが一度もできなかったという記述。別の記述は、望ましい家族環境をあげている。たとえば、ゲーリーとジーナは結婚したばかりで、新築の家に入居したという記述。

八つの記述にあたえられた燃えつき得点の平均を比較した結果、二つの研究は燃えつきの程度の順位が同じであった。結婚の燃えつきの程度が一番高かったのは、一番ストレスを受けているカップルである、仕事が忙しいジョーとその妻ジュディスの記述であった。幼い四人の子どもがいるティナとその夫、トムについての記述は第二位だった。新築の家に入居した新婚のゲーリーとジーナについての記述は燃えつきの得点は一番低かった。いいかえると、状況は、一番高い燃えつき得点と一番低い燃えつき得点を説明している。ストレスが大きい環境は、燃えつき得点が一番高く、良好な環境は燃えつき得点が一番低かった。性格の一致、不一致もまた燃えつきの評定に影響した。性格が一致しているマークとメアリーの記述は、性格が不一致のデービットとディーリアの記述ほどは燃えつきていないと評定された。しかし、性格の一致・不一致による燃えつきの差は、環境の違いによる差ほどは大きくなかった。

これらの結果は、「観察者」がカップルについての短い記述を提示されたとき、燃えつきの原因を環境のストレスに帰属させ、性格の不一致には帰属させていないことを示している。おもしろいことに、この「客観的観察者」は結婚生活の燃えつきの治療の参加者なのである(すなわち、彼らは、自分自身は結婚生活が燃えつきて集まってきた人たちである）。彼らは、自分の結婚生活について聞かれたとき、自分の燃えつきの原因を性格の不一致に帰属させる傾向があった。ある女性は、ティナと同じように、四人の幼い子どもがいて、家を買うお金もなく、子どもの世話を助けてくれる人もいないのだが、四人の幼い子どもの世話や家事でとてもたいへんなティナの結婚生活の記述には、一番高い燃えつき得点をあたえたが、自分の結婚生活の問題を、夫が冷たくて話し合いをすることができない人であり、親密さおよび分かち合うことの欲求を自分と同じようにはもっていないせいであると説明している。彼女は、ほとんど毎晩家事で疲れきって、寝る前にようやくテレビをみることができるというくらいのストレスの高い環境にあったが、その環境は、彼女の結婚生活の評価においては、夫の冷たさと話し合いのできない性格ほどには重要ではないように思えた。

夫についての彼女の不満は正しいかもしれないが、彼女が彼に恋をしたのは、彼がそのような人であったからであり、彼の性格が変わるチャンスはまずないが、環境が変わるチャンスのほうはまだある。

最後に、カップルに及ぼす環境の影響について討議するとき、ゲイのカップルは特別に言及する必要がある。ほとんどのゲイのカップルは、異性愛のカップルよりも家族、仕事、社会から多くのストレスを受けている。これらのストレスが彼らの愛を腐食する。

要約すると、私は本章で、カップルバーンアウトに大いに関連がある五つの方法を提示した。これら五つのなかに三つの主要な臨床的方法がある。その第一は精神分析療法で、カップルの問題を子どものときの未解決の問題の結果ととらえ、それがカップル間の葛藤に現われてきているとみる。

第二は行動療法で、カップルの問題を、コミュニケーションのスキルと問題解決のスキル不足が原因ととらえ、コミュニケーションのスキルと問題解決のスキルは教えることができるとみる。第三はシステム療法で、カップルを独立したひとつのシステムととらえ、カップルの問題を、相互作用のパターンがよくはたらかなくて悪循環している結果とみる。臨床的方法は、カップルの治療に対して理論と技法がよく開発されているという利点があるが、欠点は病理を強調しすぎて、実在主義的要因や状況の要因を軽視していることである。実存主義的療法や社会心理学的方法は、実存的要因や状況の要因を考えるのに重要である。大

次のカップルを想像してください。情報は限られていますが、
結婚の燃えつきの程度はどのくらいであるかを次の尺度を用いて推測してください。

1	2	3	4	5	6	7
ぜんぜん燃えつきていない			ある程度燃えつきている			すっかり燃えつきている

・ジョンとジャッキーは35年間結婚生活をしてきました。2人は3人の子どもがおり4人の孫がいます。（ ）
・マークとメアリーは性格がたいへん似ています。2人とも読書、ハイキング、クラシック音楽が好きです。（ ）
・ジョーとジュディスは5年間結婚しています。ジョーは仕事に熱心で帰宅は遅くなります。帰宅してからまた夜家で仕事をします。彼の仕事のために、2人は休暇を取って旅行したことが一度もありません。（ ）
・ゲーリーとジーナは、3か月前に結婚し、今週新築の家に入居しました。（ ）
・デービットとディーリアは性格がたいへん異なっています。デービットは、科学者で、科学の本を読むことに自分の時間のほとんどを使います。ディーリアは、ソーシャルワーカーで、いろいろな人とのつきあいがとても好きです。（ ）
・トムとティナは、4人の幼い子どもがいます。一番上の子は6歳です。一番下の子はまだ赤ちゃんです。ティナは家事や子どもの世話でとてもたいへんです。（ ）
・ベンジャミンとベスは、5年結婚しています。2人は8か月の赤ちゃんがいて、素敵な郊外の家に住んでいます。（ ）
・イーライとアイリスは、いっしょにものごとをするのが好きです。しかしまた、2人はそれぞれ、個人として充実した生活を送っています。（ ）

きな欠点はこれまでにカップルの治療に適用されたことがないことである。

カップルバーンアウトの治療においては、私は、右記の五つの方法すべての長所を取り入れている。この統合は、カップルの問題をあつかうのに最も完全で役に立つ治療方法であることを私は見いだした。

私はある部分ではひとつの方法により重きをおくことはあるが、五つの方法すべての主義・技法およびそれらを用いる可能性はいつも私の心のなかにある。この統合的治療方法は、本書の理論的基礎として役立っている。

次の三つの章は、人間生活の最も重要な三つの面――仕事、家庭、セックスにおける燃えつきの探究を取り上げる。仕事は、カップルが外部の世界と相互作用をすることである。家庭は、カップルが家族という内的な輪と相互作用することである。セックスはカップルが最も親密な相互作用をすることである。

四章
恋愛と結婚における燃えつきと仕事における燃えつき

人を愛せること、仕事ができること。この二つの能力が人の円熟の証となる。

フロイト

「人生においてたいせつなのは『仕事』、それとも『人を愛すること』ですか」。この問いに多くの人が「もちろん、人を愛することです」と答える。同じように「週のなかで何曜日が一番好きですか」と尋ねると、一番多い答えが土曜日だ。次いで休日前の金曜日、そして日曜日の順である。つまり、多くの人が家族や友人といっしょに過ごせる週末のほうが好きなのだ。ところが、人々は毎日の暮らしのなかで私生活にあてる時間よりも仕事に費やす時間のほうが多いのが現実である。

ところで、人はどのような状況で人をたいせつにしているといえるのだろうか。人は一般的に仕事上で初対面の人と会うとき、身だしなみに気を使い、きちんとした態度で会うことが多い。しかし、家族や友人の前ではどうだろうか？　たとえいっしょにいる相手がどんなに自分にとってたいせつな人であろうと「友だちと過ごす時間や家のなかで過ごすときくらいはありのままの自分でいたい」と思う。そのため、どれほどたいせつな人といっしょにいても、無理に身だしなみを整えたり、かしこまった態度でいようとはしないだろう。ありのままの自分、つまり気を使わないという態度が必ずしも「相手をたいせつにしている態度だ」とはいえないにもかかわらず、なぜそうするのだろう。

多くの場合、人は自分の恋人や夫が自分のことを愛していると確信をもったり、二人の関係が確かなものになったと感じると、自分のことを愛してくれるのが当然だと思いはじめる。すると、まだ二人が出会ったばかりのころは考えもしなかったような要求や、ほかの人にはしないような要求を相手にするようになる。このような人々は恋人や夫が自分にとって特別な人だからこそ自分のことを理解してくれて当然だと思っているのだ。そのため、自分を正当化するように「恋人や夫以外にだれが私のことを理解したり助けてくれたりするというの」と問う。

これまで長年このようなパートナーと過ごしてきたリーは次のように語った。

夫のダンがまだ高校生だったころ、彼は勉強がストレスになっていると私にいったの。私は彼のそんな気持ちやストレスを理解するのが当然だと思ったわ。だから彼が大学で先輩との関係や下級生との関係でストレスを感じていたときも、やっぱりそれを理解するようにしてきたの。私にはいっしょに過ごした一五年間がすべて彼にとって一番たいへんな時期に思えたのよ。だから私はずっと何の要求もせずに、少しでも彼の気持ちを理解し、共感しようとしてきたわ。でも、ずっとこれが続くのだろうなって気づいたとき、離婚するべきだと思ったのよ。

さて、このとき、ダンはどう感じていたのか。彼は仕事のせいで二人の関係が終わりを迎えるかもしれないと思いはじめていた。けれども、気づくのがやや遅かった。この時点ですでにふたりの関係は慢性的なストレスにただ耐えるだけのものとなっていたのだ。とはいえ、二人の関係が最初から脆いものだったというわけではない。このような危機が一回だけならこの二人もお互いに愛情深く支えあうことができたであろう。しかし、それが日常的な出来事となって続くようになったときに二人の仲は冷えこむ一方となっていた。二人の愛がたいせつだと口ではいっても、終わりがないような仕事上のストレスへの対処ばかりに躍起になるということは、実際には二人の関係よりも仕事のほうをたいせつにしているということなのだ。

これはなにも男女のカップルにだけいえることではなく、同性愛者のカップルにおいても同様である。

恋愛と結婚における燃えつきと仕事における燃えつきとの比較

仲のよい夫婦や恋人たちは仕事を自分たちの生活よりも優先したりしない。このため、関係が良好な二人はお互いに支え合うことで仕事における燃えつきを防ぐこともできる。これは私の過去の研究でもあきらかになっている[❤101]。仕事でストレスを感じていても、配偶者が支えてくれていると感じている人はこの耐えがたい状況に対処することができる。この例として、長期にわたる複雑な離婚裁判に携わっている若い弁護士の体験を次に示そう。

はっきりいって、僕はもう限界なんです。仕事の忙しさは計り知れないものなんですよ。僕の担当している裁判のうちのひとつはだらだらと続いていて、終わりがないように思えてくるし……。僕は依頼者に対する責任があると思っているのですが、いっしょに組んでいる先輩弁護士は無責任で。能力もないように思えてくる。その上、相手方の弁護士たちが所属している事務所は町で一番大きな事務所なんです。こんな最悪の状況下にある僕たちが彼らにかなうはずがない……。

　いまの僕にとっては、家に帰って理解しあっている最愛の妻といっしょに過ごせるということが、なによりもたいせつなのです。妻といっしょに過ごすことで、この耐えがたい状況を大局的にとらえることができるのです。

他方で、恋人や夫との関係が悪い人々はストレスを内にためこみ、仕事にも悪影響を及ぼす。一五年の結婚生活を終わらせてしまったコンピューターのコンサルタントは次のように語っている。

　僕はコンピュータの前に座ってもすぐにぼーっとしてしまうんだ。……僕がフリーのコンサルタントになってからは「家族を支えていかなければならない」という責任がいつも僕に重くのしかかるようになった。その結果、僕の結婚生活は破綻してしまった。この張り詰めた思いが僕の仕事へのエネルギーや創造性を奪ってしまったんだ。こんな状態で仕事なんてできやしない。あれから数週間、僕ら夫婦には深刻な状態が続いていて、仕事なんてできる状態じゃない。僕がいま、何をなすべきかわかっているんだ。仕事をしっかりすることなんだけど、集中できないんだ。もう、僕は疲れ果ててしまって何もかもを投げ出してしまいたい気分なんだよ。

燃えつき状態は、仕事のストレスよりも恋人や夫婦・家族との関係の影響が大きいと先にあげた研究[101]が示している。人々の生活の質は仕事よりも家庭生活の質によって影響を受けやすい。多くの人がエネルギーの大部分を仕事に費やしているという現状において、家庭生活の質のほうが生活の質への影響力が大きいということは重要な点であろう。多くの人々は家族が自分を支えてくれていると感じているにもかかわらず、自分のなすべきことは直接家族にやさしくしたりねぎらうことではなく、仕事に集中し、仕事で結果を出すことだと思っている。たぶんそれが家族のためになると思っているのだ。実際、自分の人生の中核が仕事だと考えている人はわずかであるというアメリカでの研究結果もあり、家庭生活が重要であると頭では考えられていることも立証された。つまり、多くの人々にとって家庭生活が仕事よりも重要なものと認識はされている[38、163、164]のだ。

これまでの研究によって、人生において仕事第一と考えている人はわずかであり、恋人や夫婦、家族がとても重要であると頭では考えられていることが明らかになった。つまり、多くの人々にとって家庭生活が仕事よりも重要なものであると認識されているということだ。家庭はその人の情緒的な満足を高め、仕事のストレスから解放してくれるものである。家族との関係が良好であれば互いに励まし合い、愛情を受け、理解し合い、自己実現の機会があたえられるなど生活のなかでより充実感を味わうことができる。

これに対して、仕事がストレスの源であるとの認識もある。十分な時間や情報もなしに重要な決断をしなければならなかったり、逆に機械的にものごとをこなすだけで意志決定の機会がほとんどないなど不快な環境がストレスの原因となるということだ。そんな仕事に押しつぶされそうになっている人を救うのは彼らの家庭生活である。デビッドは五〇歳の官僚である。彼は結婚しており、六人の子どもの父親である。彼が危機的な状況にあるとき、家族がどれほど彼を守ってくれたのかを次のように語っている。

> 一三年間勤めたある日、「明日には別の省に異動になるぞ」といわれ、私は呆然としてしまった。自信を失い、自分が何の価値もない人間のように思えてしかたなかった。上司も信用できなかった。そして、異動は不当なもので、配慮に欠けていると思った。けれども私には選択の余地がなかった。こういうことが起こり得ることだとは思っていたが……、もしこれがあなたに起こったら、たぶん打ちのめされますよ。これを受けとめるのはとてもむずかしかった。組織が私の人生をもてあそんでいるように思えた。私は腹が立ったし、やつらに恥をかかされ、使い捨てられたと思った。私の頭脳を利用し、用がなくなったから捨てたのだと感じたんだ。このストレスが私の魂をめちゃくちゃに壊していった。自分が生きているようには思えませんでした。私は機械のように働いた……温かいマネキン、人ではなくってね……なんだか出口がないように思えた。最悪の出来事だった……だからどんなに犠牲を払っても逃げ出したいと思った。でもその方法がなかったんだ。家族を養っていく責任が私に職場放棄する自由をあたえてくれなかった。これまでの長い年月をこの閉鎖された世界で過ごしてきたので、いまさら新たな社会に飛び出すことができなかった。もし私が逃げ出せば、未来を捨てることになる。私は自分に価値がないと感じていた。そう感じるほど精神的に追い詰められてた。自分自身、かなりすさんでいたのだと思う。その状態から抜け出せないように思えた。私はとても惨めな気分で、友人に会うことすらできなかった。

そして愛情深い夫や父でいられる状態でもなく、いつも厄介なものをつきつけられている感じだった。すべてを清算するまで、この重圧はどんどん膨らんでいった。そこまで追い詰められて、わかった。単純に逃げ出すべきだと。私の家族は温かく、愛情深く、すばらしい。みんなは私を愛してくれる。互いに抱きしめ合える存在なのだ。妻や子どもからの愛情は私が物に当たったり自暴自棄にならないように支えてくれる。これまでの日々は苦労の価値がなかった。

　さて、燃えつきの原因は仕事なのか、それとも家庭生活なのか。私の研究をもとに仕事と結婚における燃えつき状態のレベルを比較してみた。この結果、男女九六〇人の回答より、私生活における燃えつき状態の平均点は三・三であった。これは男女三一九六人を対象にした仕事における燃えつき状態の平均点と同じであった。また、二〇〇人のイスラエル人を対象とした研究においても、平均点が二・八で、仕事と結婚における燃えつき状態のレベルは同一であり、先の研究と同様の結果が得られた。[169]

　結婚生活における燃えつきと仕事による燃えつきの平均点がこのように同一なのは当然である。なぜならば、どちらの質問紙も似たような質問内容で尺度も自己回答形式であるためだ。[169] また、燃えつき状態の原因となるものを考えたときにも両者の結果が似てくるのは当然であろう。われわれの社会においては仕事と家庭が生活の多くを占めており、両者はともに自分の存在意義を見つけるための道であると考えられている。しかし、実際には仕事においても結婚においても実存に関する葛藤に答えることはむずかしい。このため、仕事における燃えつきは八〇年代の社会的な流行とされ、現在の家庭生活のあり方は苦難に満ちたものと描かれやすいのだ。

　燃えつきの状態を仕事によるものと恋愛や結婚によるものとで検討すると、同じ程度の強さで疲弊感を感じているというだけでなく、二種類の原因による燃えつきが同時に生じていることが推測できる。実際、恋愛や結婚において燃えつきることで、仕事においても身体的・情緒的・精神的に疲弊し、燃えつきてしまう。逆に、仕事において燃えつきた人も同様の理由で結婚生活にも影響を及ぼしている。人々の日常生活が理想とは異なったものとなったり、結婚生活が二人の想像していたものとは違うというだけで、ふたりの愛はさめてしまうし、働く者も自分の仕事で思ったように働けないというだけで燃えつきてしまうのだ。

両者が影響しあっているということは当然であろう。なぜなら仕事において人が燃えつきていく過程と恋愛や結婚において人が燃えつきていく過程はとても似ているからだ。[157、158、159、161、168、171] したがって、二章で検討した恋愛や結婚における燃えつきのモデルは次の節で述べる仕事における燃えつきとたいへん似ている。

仕事における燃えつきのモデル

恋愛と結婚における燃えつきと同様に、仕事における燃えつきのモデルにも二つの鍵となる質問がある。何が原因で、どうすれば避けることができるのか？　ということだ。

そこで、まずはどのような人が燃えつきやすいのかという点を考えてみたい。恋愛と結婚においては、恋人や配偶者を愛している人しか燃えつきない。同じように仕事においては志が高く、意欲的な人しか燃えつきないのだ。志の高い人はその仕事をすることで自分自身の存在意義を実感したいと思っている。だから、飴や鞭のようなものがなくても、やりがいをもって働く。また意欲的な人も仕事自体への意欲の高さから働くため、お金のためだけに働くようなことはしない。

さて、働く動機には三種類の期待が含まれている。ひとつは普遍的な期待である。これは働いている人すべてがもっている期待で、生活を維持していくことなどである。そして二つめは、特定の専門職の人がもつ期待である。特定の専門職とは対人援助職や世界をよりよいものにしようとする職業であり、これらの職についている人は援助の対象が救われることを期待している。これはほかの職業には見られない期待である。そして最後は仕事に対するその人の内面にある理想のイメージにもとづく期待である。これはその人にとってたいせつな人や重要であった出来事の影響を受けて形づくられていくものである。これら三種類の期待の組み合わさったものが仕事への動機を作る。

自分の仕事に多くの期待をいだいている人たちは、仕事に就いてすぐに理想に燃えて活発に働く。このため新人のうちに仕事のうえで認められるようになる人もいる。しかし、その反対に燃えつきてしまう人もいる。このどちらになるのかは、その人の仕事への期待と職場環境とが複雑に

仕事における燃えつきのモデル

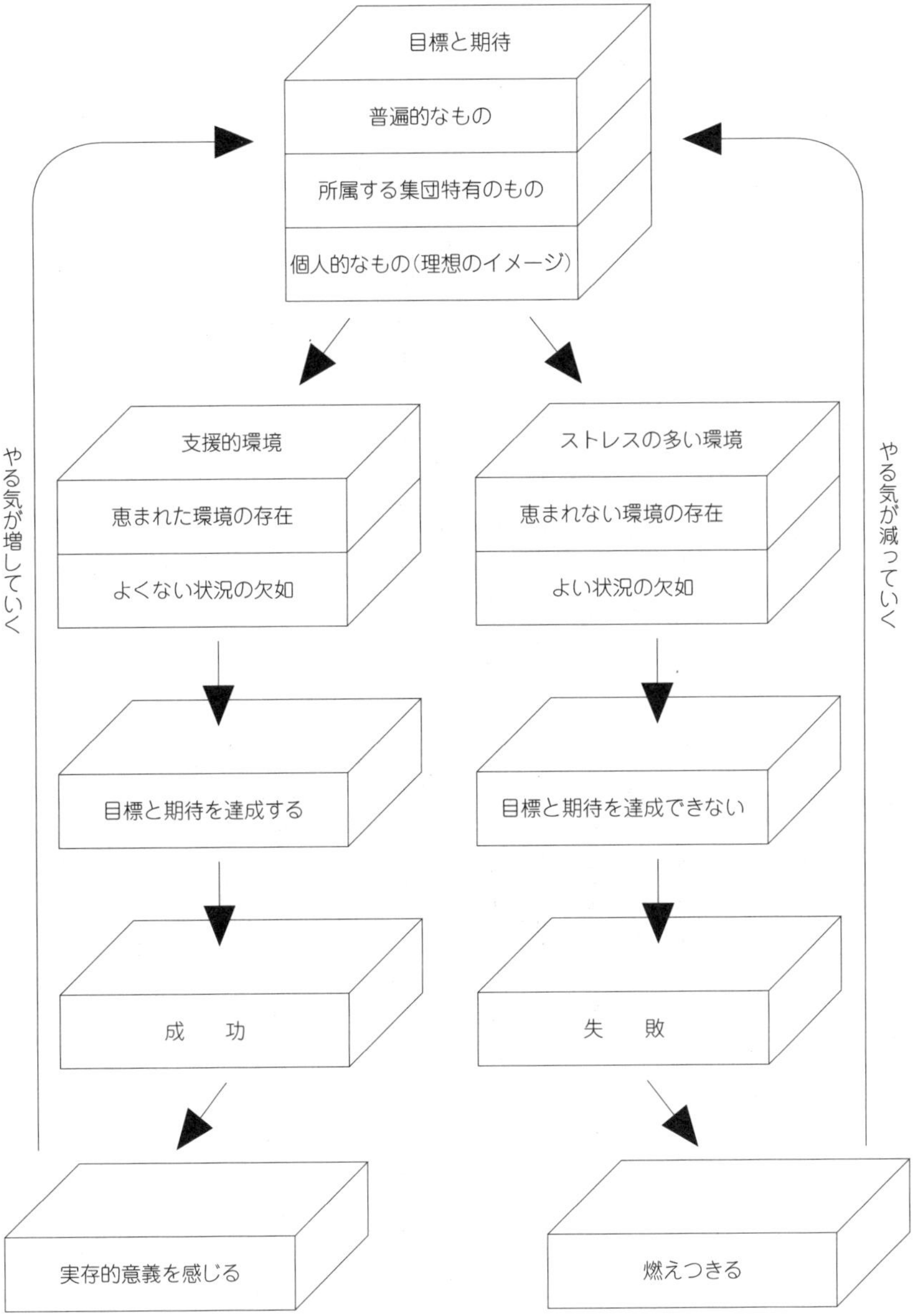
目標と期待
普遍的なもの
所属する集団特有のもの
個人的なもの（理想のイメージ）
支援的環境
恵まれた環境の存在
よくない状況の欠如
ストレスの多い環境
恵まれない環境の存在
よい状況の欠如
目標と期待を達成する
目標と期待を達成できない
成　功
失　敗
実存的意義を感じる
燃えつきる
やる気が増していく
やる気が減っていく

絡み合って決まる。

職場環境が恵まれている場合、意欲的な人は働き出すとすぐに仕事がうまくいくようになる。恵まれた環境とは、自分が思いのままに働けるような自律的な環境で、仕事をしていくうえでの資源や同僚の助けがあり、かつ形式的で骨の折れるような仕事のない職場をさす。仕事でうまくいくようになると、それにともなって彼らのやる気もさらに高まる。

さて、逆に恵まれない環境だと燃えつきるのを避けられない。たとえば、自分の意志で仕事を進めることができず、まわりから常に干渉されたり、職場の人々と十分意志の疎通がとれないような環境である。また、そのような職場では終わりなく続く雑用ばかり任され、周りからの助けや仕事を進めるうえで必要な資源はない。このような職場では、彼らは自分の実力が認められていないと感じるし、自分の能力の行き詰まりも感じる。このような環境は明らかに燃えつきてしまう状況である。自分の行動と自尊心が結びついている意欲的な人たちにとっては、失敗が燃えつきの最大の要因である。

仕事と結婚生活における燃えつき状態は並存するだけでなく、互いに影響を及ぼしあっている。それぞれをこれは仕事によるもの、これは結婚によるものというように別々にとらえることはたいへんむずかしい。人が仕事において燃えつきを感じはじめると、たいてい協力者から離れていくようになり、孤立感をもちはじめる。また、彼らは十分な評価を受けていないと感じたり、やりがいを感じられなくなったりする。結果的に彼らは同僚に対して仕事上での正当な評価を求めたり、やりがいを感じられるような仕事をあたえてくれるように要求しはじめていく。これらの要求はどちらも正当で現実的なものではない。そのため同僚は彼を満足させたり、希望を十分かなえてあげることはできないだろう。そして、燃えつきた人の落胆した雰囲気は結婚生活にも流れはじめるだろう。

この一〇年の仕事における燃えつき研究のあと、仕事における燃えつきと恋愛と結婚における燃えつきとの非常に密接な関係に気づいた。このため研究の焦点は、仕事における燃えつきから恋愛と結婚における燃えつきへと移っていった。

さて、先ほどは仕事における燃えつきが家庭生活に影響をあたえているということを記したが、逆に家庭での燃えつきが職場での燃えつきへと流れ出すこともある。そこで、家庭がうまくいっておらず、家での問題から逃げようとしている人の職場での態度を全面的に調査した。その結果、このような人々は職場から早く家に帰ろうとすることはめずらしく、家に帰るのがとても遅かったり、仕事を家にもちかえったりする。そして、配偶者との危険な会話を避けようとしているのだ。仕事が彼らに存在意義や他者との違い・成功・所属感をもたらしているとき、燃えつきを避けることができる。しかし、仕事において問題が生じると、危機に陥る。失望したり、さらに大きな失敗をする可能性が高い。そのうえ、家においても問題をかかえており、家に帰ることも苦痛である。したがって彼らは、家庭生活と同様に仕事においても燃えつきを感じるようになる。

仕事における問題は家庭での燃えつきから引き起こされるわけではない。宗教心理学者で神父でもあるウエイン・E・オーツの著書『仕事中毒者の告白』での造語「仕事中毒者」の存在がそこにはある。[147]典型的な仕事中毒者は仕事に依存しており、仕事は夢中になれるものだ。仕事は人生において最もたいせつなもののようにみえ、彼らに生きていることを感じさせてくれる唯一のものである。彼らは仕事に自分のすべてのエネルギーと時間を費やす。

彼らは自己の存在意義をすべて仕事から得ているため、熱心な宗教者と同様に愛を必要としない。したがって彼らの多くは生涯結婚をせず、仕事のじゃまをしない人としかつきあわない。彼らはなんらかの理由で会社や家族から結婚するように圧力を受けて結婚したとしても、うまくいかないであろう。配偶者がともに過ごす時間を長くもとうと要求すると、これをきらい、仕事へ逃避してしまうからだ。しかし、相手も仕事中毒であれば、その心配はない。

お互いに仕事中毒であるような夫婦はしばしば子どもがいない。もし子どもがいたとしても彼らはベビーシッターをフルタイムで雇う。彼らは何度も合意のうえで別居したり、単身赴任をしたりする。そして自分の時間をもち、それぞれの友人をもつ。結婚しても互いにあまり干渉せず、自分の仕事のために時間を十分にとる。そのような人々にとっては、仕事による燃えつきは心的外傷となり、結婚による失敗よりも衝撃的なものとなる。

仕事でも愛でも、そこから自分の存在意義を得ていた人々が両方において燃えつきてしまったときが最悪のケースである。身体的にも情緒的にも精神的にも疲弊してしまう燃えつき状態はすべてを覆い尽くすので、人々をがんじがらめにし、動けなくしてしまう。何かすればするほど悪い状態になり、すべてに失敗し、解決する希望すらもてない。何もなく、生きている価値さえないと思える。仕事に燃えつき、最近妻とも別れた、少年院の職員は次のように語った。

一晩中僕は銃を自分の頭につきつけて過ごしたよ。僕は生きている理由が見つからなかったんだ。妻は僕から離れていった。そのことを僕はとがめることができなかった。僕はいっしょに暮らすことができなかったんだ。彼女は僕から離れることで自分を守ることが必要だったんだ。僕は仕事で失敗したように思う。僕が不可能なことに挑戦していたことで急に突き落とされた。僕は担当していた若者たちの人生を本当に変えることはできなかった。彼らは助けを受ける価値もないと感じていた。そのうえ、僕は自分の家庭生活を犠牲にしているという事実を認めることができなかった。俺はなんて駄目なやつなんだ。世界中でたったひとりになってしまった。あぁ、すべての生活を駄目にしてしまった。俺にとって生きつづけることにどんな意味があるというんだ。

仕事における燃えつきと家庭生活における燃えつきの両者を経験した人たちにとって、この二つの燃えつきの類似性も相互関係も明らかでないということは何の意味もないかもしれない。人々は仕事における燃えつき状態を家庭生活のせいだとし、逆の場合には家庭生活での燃えつきを仕事のせいだとする。燃えつき状態についての集中的な集団治療を受けたあとで、多くの場合、参加者たちは「もしあのときにいま私がわかったことを知っていたなら、離婚せずにすんだのに」と打ち明ける。つまり、彼らは問題がほかのところにあるにもかかわらず、家族を責めたり結婚生活を放棄してしまったということに気づいたのだ。そして彼らは治療集会で身につけた洞察力によってこのことを実感するようになる。ふつう、燃えつきているときには人々はそのような明白な事実に気づかない。それは彼らが愚かであったり感受性や洞察力に欠けていたわけではない。彼らはその問題のなかに埋もれてしまって大局的状況を見ることができなくなってしまっただけなのだ。彼らは燃えつきたときにその原因となる状況に焦点をあてるかわりに、自分の失敗や家族との関係のせいにしてしまうのだ。

男性と仕事

仕事と家庭生活とのバランスをとることは、男性にとっても女性にとっても同じようにたいせつなことである。しかし、伝統的な性役割概念においては「男は仕事、女は家庭」ということを期待されている。そのため、恋人たちの間よりも結婚した夫婦の間に仕事と家庭とのバランスにおいて問題が起こりやすい。

リリアン・ルビンの著書『親密な他人』[181]によると、男女一〇〇名に「あなたは何ですか？」という質問を投げかけた場合、男性は「営業マンです」とか「刑事だ」などと自分の職業を答える人が多いが、女性の場合は「～の妻です」、「～の母親です」などのように答え、あまり自分の職業は答えない。そして男性は「～の夫です」とか「～の父です」と答えることは少ないのである。

性役割が近年変化してきたにもかかわらず、女性たちは古い性役割[12, 20, 41, 78, 97]にとらわれている。男性の場合は、職業人としての成功や失敗がそのままその人の成功や失敗と見なされ、評価される。しかし、女性の場合は、妻や母、つまり家庭人としてのあり方がその人の評価につながる。人生において家庭人としての役割のほうがたいせつだと感じている男性にとっては、仕事上での成功ばかりが人の評価につながるという社会的な評価と彼の信念と間の葛藤に苦しむことになる。

家庭人としての理想的な愛情と職業人としての成功とをともにたいせつにしようとしたとき、この二つの間にある矛盾に気づくことになる。だが、この二つの間にある矛盾は両者がどのようなものであるのかということをはっきりさせないと理解できない。そこで次の二つの例を出してみる。

大学の教授であるダンは自分の科学者としての成功が自分にとっての誇りであるだけでなく、妻のリーにとっての誇りでもあり、ふたりの共通の夢であると思っていた。彼は研究旅行に彼女を連れていったり、優雅な生活を送れることで、妻が現在の生活を楽しみ喜んでくれていると思っていた。このような生活をもたらした彼が妻に対して望んだことは、自分自身への信頼と自分を支えてくれることだけであった。しかし、妻のリーはいまダンと別れようとしている。彼女は夫を科学者として成功させるために結婚しようと思ったわけではなかった。日々のふたりの生活や会話を楽しんだり、ふたりの関係をもっと大事にしたかった。彼女は自分自身や結婚生活が夫の社会的な成功のために犠牲にされていると感じた。彼女は彼の夢を共有してはいなかったのだ。

これとは対称的な例として、サラとその夫をあげてみよう。サラは貧しい家庭で育ったが、看護婦となり、医者と結婚した。彼女は看護婦としての自分も、夫の医者としての成功のために家庭を守る自分にもたいへん満足しており、幸せなことだと思っていた。彼女は毎日家をきれいにしたり、庭の手入れをすることに時間をかけていた。もちろん自分自身のスタイルも若いころと変わらぬように保ち美しくいられるよう努力もしていた。彼女は夫の同僚をもてなすこともたいせつな自分の役割だと思っており、彼女にとってこの暮らしは夢がかなったものであった。

さて、このふたりの違いは何であったのだろう。どちらの夫もそれぞれの領域でトップレベルにある。仮に医者のほうが教授よりも収入が多かったとしても、どちらの夫もすばらしい生活レベルにあった。サラは夫の成功が自分の成功であるかのように感じられた。しかし、リーはそうではなかった。ふたりの例は、夫婦がうまくやっていけるかどうかは、夫の仕事上での成功のために妻がどれだけ努力したと感じているのか、またそれに見合うだけの報いがあったと感じられるのかどうかということによることを示した。

人が仕事で失敗するとき、同じだけの犠牲と利益が結局生じている。そこで機械技術者のウィットの例を次に示してみよう。

ウィットはエンジニアで一二年間大きな石油会社で働いていた。彼はもともと物を作ることが好きであり、得意でもあったため、業績はよかった。その上、彼は仕事が楽しくてしかたがなく、さまざまなことに挑戦した。ときには二〇時間も働いて締め切りに間に合わせることもあったが、多少のストレスも含めて仕事を楽しんでいた。このため、彼は仕事に夢中になって妻や子どもを無視することがあった。しかし、仕事に夢中になるのは家族のために働いているがゆえのことであると妻が理解してくれていると信じていた。彼は稼ぎもよかったので、妻も高価なものを買うことができ、ともに楽しんで暮らしていた。彼は自分が幸せだったし、望むものはすべてあたえられるかのように感じていた。ものごとが悪い方向に進みはじめたのは彼が管理職に抜擢されたときからである。当然の昇進だった。

しかし彼は部下に指示を出したり、まとめていく方法を学んだことがなかった。彼は昇進がうれしいことであったが、管理職になるということは望んでいなかった。しかし、昇進を断れば降格される状況でもあり、選択の余地はなかったのだ。最初の一か月は何をどうやっていいのかわからず、とてもストレスのたまるものだった。彼が担当した企画は、彼の管理能力を超える大きな仕事だった。その結果、仕事をこなそうと彼は毎日二〇時間働くようになった。彼は自分がこれほど働いているにもかかわらず、部下が熱心でないことに気づいた。しかしこのとき、部下たちは彼の権威的なやり方に嫌悪感をいだいていた。彼らの不満はどんどん膨らんでいき、ついに彼らはウィットの上司のところへ行き、彼をこの企画から解任するよう要求した。この上司が部下たちの側についたことはウィットにはたいへん衝撃的なことであった。結局、この企画が終了する一か月前に彼は別の部署に異動となってしまったのだ。

ウィットは仕事で見事に失敗し、挫折した。その企画から解任されるということを最初に聞いたとき、彼はかなり困惑し、あまりの屈辱に耐えられなかった。そして会社を辞めようと真剣に考えた。しかし、彼の妻はせめて次の職が見つかるまでは辞めないように説得した。なぜなら彼女にとっては夫の地位はたいせつなものだったし、夫が職を失うことが不安だったからだ。けれども彼には次の職を探すことはできなかった。職探しをする気力がなくなるほど彼は打ちのめされており、それどころではなかったのだ。彼は鬱々とした気持ちに支配され、無感動で、ものごとに集中できなかったり、夜も眠れないような状態だったのだ。彼の人生は意味を失った。そして、妻もできる限り夫を支え励ましてきたが、ついにもうこれ以上はできないといったのだ。

ウィットはこの会社にいる間に仕事で天国と地獄を見た。彼は仕事がうまくいっている間は成功の感覚や自分の重要性を自覚できたし、そのことが仕事のやる気へとつながっていた。仕事がうまくいっているという感覚がやる気を産み出すという好循環は一二年間続いてきた。昇進の話しさえなければこのよい循環はずっと続いたのであろう。しかし、彼は新しいもち場で一年も経たずに燃えつきてしまった。彼の人生にとって妻や子どもたちとの関係は仕事の次にたいせつなものでしかなかった。そのため妻や子どもたちは彼に仕事ほどの満足感を家庭生活からあたえることができなかったのだ。

ウィットの企画主任からの解任はデヴィッドの別の部署

への異動と似ているが、こういうことは大きな組織のなかではよくあることである。それにもかかわらず、彼らにとっては危機的な出来事となってしまった。

ところで、彼とは異なり、多くの人は普通ゆっくりと徐々に追いこまれて燃えつきていく。そんな例を次に示す。

ロナとベンは日常的で退屈な仕事によって燃えつきてしまわぬように備えていた。彼ら二人が出会い、恋に落ちたころ、ベンは堅い仕事についており、確実で十分な収入があったが、その反面とても退屈な仕事でもあった。彼はその仕事を一五年間続け、ついに独立する決意をし、レストランを開くことにした。そして、人を雇えるようになるまでは妻に手伝ってもらいたいと思った。ベンがこのことを打ち明けると、ロナは賛成した。その後の五年間はわくわくするようなこともなければ儲けもなく、とても忙しい日々が続いた。そして二人とも仕事にも結婚生活にも燃えつきを感じはじめていたが、そこから抜け出す方法が見つからなかった。

男性の燃えつきは仕事に起因する場合も家庭生活の場合も、中年期の危機が引き金となることがときどきある。この中年期の危機は燃えつき状態と似ており、意欲的で大きな理想や意気込みのある人に起きる傾向がある。とくに若いころ、二〇代で職業選択をした人に多い。彼らは社会の一助となるという熱い思いを胸に、弁護士や医者、建築家、先生、警察官などの職業につき、社会に出る。そして必死に働き、ふと中年期になって自分の人生をふり返る。すると自分で思っていたほど社会の役に立っているとは思えなかったり、自分がこれまでに払ってきた犠牲に値するほどの社会ではなかったように感じはじめる。このように感じはじめると、彼らはとたんにむなしくなり、幻滅する。そして、いつかは死ぬということや過ぎ去った時間、残された時間がどれくらいなのかということを痛切に感じはじめる。かつてある人が人生を一週間にたとえた。一〇年を一日として考えてみると、水曜日か木曜日または金曜日の朝くらいになっていることに気づき、唖然とする。「時間よ、待ってくれ！　これは私の望んだものじゃない！」と。ウィリアム・ブリッジズは次のように著している。[29]

副社長という役職、著書の執筆、三人の子どもやすばらしい家など、夢がかなったとき「私は全部手に入れた！　さて、次はどうしよう」と思った。しかし、ふと「これがそうなのか。私がすべてをささげてきた目的のものなのか」とも感じた。私が公的に想像してきたものと私的に感じたものとの差は人生のこの時期において私をひどく苦しめるものでもあった。そう感じない人などいるのだろうか。否定された夢は現実への別の道だ。そこで真剣に考える。「私はこの会社の社長には永久になれないだろうし、四人の子どもの親にはいまさらなれないという事実に直面しなければならない」。このようなことを認めたとき、私は自分の顔の前にぶら下げられたにんじんを追っているような、あるいは列車に乗って日没に向かって進んでいるが、実はその日没は列車の先端にかかれている絵であるというような奇妙な感覚に陥った。[29]

燃えつきは起こりそうもないし、たとえそういう状態に陥ったとしても、親密なものとの関係によって仕事とのバランスをうまく取れれば致命的なものになったりはしないだろう。しかし、人が目標を達成したり、現状を維持するために仕事と家庭とのバランスを取ることはとてもむずかしい。それを可能にするためのひとつの方法として、職場と家庭で望まれていることを一覧表にするという方法がある。そのうえで、あげられたものが家庭や職場に対して果たすべき責任として現実的で正当で重要なものであるかどうかを検討する。この練習は燃えつき状態の治療集会や心理療法のなかでなされるものである。

三〇歳のジェラルドは二人の幼い子どもの父親で、大きな弁護士事務所で働く弁護士だが、彼の例を示してみよう。彼は次のようなリストをもっている。

仕事
・賢い弁護士であれ
・まちがいをするな
・顧客を守れ
・新しい法律や多くの判例を頭に入れよ
・新規客を獲得せよ
・上辺だけのつきあいと思われないように同僚となかよくせよ
・ごますりと思われないように上司とはうまくやれ
・秘書や部下に対してはよい上司であれ
・身だしなみに気をつけよ
・ほかの弁護士からも好かれ尊敬されるように、おもしろくて愛嬌のある人であれ
・協調性を保ち弁護士事務所のよき見本となれ

家庭

・よき夫、よき父であれ
・経済的にも情緒的にも家族を支えよ
・庭の手入れをせよ
・子どもたちのよいモデルとなり、しつけのきびしいよき親となれ
・家事を分担せよ

ゲーリーは仕事の柱として重要視しているものがたいへん多くあり、それらはどれも特殊なもので頭を使うものである。彼はそれらの仕事がすべてたいせつだと感じていたし、事務所でチームを組んで仕事をするときには協調性を大事にすべきだと思っていた。彼は自分の家庭よりも仕事に関心が高く、結果的に家族は極端に軽視されていた。そこで私は彼に「リストのなかのよい上司であれというのはどういうことですか?」と尋ねてみた。すると彼は詳しく答える。しかし、同じように「子どもたちのよいモデルとなり、しつけのきびしいよき親となれとはどういうことですか?」と尋ねると彼は答えるのに時間がかかったのだ。

このようなケースがあることは非常におもしろい。ゲーリーは事務所での膨大な量の仕事よりも、家族からの比較的小さな望みのほうがはるかに不快だと感じてしまうのだ。それにもかかわらず、ゲーリーは自分にとってたいせつなのは仕事よりも家族だと思っていた。ゲーリーはこのリストを作ったことによって自分が家族にあまり尽くしていなかったことに気づいた。加えて、注意深く正直な態度で自分のリストを吟味することで、仕事のリストにあげた要求のいくつかは明らかにみずから課したものであるということを悟った。すなわち、ゲーリーは弁護士や上司として事務所が彼に要求していることよりもはるかに多くのものを自分に求めていたことにも気づいた。また、彼は自分自身が最も愛している妻や子どもたちには仕事ほどのエネルギーを注ぎあたえていないことも認めなければならなかった。

ゲーリーのような経験は特別のものではない。このようなことはより高い地位に到達している人に多い傾向がある。たとえばトップレベルにある官僚や政治家、弁護士、医者、心理学者、科学者およびそのほかの専門家である。彼らは非常に若いときから要求水準が高く自我関与が大きい仕事をしてきた。

不運なことに彼らの多くは手遅れになる前に自分の課した要求や優先事項をあきらめることができない。典型的な

場合、彼らの経歴は幼いころから始まる。小学生のときからよい高校に入ることをめざし、よい高校に入るとよい大学に、よい大学に入るとよい企業や上級公務員、弁護士や医者や大学で働くことをめざす。彼らは自分のめざしていたものを得てもさらに上をめざしたり、最高の地位にいつづけようとして一生懸命働く。

　そのような時を過ごしてきた彼らもまた、恋に落ち、結婚をして、何人かの子どもをもつ。しかし、仕事が最優先になってからは、家族のための時間をもつことがめったになくなる。この仕事人間を揺さぶるのは通常劇的な出来事である。劇的な出来事とは大きな成功、たとえば昇進するというような肯定的なものもあれば、仕事での大きな失敗や命をおびやかすような病気や事故あるいは離婚というような否定的なものもある。このようなケースすべてにおいて、突然に起こる劇的な出来事によって、強固な世界と思っていたものが壊れやすく信じられないものになる。劇的な出来事が四〇～五〇代で起こると、その人の全人生の価値を大きく揺るがすことになる。

女性と仕事

もし男性にとって職業人として一人前であることがとても重要であるならば、女性にとっては妻や母として家庭的であるということがより重要であろう。このように考えると男性は仕事をアイデンティティとしているので女性よりも職場で燃えつきる率が高く、女性は家庭で燃えつきる率が高いと推測できる。女性が家庭生活に燃えつきたとしたら、それは彼らが自分たちの思い描いていたものと現実が違ったためであろう（このことは五章で説明する）。

　しかし、仕事における燃えつき状態の性差を調べた結果、予測に反して、女性のほうが仕事において燃えつき状態がひどいことがわかった。たとえば、仕事をしている男女それぞれ約九五人を対象にした研究では、男性よりも女性のほうが四倍もひどい燃えつき状態にあると回答している[173]。このような研究結果はほかにも多数ある[7、37、61、62、76、94、214、216]。また、職種による結果の違いも研究されている[173、169]。

　ところで、なぜ女性は男性よりも仕事での燃えつきが高いのだろうか。この理由は、仕事上でまた家庭で男女それぞれがもつ異なった期待やストレスによって説明することができる。つまり、女性が職場で燃えつきやすいのは男性よりも仕事と家庭との両立がむずかしいためである。

女性の高い燃えつきの理由のひとつに男性に比べて給料が少なかったり、昇進が遅くなったりするなどの女性に対する職場環境の悪さがある。女性は自由、自律性、影響力、多様性、新たなことに挑戦する機会が少なく、女性に対して冷たい職場が多い。彼女たちは自己表現や自己実現の機会が少なく、仕事のわりに報酬が少ない。また職場での差別待遇やハラスメントに苦しめられており、とくに男性社会の職業において苦しい状況にある[12]。これらの点から考えると、女性が仕事において高い燃えつき状態を示すことは当然といえるであろう。

また、家庭と職場の双方からくる過大な要求が女性の最大のストレスとなる。多くの女性がそれらに答えようとする。しかし、これにうまく対処することができず、葛藤状態に陥り多くの涙を流すことになるのだ。

ある研究は女性が男性に比べて情緒的に仕事にまきこまれやすく、仕事を人間としての成長の源や自己実現の場として見なしやすいと報告している[93]。このような高い期待を叶えることができなかったときに女性は燃えつきる。つまり男性に比してこのような高い期待をいだいているために、燃えつきやすいと考えられる。

援助を仕事とする職業

仕事に対して情緒的に深くかかわる態度は、女性の性役割の結果と考えられる。社会からこのような態度を求められ続けるかぎり、女性の燃えつきは高いままであろう。このような深い関与はとりわけ対人援助職（看護師やカウンセラーや教員）においてより明白である。対人援助職に従事する女性は、仕事と家庭生活の両方で燃えつきやすい人たちである。なぜなら彼女たちは燃えつきやすい三つの基本的な特性をもっているからだ。この特性を一言でいうと何事に対しても親密で深く関係するという性格である。

・情緒的に負担が重すぎる要求——職場で求められるものと家庭で求められるものが似ており、過重である
・対人援助職を選んだ人が共通にもっているある性格特性ゆえに、彼らは結婚を最もたいせつな人間関係だと見る
・これらの職業についている人は来談者中心的な態度を共有しており、この態度は親子関係をモデルにしている

これらはそれぞれ燃えつきの大きな要因である。これらが組み合わさって、さまざまな症状を起こすこととなる。

情緒的に重荷となる仕事

対人援助職、つまり人を助ける仕事はかなりストレスがある。特定のストレスは特定の仕事上の問題によって作られる。そして、家庭生活で求められることもこれと似ている。つまり、仕事と家庭生活において求められるものが非常に似ているので、対人援助職についている人々はストレスが倍に倍にふえていく。このむずかしさをセラピストをしている女性が次のように語っている。

面接室で八時間ほどカウンセリングをしたあとで家に帰ると、私には夫の話を聞く余裕がなくなっている。私は彼を愛している。世界中で私にとって彼が最もたいせつな人だわ。私の患者よりも彼のほうが私に話を聴いてもらう権利をもっているということを私はわかっている。だけど、一日の終わりにはとても疲れ切っているので、彼の話を聞いてあげられない。それはとても寂しい。

自己選択

対人援助職の人が燃えつきやすいということだが、彼らはなぜその職業を選ぶのであろうか。彼らは自分の存在意義を他者への共感性の高さや共感的に援助することで見いだしている。彼らにこの職業を選んだ理由を尋ねると、いくつかの種類の答えがあるが、「人が好きである」とか「私は人の役に立ちたいからだ」というものが多い。彼らは仕事だけでなく個人的な関係においても、相手に対してこれと同様またはそれ以上の気持ちをもっている。このような人々が職場で燃えつきたとき、この肯定的な自己認知は揺るがされる。ここでメンタルヘルスクリニックで働いているカウンセラーの例をあげよう。彼女はカップルセラピーを専門としており、自身が結婚一三年目にして燃えつきた。この荒廃した気持ちを彼女は次のように述べている。

もう彼をそこまで愛していないと感じたとき、彼を受け入れられなくなったの。自分自身の知識と気持ちとの間で苦しんだけれど、離婚するしかなかった。私はたんに真実に直面することができなかった。私も人々も、自分にとって、最もたいせつな関係性に失敗するということ。私が自分自身を救うことができないのに、ほかのカップルのカウンセリングができるというのだろうか？　自分を助けられないときにどうやってほかの人を助けることができるのだろう。

来談者中心的な態度
——相手を第一に尊重する態度

多くの人間関係は対等であることが望まれる。しかし、親子の場合と相手を第一に尊重する来談者中心的な態度を必要とする職業の場合は別である。

来談者中心的な態度を必要とする職場で働いている人はなんらかのサービスを提供する。それを相手は受け取る。このような対人援助職は、助けるべき相手がそこにいる限りは助けることが正しいとされる。そのため彼ら専門職従事者の研修はすべて「来談者が必要としているものは何か」と「来談者を救う最善の方法」に焦点が当てられている。これに対して、対人援助職従事者自身が何を必要としているのかということや、対応がむずかしい患者や要求が彼らにあたえるストレスについてはほとんど注目されていない。さて、親の愛はさまざまな対人援助職のモデルとされ、無条件で見返りを期待しないものであると考えられている。このため、条件つきの愛情しかあたえない親は非難される。同様にみずからの感情的な欲求を患者をとおして満たす対人援助職者も非難される。

私生活において、平等でないということはとてもストレスがたまることである。このストレスは人とかかわる仕事をしていて、感情的な要求とこれが結びついたときにますます強くなる。このような傾向は、人間が好きで、対人援助職についている理想主義的な性格をもった人にとくに多い。もちろんこれは男性でも女性でも同じことである。ただ違う点は女性のほうが対人援助職につきやすいということだ。これは女性が社会的に援助する性として見られていることが影響している。また対人援助職ではない職についているキャリアウーマンでさえ、仕事と家庭を両立させることはむずかしいと感じている。仕事で成功した女性は次のようにいっている。

妻や母でもあるキャリアウーマンの仕事はけっして完璧ではない。いつでも「もっと～できるはずだ」とか「もっと～するべきだ」という思いがある。「～するべきだ」という思いはいつも私の頭のなかにあり引きずっている。仕事から帰り、椅子に座りほっとするということはけっしてない。

デイリア・エッツオンは、男女それぞれ二九人の中間管理職者が「仕事での燃えつき」、「人生と仕事の満足度」「自分の将来における人生と仕事の価値」をどのように見ているのか比較した。被験者となった男女は年齢も、経験も管理能力も同等である。先行研究において女性が男性よりも燃えつきやすいことを示しているのと同様にこの調査においても女性のほうが燃えつきやすかった。また、同等の教育を受けていても男性のほうがより高い地位につく可能性が高いことも示されている。このため、女性の場合は高い教育を受けたものほど不平等感をもつため燃えつきやすい。これに対し男性の場合は高い教育を受けた者ほど職場から期待され、容易に高い地位につけるため、燃えつきを感じにくい。

家庭生活という点から見ると、非常に高い個人的な代価を仕事のために払っている女性もいる。このグループの三一パーセントの女性が結婚していないが、男性はみな既婚である。さらに、彼女たちは仕事において管理職として成功していると感じれば感じるほど、家庭生活においての成功感は乏しくなる。しかし、男性の場合は職場での成功と、家庭での失敗や成功とは関係がない。女性管理職の人たちを対象に聞き取り調査を行なった結果、彼女たちは自分の仕事のために払わなければならなかった個人的な犠牲の痛みについて語ってくれた。そしてこの犠牲に価値があるのかを何度も疑った。官庁の広報業務の局長をしている女性がいった。

> いま、五〇歳の誕生日が近づいているので、時間をとって自分の人生について考え、ものごとを評価し、これでよかったのかと疑問に思ったりしているの。もし、今日私のところに若い女性が来て、この人生を彼女にすすめるかと尋ねられたら私はたぶん「いいえ」というでしょう。あなたが払う代価は高すぎるわ。私を御覧なさい。私は局長になれたかもしれないけれど、毎晩家ではひとりなのよ。私の結婚生活は仕事からくるプレッシャーをはねのけることができなかったの。家事をこなすことができなかったということではないの。私はいつも家をきれいにしていたし、食事もきちんと作ったわ。ただ問題だったのは私が夫よりも仕事で成功していたということよ。パーティーに行っても人々は私がだれかを知ってた。けれども彼は私の夫としてしか知られていなかった。彼はそのことをがまんできな

かった。私の結婚は文字通り私の仕事の成功へ払った代価だった。仕事の成功はそれだけの価値があったのか私はもはやわからないわ。

　女性の地位の向上や男女の性の違いによる役割分担は変化してきた。しかし、現実には家庭と仕事の両立をめざす女性の多くがフルタイムの仕事二つ分の義務を負うことになる。つまり仕事の義務と子どもの面倒を見たり家事をこなすという義務の二つだ。キャリアウーマンという顔と妻や母という顔をもち、その二つをこなすために半狂乱になりながら、すべての要求に答えようとする。一般的に、これをめざす女性は家で最初に起きて家族のために朝ご飯の準備をする。昼休みや休日には家族のためにこまごまとした雑用をする。仕事を終えて家に帰る途中には、スーパーマーケットに寄って食料を調達し、子どもや夫がゆっくりしているときに夕食の準備をする。食後には食器を洗い、子どもたちの宿題を見てあげる。さらに夕方や週末には洗濯をし、子どもたちを習い事につれていくのだ。

　女性にとって日常的な家事は大きな負担となっている。それだけでなく、子どもが病気になったときに病院につれていったり、看病するのも多くの場合母親である。また、子どものことで親や学校と話し合いをしたり、問題を起こしたときによばれるのも母親だ。

　仕事と家庭の両立において生じる葛藤が、燃えつき研究において最も一貫した性差を生んでいる。これは当然のことである。

　エッツオンの研究によると、仕事と家庭の両立における葛藤が燃えつき状態と結びつくのは女性だけであるとされている。これは職場で求められるものと家庭で求められるものが女性の場合は大きく異なり、その両方をこなすことがむずかしいが、これに対し男性の場合はそれほど異ならないためである。このため、仕事においても家庭においても、二つの期待に応えようとする女性のほうがより強くストレスを感じるのである。[173]

　男性と同等に職場で働こうとする際に感じるストレスと、家事や子育てなどを当然と思われることによって感じるストレス以外にも、女性にはストレスとなるものがある。これは社会規範や倫理観に二重に縛られることによって生じるもので、この結果、女性は身動きが取れなくなってしまうのである。このように二重の価値観によって縛られて身動きが取れなくなることを「ダブルバインド（二重拘束）」という。つまり女性がどんな行動をとろうとしても、だれもが納得するような行動が存在しないために、がんじがらめになってしまうのだ。次にあげるローズはこのようなダブルバインドによって悩まされた女性の一例である。

ローズは私が会ったときには二九歳で、行動的で温かく感受性が高い非常に明るい女性だった。彼女はアイビーリーグの大学を優秀な成績で卒業しており、夫とは科学の博士号を取ろうとしているときに出会った。彼と出会ったことはとても喜ばしいことだった。また、彼女は勉強している間、だれもがもらえるわけではない一流の奨学金を受けることもできた。その上、市民オーケストラでバイオリンを弾くこともあった。そんな彼女はあるとき、夫が東海岸の弁護士事務所に転勤となったので、これについていくことにした。そこでは新居を得た上に、子どもにも恵まれることとなった。子どもが生まれたあとの何か月間かは博士論文の出版の準備をして過ごした。このときに家から一〇〇キロほど離れたところにある有名な大学での職を知人に紹介された。これは研究者としてとても大きな名誉であり、彼女にとって理想的な仕事でもあった。しかし、彼女にはまだ小さな子どもがいて、子どもの面倒をきちんと見ることを期待されていた。ローズは母としての自分と研究者としての自分との間で悩み苦しみ、引き裂かれんばかりの思いをした。結局彼女は子どもと家で過ごすことに決めたため、紹介してくれた人をがっかりさせることになった。しかし、子どもが少し大きくなったとき、彼女は近くの図書館で働き出した。このとき、子どもはベビーシッターに預けることにしたが、やはり預けることに罪悪感をもった。彼女は二つの選択に悩まされれば悩まされるほどに、ますます身を裂かれる思いをすることとなったのだ。

彼女はこの苦しみから抜け出せないように感じはじめたので、自助グループに参加することにした。このときにローズに自分の感じている二つの役割を明確に示す二種類のビデオを撮ってもらった。どちらも彼女の生育歴・教育歴や興味について語るところからはじめられている。しかし終わりはまったく違う。片方のビデオは彼女の仕事上での見通しのみを示している。彼女は大学での職を受け入れて、教え、積極的に研究をし、科学的な論文を出す。もう一方のビデオは彼女の家族生活の計画だけを語っており、そのなかで彼女は子育てをしながら何年間かその家で暮らし、その後は新しい家を手に入れた。

男女の学生にこの二本のテープ見せ、ローズがどのような人だと感じたのか尋ねた。その結果、仕事についてのみ語ったテープを見たあとは、ローズのことを「成功志向で意志が強く、積極的で、支配的、独立的である」と感じる者が多かった。これは一般的には、仕事志向の男性の形容に使われることばである。対称的に家族計画についてのみ語ったビデオを見たあとは、学生たちは彼女を「あまり能力がなく、プレッシャーに耐えることができない女性である」と見た。このため女子学生からは嫌悪感をもたれたが、男子学生からは好感をもたれた。男子学生は彼女がより女性的で心が広く、誠実で知的、適応的で親切、感受性が高く、温かい人であると感じたのだ。そしてより彼女といっしょに過ごす時間をとりたいと思った[156]。

　男性たちは仕事をもつ女性、とくにローズのように賢い女性に脅威を感じている。また赤ちゃんと家庭で過ごす女性は女性の役割のステレオタイプによって男性から理解されたり好まれたりする。ほかの世代に比して女性が働くことを好意的に受けとめている学生ですら、二つの価値観に縛られていることは明らかなようだ。もしローズが仕事を選べば、男性からは女性的でなく望ましくない人だと見られ、家庭を選べば男性からも女性からも能力があまりない人と見られるであろう。

　この両方のメッセージに気づいている女性だけが、混乱した文化的メッセージの影響を受ける。ローズは二つの価値観を理解していた。そのために悩んだ。仕事も家庭も両方もつことができると信じていた。そして、どちらも自分の人生に意味があるものだと思っていた。しかし、これら二つのものがあたえてくれるものは、同じ種類のものではないだろうし、同時に二つを得ることはできないと思っていた。しかし、この二つの理想的なイメージは彼女のなかでは矛盾しなかった。結局、彼女はどうしたのか。子どもの面倒を見てくれる人を見つけ、学問的に注目を集めるような大きな機会のために仕事を選んだのか。それとも子どもが小さく手間がかかるのは一生の間でいまだけだからと家庭を選んだのか……。結局、ローズは有名大学での仕事を選ばず、さらにもうひとりの子どもにも恵まれた。しかしそれだけでなく、田舎の大学で非常勤講師としても働いたのだった。

　多くの女性が彼女の決断を聞いてがっかりした。なぜなら女性はなんでもできると信じたかったからだ。しかし、ローズはなんでもできたというかもしれない。彼女は愛する夫をもち、ふたりの子どもをもち、教師という仕事も得た。しかし、彼女はスーパーウーマンになろうとしなかった。すなわち成功のチャンスに向かって進もうとはしなかったことは明らかである。

どの選択も他方の選択をあきらめることを意味する。そして落胆が燃えつき状態の原因となる。落胆が原因となるという点において男女差はない。しかし、問題は女性のほうが落胆に結びつくような葛藤が多いということだ。このため、女性のほうが燃えつきる傾向が高いのである。

家庭と仕事をうまく両立している人々はこの二つの間のうまいバランスのとり方を見つけている。また、そのことで彼女たちは仕事または家庭のどちらか一方で失敗したと感じたとき、他方の存在が生きる意味をあたえてくれる。同じ分野の科学者と結婚している女性で二人のふたりの子どもをもつ人は次のようにいっている。

私が妻や母親として失敗を感じたとき、私は自分に「少なくともかなり立派な科学者だわ」というの。逆に科学者として失敗を感じたときには「少なくとも夫や子どもたちは私のことをすばらしいと思っているわ」というの。

実際にいくつかの研究は男性であれ女性であれ、受け入れているさまざまな役割と心理的な幸せがプラスに関連していることを報告している。[10] 仕事と家庭との間でバランスをとるということは、それぞれでも二人ででもなし得る。また、これはゲイカップルでも同様である。このような仕事をもった夫婦は「共働き夫婦」とよばれる。

共働き夫婦

共働き夫婦という専門用語はローナ・ラポポートとロバート・ラポポートによって作り出された。夫も妻も積極的に仕事にも家庭生活にも従事し、ともに家族の長である夫婦を共働き夫婦という。

ここでさす仕事とはパートなどではなく、常勤の仕事である。このような仕事は長時間また深くかかわることが求められ、たえず発展していくという特徴をもっている。[178]

諸研究は次のようなことを示している。共働き夫婦は伝統的な夫婦、つまり夫が稼ぎ、妻が家庭を守るような夫婦よりもたくさん利点がある。最も明白な利点は二人分の収入があることによって、経済的にかなり余裕ができる。共働き夫婦は二人のきずなも強い。互いに仕事をもっているときに、結婚していてよかったという思いも増加し、自尊心も高まる。いくつかの研究が、仕事をもっている女性のほうが主婦よりも自尊心、自己効力感、幸福感そして結婚による満足感を強く感じられると報告している。さらに外での仕事が母親としてのストレスから女性を守っているということも明らかになった[10]。同様に、フルタイムの職場で働いている妻をもつ夫は専業主婦の妻をもつ夫に比べて結婚生活により幸せを感じており、感染症などの病気になる人が少なく精神的に追い詰められることも少ない。

　共働き夫婦の長所として、妻は自己実現をあげており、夫は平等主義をあげている。何年間か専業主婦をしたあとに働き出した女性の夫は、家事を分担することで自分に家事をする才能があることや、子どもと過ごす時間を楽しんでいる自分に新たに気づくこともある。

　共働きカップルが同じ職または同じ分野であると、互いの助けとなる。八六人の女性社会学者を対象とした研究によって、夫婦ともに社会学者であるという女性学者のほうがそうでない女性学者より成功していることが明らかになった。彼女たちは高い頻度で、より高い役職に就き、仕事を続けている[124]。二〇〇人の心理学者を対象にした別の研究でも、他職種の配偶者をもった人と比較して、心理学者どうしの夫婦のほうが同性間で比較すると業績が多かった[130]。同様の発見は共働きの弁護士夫婦においても得られた[59]。また、専門職にある女性を妻にもつ夫は、自分の妻だけでなく女性学者の専門的な能力や成果をより認めているようだ。

　両親が共働きだと、子どもたち、とくに娘に利益がある。たとえば働く母親をもつ娘は専業主婦の母をもつ娘よりも自分の母親を性役割のモデルとしやすく、働く母親をもつ青年期の娘は活動的で、自律的で母親を敬っており、だからといって母親に縛られているわけではない。また、働く母親をもつことは社会を制限の少ない場所として見ることと関連がある[146]。

　共働き夫婦が夫は外で仕事、妻は家庭という伝統的な夫婦よりも有利であるという一方で離婚率も高い。型にはまった結婚生活で相手を縛ってはいけないというプレッシャーもある。精神医学者キャロル・ネーデルソンとセオドア・ネーデルソンは、共働き夫婦がしばしばむずかしい選択に直面することについて次のように考えた。

　新しい場所に転勤させられる夫は妻の社会的な適応、楽しみ、子どもの学校や友だちとの関係だけでなく、広い範囲での、妻の仕事の可能性についてまで考えなければならない。妻が転勤に付き添った場合、妻は新たな場で現在と同じ程度の地位を得ることはできないだろうし、彼女の昇進も事実上危機にさらされる。妻も夫とディレンマを分け合うことになる。場合によっては妻も満足できる仕事の機会があるかもしれない。しかし、その場合でも、この変化は家族全員に新たなプレッシャーをかけることになると認識しなければならない。とくに場所の移動を必要とするときはこの認識が必要である。妻は引っ越しを断るかもしれないし、夫婦のどちらかが遠距離通勤するなどの別の道を探すことになるかもしれない。このような夫婦も最近はふえている。実際、このような変化にともなう出費の増加は少なくはないため、二人の関係を破滅する可能性も大きいのである。[139]

ネーデルソン夫妻は次のようにもいっている。共働き夫婦は自分たちの家族の役割を再考せざるをえず、新しい役割や期待に心から順応しなければならない。このような葛藤がある間は彼らははりあったり、ねたみ合ったり、期待に沿わない行動をしたりする。

　夫婦についての私の研究では、共働き家族の主な不満は時間がないということだ。共働き夫婦は二人の時間をもつことに価値をおいている。ここでアンソニーの例をあげよう。

　収入を取るのかそれとも時間を取るのか、この葛藤を解決できないことがとても強いストレスとなっていることに気づいた。私が望んでいる収入を得ることは、同時に私が望んでいる心のきずなを失うことになる。だからといって私はこの収入をあきらめたくない。しかしながら、私は現在働きすぎており、人生を自分の望む方に向けることができているのかわからない。また、恋をしたときにそうできるかもわからない。もし私が仕事とエレンとのどちらかを選ばなければならないとしたら、何を選ぶかは決まっている。しかし、幸運なことに、現実には選択する必要がないのだ。私は毎日の最良の部分を仕事にあたえている。

エレンも同様の真情を吐露している。

　私は自分の仕事を愛しています。仕事は私の人生で最もたいせつな部分であり、私自身を定義づけるものでもあります。アンソニーは以前は必ずしも仕事がうまくいっていたわけではありません。ですから、いま、彼が仕事で成功していることをとても喜んでいます。しかしながら二人ともが仕事に多くの時間を費やしてしまうので、それがお互いにとってとても重荷になっています。仕事は私たちから多くのものを奪っていくので、夕方や週末ふたりでいっしょに過ごしているときにはすっかり疲れ切っています。私がお互いの愛に完全な信頼をもっていたとしても、これまでの経験から、長く続くストレスが二人の関係に及ぼす影響を知っています。愛情が私たちの関係からなくならないよう望むのならば、二人の愛を守り確かめなければなりません。

共働きの夫婦にとってはお互いの仕事に割く時間と家庭に割く時間のやりくりをめぐる葛藤は避けられない。時間は取り返しがつかないものであり、ふえることがないものだからだ。たとえどんなにエネルギッシュで賢く、さまざまな能力をもった夫婦であっても、一日に二四時間以上の時間をもつことはできない。そのため、時間をめぐるこの葛藤を解決するための現実的な方法として、仕事や家庭で求められるものをそれぞれリストアップするという方法がある。さらに、これを一から一〇までランクづけすることも重要だ。また、お互いにそのリストを説明し合うことも

たいせつである。ともに長い時間を過ごし、互いのことはよくわかっているという夫婦でさえ、これをすることで驚くほどの効果を上げる。

妻は決められた時間に食事をするべきであるという考えや外食にともなう罪悪感が自分の価値観から生じるものであったり、子どものころに刷り込まれたものであったりすることに気づくかもしれない。また、夫は外食をとても楽しみにしていることに気づくかもしれない。夫もこれをすることで新たな発見があるであろう。夫はより多くの稼ぎを得ることが夫としての最も重要な責任だと思っていたにもかかわらず、妻は夫が家族といっしょに多くの時間を過ごしてくれる方が（仕事に多くの時間を費やして多くの給料をもらってきてくれることよりも）たいせつだと思っていることに気づくかもしれない。

この要求が現実的なものであるとお互いに自覚した時でさえ、検討を加えるうちに、何が重要であるかに気づき、もはやその要求が不必要だと思えるようになる。また別の場合には、その要求は過去には妥当であったとしても、いまでは必要ないと判断することもある。家や仕事での要求を聞くとき、それらの要求を互いに説明し、みずから課した要求であることを認め、正直な態度で話し合うことが結

婚と仕事のバランスをとるうえで最もたいせつな第一歩だ。

仕事と結婚のバランスをとることによって人々は仕事と結婚の両方から人生の意味を得ることができる。つまり少なくとも理論的には仕事か結婚のどちらかだけをとったときよりも二倍、存在の葛藤を解決する機会があることになる。

仕事はとても自己満足的である。仕事は人々を文化の規定する「ヒーローシステム（ベッカーの造語）」のなかで、その人をヒーローにすることができるのだ。そのような人々にとっては仕事が何よりもたいせつなものである。政界で頂点に立とうとしている政治家は、その人の政治力から万能感を得ることができる。経済界で頂点に立ちたいビジネスマンはその万能感を財力からもつ。芸術家はそれを自分の作品やまわりの認知から得る。そのような社会のヒーローという認知や、力や金、名声は人生に十分な意義をもたせてくれるので、ロマンチックな愛情の問題などすっ飛んでしまう。そのようなケースは稀であるにもかかわらず、仕事だけで自己実現しようとする人は愛を捨てる。

不運なことに、または幸運なことにかもしれないが、われわれの文化のヒーローシステムがうまく成り立つ場合は非常に少ない。加えて、トップという地位はとても少ないのだ（いうまでもなくトップについている人でも空虚感から開放されない人がいるのは寂しいことだ）。大半の人にとって、最も強烈で、最も動かされる体験は愛に関するものだ。仕事で成功している人々でさえ、しばしば仕事は十分な人生の意味をあたえてくれない。愛もないといけないのだ。

セラピストの覚え書き

この章ではあつかってこなかったが、とても重要な主題として、仕事の選択に絡む無意識的な問題がある。そしてこれは配偶者選択とも非常に深く絡んでくる。どちらの選択においても、子どものころに内在化させた理想のイメージの影響を受けた選択である。セラピストにとって、この理想的なイメージを明らかにし、それが燃えつきを引き起こしていると気づかせることは貴重な実践である。

九章では多様な治療集会の実践について説明する。この治療集会では夫婦や恋人たちがなぜお互いを選んだのかということと二人の間にあるきわめて深刻な現在の問題との関係に気づくよう援助する。同様に、人々が仕事をはじめたときの希望や期待と現在の仕事上の主なストレスとの関係を明らかにすることも可能だ。

四人のグループを作ることから治療集会が始まる。このときの最初の課題は参加者が共通でもっている希望と期待をはっきりさせることである（例：成功する、自分が主導権を握って何かをする）。第二は参加者が共通にもっているストレスを明らかにすることである（例：やらなければならない方法で仕事をすることができない）。第三は希望や期待とストレス要因とのつながりをはっきりさせることだ（四人はそれぞれの自分の希望・期待のリストを提示する）。

仕事と結婚の燃えつきの治療集会においても、仕事・結婚それぞれについてこの三ステップを行なう。これにより仕事と結婚の両方における理想のイメージの影響を明らかにする。この理想のイメージは人生に最も意味をあたえてくれるであろう愛する者との関係、および仕事についての考えと必ず結びついている。もちろん、このような気づきは治療集会だけでなく、個別カウンセリングでも得られるものである。

ゲイカップルについても記しておく。この章をとおして議論されてきた問題のすべてがゲイカップルにも関連する。重要な仕事からくる要求と重要な人間関係からくる要求との間で揺れ動くのは、ゲイカップルも男女のカップルと同じである。どちらのケースにおいても、仕事にのめりこんでいる人は知らず知らず相手から離れてしまったり、利益のみを追及する人になったりしてしまう。

五章
恋愛と結婚における燃えつき状態の性差

結婚によって男性は夫としての広がりをみせるが、女性は妻として狭められていく。

ウィリアム・コングリーヴ『世のならわし』

男性に結婚で燃えつきやすいのは男女どちらかと尋ねると、多くの場合「自分たち男性だ」という。多くの文学作品や映画は、男性が女性の仕組む結婚というわなから必死になって逃げる姿を描いている。実際、伝統的な結婚形態において男性は、家族を金銭的に支えるという大きな役割を担い、これに縛られる。また、ウォーレン・ファレルは『なぜ男性はこのようになってしまったのか』[64]のなかで、男性は若い女性と多くの関係をもち、自分の遺伝子を残したいという基本的な欲求を結婚という制度によって打ち砕かれていると書いている。同様にいつの時代も男性喜劇は女性の理解のなさへの不満を描いている。

その一方で女性に同様の質問をすると、「当然女性のほうが燃えつきやすいわよ」と答える。北西部にある小さな町に住んでいるローズマリーという三〇代の女性は、「家庭で多くの役割を担うのは女性よ。女性は結婚にいろいろな期待をするし、男性よりも結婚によって人生が大きく変わるのよ」と語っている。彼女の発言に多くの女性が賛成するだろう。

このように、結婚という親密な関係において男女どちらの負担がふえるのかということについて男性と女性では異なる認識をもっており、これについての研究結果は興味深いものである。

ある研究は、結婚が身体的にも情緒的にも女性よりも男性にとって有益なものであると示している。たとえば、既婚の男女を比較すると女性のほうが精神に不安定であるにもかかわらず、未婚の男女を比較すると男性のほうが精神的に不安定である率が高い。[86]また、結婚が破綻したときに健康への影響が大きいのは男性のほうである。さらに最近の研究では、心理的な健康度は男性の場合、仕事よりも家庭での夫や父としての役割をうまく担えていることとの関係が深いと示された。[10]

著名な社会学者のジェシー・バーナードは『結婚の未来』という著書のなかでさまざまな数値を示している。[16]たとえば、既婚男性のほうが未婚者よりも身体的にも精神的にも健康度が高いとか、自殺が少なく精神疾患罹患率も低いとか、収入も多いなどである。もちろんそのような男性であるからこそ女性も結婚相手として選ぶという面はあったであろう。

男性は結婚によって負担がふえているというが、これらの数値によると男性のほうが利益を得ているのだ。そして、それは女性の支えによっているのである。この証拠に、男性は離婚しても、またすぐに結婚する人が多い。バーナードは「男性のほうが結婚によって利益を得ているということに気づいているかどうかは別として、男性は女性よりも結婚を必要としている」といっている。男性は結婚を嫌っているにもかかわらず、結婚に頼っているのだ。[16]

さて、女性にとってはどうかというと、それほど肯定的なものではない。結婚が最終目的だと考えている多くの女性は結婚に失敗すると体調を崩す。[12] また、バーナードは妻が夫の期待にこたえようとするが、それがうまくいかないと自己効力感を失い、自分の存在意義を見失うとしている。既婚女性は既婚男性よりも、不安が高く、精神的に不安定になり、神経質になりやすい。しかし、未婚者の場合は男性のほうが多くの苦悩をかかえている。これらの点より、結婚が男性よりも女性にとってたいへんなものだと結論づけている。またこれ以外にも次の点が指摘されている。多くの妻が夫に比べて結婚生活における不満やイライラをもっており、夫婦関係を楽しんでいる妻が少ない。カウンセリングを受けていたり、結婚を後悔していたり、別居や離婚を考えていたり、実際にそれを進めている人は妻に多い。これに対し離婚後に再婚を希望する人は男性よりも少ない。[16]

カップルセラピストは多くの夫婦にかかわっていくなかで、彼らの多くが妻の不満のために治療に来ていることに気づく。[174] 加えて、女性は思い描いていた結婚と現実が合わないものであると感じたときには、離婚が可能であれば離婚をしようとする。[21]

しかし、いつでも女性が離婚できるのかというとそうではない。なぜならば女性は経済的に夫の収入に頼っていることが多いためである。バーバラ・エーレンライヒは『男性の気持ち』という本のなかで、先にあげたジェシー・バーナードの「男性は女性に面倒を見てもらう一方である」という説を取り上げ、これに疑問を投げかけている。エーレンライヒは女性が男性に対して経済的に依存しているという点をバーナードが見逃していると指摘している。なぜ経済的な依存が情緒的な依存に勝るのか。エーレンライヒによると、経済的な依存の方が長くもちこたえるからだと している。エーレンライヒは女性が男性に経済的に依存することによって、男性は妻や家族を経済的に支えなければならないという重荷を負うことになる。つまり、女性は経済的に男性に依存することで男性が仕事をしつづけざるを得なくなるようわなをかけ、そうすることで彼をとらえているというのだ。実際に一家の稼ぎ手としての男性が仕事のしすぎで体調が悪くなったという研究は多数ある。胃潰瘍や心臓発作、脳卒中の増加など。[121] また、リストラされた男性一〇〇人を対象にした別の調査では、一日のなかで、血圧と血中のコレステロール値、ノレピネフリン値が明らかに高くなった。そしてこれらは心臓の血管に悪い影響を及ぼすことが知られている。[103] 一九五〇年代以来男性の平均寿命は女性より低いとされている。エーレンライヒは、これは男性の生き方に問題があるためだと説明してきた。「仕事に生き、その責任感から命までも落とした」という見方は男性の間ではより好まれる考えであるが、この考え方が問題であるということがしだいにわかってきた。

いったいバーナードとエーレンライヒのどちらの意見が正しいのか。男性は経済的な責任を負っており、一家の稼ぎ手として一生懸命に働くがゆえに身体を壊し、女性よりも結婚で燃えつきやすいのか。それとも子どもの面倒を見たり、家事に追われたりするためにより情緒的・心理的なストレスを強く感じたり、夫婦関係が親密ではなく満足できる関係ではないことから、女性が結婚に燃えつきやすいのか。

この疑問に答えるために、私は四つの研究を行なった[165]。いずれも男女のカップルを対象とし、燃えつきてしまったカップルへの面接や臨床事例の検討などを行なった。この結果すべての研究から同様の性差が示され、男性よりも女性の燃えつきが高かった。

最初の研究はサンフランシスコの海岸地帯に住む一〇〇人の男女を対象に行なったもので、夫婦がともに過ごしている期間は平均八年であった。彼らの関係はたいへん伝統的な夫婦形態のものからそうではないものまでさまざまである。しかし、どの形態であろうとも一貫して女性のほうが高い燃えつきを示した。彼女たちは「二人の関係に憂鬱になっていた」、「情緒的に疲弊していた」、「疲れ果てていた」という項目でいつも当てはまると答える者が多く、「あたえるものが何も残っていない」と男性より頻繁に感じていた。これに対して男性は「閉じ込められた感じ」、「不安」という二つの項目でのみ女性よりも頻繁に感じていると答えた。

また、夫婦の心理療法をしていくなかでわかってきたこともある。それは結婚が破綻するときに、男性は何が起こったのかさっぱりわかっていないことがあるという点である。面接調査において、このような男性はよく次のようにいう。「彼女に何が起こったのかわからない。僕たちは幸せにやってきたはずなのに……少なくとも僕はそう思っていた。それなのにある日、突然彼女は離婚してほしいといったんだ。僕は未だに何がまちがっていたのか理解できないよ」。

他方女性はこう答える。「私たちの結婚には問題があったの。私は何年間も彼に説明しようとしてきた。でも彼はぜんぜん聞いてくれなかった。私は彼に伝えることができなかったし、理解させることができなかった。最終的に私は彼に説明しようとすることをあきらめて、彼に離婚を求めたの」。

さてここで疑問がひとつ残る。それはサンフランシスコでの調査対象者が特定の人たちであるということだ。サンフランシスコの人たちが自由主義で進歩的だと有名なため、この影響があるのではないかと示唆された。進歩的な土地柄であるために女性が進歩的であることを期待され、そのせいでよりイライラが高まっているのではないかと考えられたのだ。そこでイスラエルでこれと同様の調査を行なった。

この調査は一〇〇組の夫婦を対象に行なった。彼ら夫婦がともにすごした年数の平均は一六年で、燃えつき尺度に記入してもらう形で行なった（付録一を参照）。この結果イスラエルの女性は男性よりも高い燃えつきを示した。燃えつき尺度は二一の症状を尋ねているが、妻は一九項目において夫よりも多く経験していた。「憂鬱」「情緒的・身体的疲弊」「弱っている」「不安」などの項目を含んでいる。保守的なイスラエルの人々の結果がサンフランシスコの結果と同様であることが確認された。アメリカでは「不安」という項目で女性のほうが低かったが、イスラエルでは男性のほうが低かった。おそらくこれはイスラエルにおける「強靭な兵士」という男性の理想像の影響があると考えられる。ほかの二つの研究も同様の結果が出た。そのひとつはイスラエルの大学での一〇〇組のカップルを対象としたもので、もうひとつはアメリカの南西部で開かれた治療集会に参加している五八人を対象としたものである。

これらの研究は女性のほうが燃えつきやすいということを一貫して述べているが、本当にそうなのだろうか。これらの研究は質問紙調査法で行なわれているため、被験者の直接的な自己報告という形をとることになる。つまり、「あなたはどれくらいこれを感じていますか」という質問に答えることになるのだが、温度のように絶対的なものではないため、客観的には同じ強さに見えるものでも人によって異なった回答をする可能性があるのだ。つまり、質問紙調査法はやや客観性にかけるということである。このため、実際には女性と男性は同じくらい燃えつきに苦しんでいたり、女性のほうが燃えつきを感じていないという可能性は拭い去れないのである。そのため、この点についての解説が必要となってくる。

さて、われわれの文化のなかでは性のステレオタイプにおいて、女性は男性よりも弱く傷つきやすいと特徴づけられている。そのために女性は燃えつきることを文化的に許されていると考えられる。つまり、女性は弱いのだから弱音を吐いても文化的に認められる。しかし、男性の場合は男は強くあらねばならぬという文化的背景があるために、彼らは弱音を吐きにくいのだ。つまり質問紙で正直に疲れたとはいえない文化的背景があるのだろう。では、それが燃えつき状態に女性が陥りやすい原因なのであろうか。

「男女の違いは何か」において、ジョン・ニコルソンは次のようにいっている。「人々に感情を揺さぶるような状況で、いまどのように感じているか尋ねると、男性に比べ女性はより深い感情を表現するのが一般的である。しかし、機械で計測すると男性のほうが血圧が上がり、心拍数が多くなり、身体的には大きな反応を示す。他方エロティックな場面を見せると一般的に男性は性的に興奮を感じたと報告しているが、身体的には女性も男性と同じく、強い反応を示す」[143]。いいかえると、男性も女性も「一般的にこう答えるものだ」と考えられている反応を言語的に行ないがちだということだ。つまり、男性も女性も文化的メッセージの影響を受けており、実際の反応の強さとは別に、女性として男性としてこう答えるものだと思われているものに対しては安易に反応を出すことができるが、そうでないものには抑制が働いてしまうということなのだ。

ときどき人々は燃えつきていることに気づかないときがある。彼らは情緒的、身体的に疲れていることには気づいているかもしれないが、その疲れの本当の理由に気づいていないのだ。代わりに別のことが疲れの原因だと思っている。たとえば、疲れの原因は長い通勤時間や過重な仕事だと信じている男性について考えてみよう。実際には妻と面と向かって話をすることを恐れていたり、それを避けるためのいいわけとして、この疲れを使っている場合がある。「疲れているから今日は話を聞けない」などというとき、実は疲れているのではなく話をしたくない場合があるのだ。このような心理的なごまかしは一般的に起こることである。男性は燃えつきをおおっぴらにしにくいため、ごまかすことが多い。また、女性はごまかすことなく自分の感情にふれることが許されているため、早く燃えつきてしまうのであろう。

いったい、だれのいうことを信じるべきか。彼らの心理的な返事を信じるべきか、無意識の動機を解釈するセラピストの洞察を聞くべきか。どちらにも長所と短所がある。恋愛と結婚の燃えつきにおいての自己報告情報の長所は人々の主観的経験についての情報を提供してくれることで、それ自体がとても価値のあるものだ。しかし、それがすべて客観的に見ても事実かというとそうとはかぎらない。これと同様に、たとえストレスに対する心理学的な反応が同じでも、男女がそれを異なった形で解釈するという事実は彼らの燃えつきに影響をあたえるであろう。

私の調査においては、人々が自分の燃えつきを認めることは簡単なことだということがわかった。人々に燃えつきてしまった人の話をすると、すぐに自分の燃えつきを認めるのだ。このため必然的に、燃えつきてしまった人たちの反応が正直なものであったと信じることができた。さらに、燃えつきの性差についても記しているが、質問紙調査の結果は私のセラピストとしての経験によっても確認することができ、この結果に確信をもっている。私は多くの燃えつきた人々を心理療法や集団治療会をとおして見てきたが、多くの事例において妻がより燃えつきていた。また、女性が燃えつきた場合には離婚を求める可能性が大きいということもはっきりしている。自己報告は将来の行動のきざしとなり得る。

もし、実際に女性のほうが男性よりも二人の親密な関係において燃えつきるとすると、疑問も残る。ジェシー・バーナードは、女性が燃えつきるのは結婚において、より重いストレスを負うからだといっている。これに対し、バーバラ・エーレンライヒは、妻と夫の燃えつきの強さの比較を男女の性役割の違いを基にして考えるのはおかしいと考えている。なぜなら、男性は再婚が容易であるために、離婚をしやすいと考えているからだ。つまり、燃えつきていない夫と燃えつきた妻の間にだけ結婚生活を続けるかどうかという問題が残るのだ。また、別の見方として、自分たちの結婚生活の破局に直面できない男性は、妻の生活がとても惨めなものだとみずからを思い込ませて、妻がかわいそうだからという形で離婚に応じる。このようなエーレンライヒの主張はあるが、自己報告のデータだけを見ると、妻の燃えつきのほうが高いように思われる。そのために望まないにもかかわらず結婚生活は悪化していく。女性の燃えつきやすさの仮説は二つある。第一に、女性は結婚が自分の人生に意味の感覚をあたえてくれるという高い期待をもっていること。第二に、結婚している女性が妻や母としてあつかわれることで生じる役割上のイライラやストレスが、男性の夫や父としてのそれと比べて顕著に高いということだ。これらを証明する私の研究結果を次に示す。

男と女と恋心

女性は男性よりも恋愛への期待は必ずしも高くない。しかし、結婚生活がこうであってほしいという期待は高いのである。ほとんどの女性は、結婚のなかにある本当の愛が安全性や信頼関係、永遠を意味すると考えているのだ。彼女たちは結婚を仕事よりもたいせつで生活の重要な部分であると考えており、より自分を表現できるものだと感じている。一方、多くの男性が結婚をわなだと考えているようだ。わなというのは結婚に対する否定的な感情のひとつである。男性は結婚にそれほど高い期待を最初からもっているわけではないが、女性はもっているため燃えつきやすいのだ。妻や子どもにとっては家庭生活はとても重要なものであるが、男性にとっては結婚が人生の中心ではないため、結婚による落胆は少ない。

結婚への期待の性差は恋愛感情の期待において最もはっきりしている。130ページの表にある質問紙を用いたところ、情感豊かな、夢見がちな恋心や愛情において何が重要かという質問に対して身体的なもの以外において女性のほうが高得点をつけた。

この質問はカップルセラピーや治療集会で用いる。カップルは互いの答えを比較することでさまざまなことに気づく。お互いの反応のしかたはいっしょなのか、得点もいっしょなのか、どの質問が違う答え方をしているのか、なぜそのような違いがあるのか、その違いが彼らの関係に何をあたえるのかを考えるのである。

ところで、なぜ女性は男性に比べて、結婚が自分の人生に充実感をあたえてくれるだろうと期待をするのか。社会学者のロバート・ベラたちはこれに次のように答えている。「一九世紀の初頭より男性の仕事というものは一生をかけるもので、収入をともなう職であった。その一方で女性の仕事は古い意味での天職、つまり公益への寄与を本質とする生きるための仕事であった[14]」。男性は性役割として「自己の拡大」を強調され、女性は「他者のために行動すること」を強調された。男性は頭脳、女性は心で評価された。男女を比較するということは、「女性を見下すという

あなたにとって次の恋愛に関する各問はどの程度重要ですか。

まったく重要でない…1から、たいへん重要である…7で最もあてはまるものに○をつけて下さい。

1 ―――― 2 ―――― 3 ―――― 4 ―――― 5 ―――― 6 ―――― 7
まったく重要でない　　どちらともいえない　　たいへん重要である

外見が好みのタイプであること
性格のあう人であること
友だちのような関係であること
長くつきあえ，人生を共有できること
知性あふれる人であること
誠実な人であること
自分のことを理解してくれる人であること
ロマンチックな人であること
安心できる人であること
経済力がある人であること
その他（できるだけ具体的に）

ことではなく、男女それぞれの特性が純粋な人間性の源泉を感じることを強めるということだ」。このことは恋や結婚の領域においてとくに顕著であり、この領域は、両性の参加が必要とされる。恋は心でするものであって、頭でするものではない。そして結婚の基盤となるものである。この恋心や愛情というものは女の本来の務めであり、女性たちはこの考え方を受け入れてきた。[14]

現代的な精神分析理論は、女性にとって男女の親密な関係がもっている大きな実存的な意義を生育歴を用いて説明した。対人関係の核心における性差の発達に対する精神分析的説明は、ナンシー・チョドロー、ドロシー・ディネルスタイン、キャロル・ギリガン、ハリエット・G・レルナー、ジーン・B・ミラー、リリアン・ルービンなどのフェミニストの著作のなかで議論されてきた。[41,50,78,120,133,181]

これらの精神分析的なフェミニストたちによると、女性が中心となって子育てをする社会のなかで成長してきた者は男女で異なった性アイデンティティを形成していくことになる。この違いは自然に生まれるものではなく、幼い子どもの世話を女性が主にするということから生じるものである。リリアン・ルビンは著書のなかで、女性というものは「われわれを養い、われわれを守り、慰め、彼女の腕のなかに抱き、恐れをやわらげてくれる」ものであるとしている。われわれが最初に、そして最も重要な情緒的な愛着を形成するうえで、女性が大きな役割を果たしているのだ。[181]人は成長していくなかで二つの重要な課題がある。それは自立した自己意識の発達と男性または女性としてのはっきりとした性アイデンティティの発達である。これらの課題はそれぞれの性によって異なる形で成される。男性の場合、はっきりとした男性らしい性アイデンティティの発達は母親との情緒的な愛着を断念し、かわりに父親と同一視することを必要とする。この困難な分離を成し遂げることは、男子に強固な自我境界を確立することを可能にさせる。それゆえに男子は男性特有の強い分離感覚をもつことになる。女子の場合は女子らしい性アイデンティティを発達させることは男子より簡単だ。なぜなら母とともに自己を確立していくことが求められるからだ。しかし、ともにいるがゆえに、母親から分離させ自己の独立した感覚を発達させることは、男子よりもむずかしい。これらの発達的な違いは、男性や女性として成長すること、および男女の間の親密な関係において、互いを「親密な他人」にすることに大きな影響をあたえている。[181]

　このような発達過程をたどるため、幼いころに男子は自分の母親に向ける感情を抑圧することになる。つまり、彼らはその葛藤を十分に表現できる能力を発達させる前に感情を抑圧してしまうことになる。このために、成人男性は自分の感覚をことばにつなげることが困難になってしまうと考えられる。それゆえ、多くの男性にとって、ことばは親密さを表わす重要な手段とはならないのである。女性は母親と断絶したり、情緒的な愛着を抑圧する必要がないので、彼女たちは自分の感情によりふれることができ、それらを語ることが彼女たちを心地よくさせる。ルビンはなぜ女性のほうが男性よりも感情について話すことが簡単でより重要なのかということの理由はこれであるとしている。精神世界を互いに分かち合うことは多くの女性にとっては親密さの主要な部分である。これらの幼少期の経験が、なぜ女性のほうが男性よりもあらゆる会話を重要だと考えるのかを説明している。実際に恋心や愛情の観念形態についての資料は、信頼、理解、友情、情緒的な魅力などを女性はより重要だとしている。同様にほかの資料は結婚による自己表現は男性よりも女性のほうが重要視している傾向があるとしている。

　女性が恋に落ちて結婚するとき、会話によって親密になることを期待している。しかし、残念なことに、多くの男性はそのような思いをもっていないのだ。[199] デイラは彼女のイライラを次のように話した。

ベンは私と同じように話をいっしょにしたいと思っていないように思えるの。彼は毎日新聞は読むけれど、彼が読んだことについては何も話したいとは思ってくれない。その一方で私は読んだことを彼と話したい。私の感じたことや考えたことを。でも彼とそれはできない。これはとてもイライラすることなの。友だちとするのはとても簡単なのに。私と友だちは何時間でも話ができるのに、どうして夫とはできないのしら。だれが私にとって最も親密な人なのかしら。

ベンはデイラが何を望んでいるのか理解できなかった。

彼女は僕に相談に乗ってといった。だから僕はどうしたらいいのかというアドバイスをしたんだよ。それ以外に自分にできることがわからなかったから。そうしたら彼女は感謝するどころかひどく怒り出したんだ。

男性と女性ではセックスについても異なった感情をもっているとルビンはいっている。女性にとっては感情的なつながりなしのセックスに満足はあり得ない。しかし、男性にとっては心と身体は簡単に二つに分けられる。その理由は先にあげた幼少期の発達と関係がある。男子は幼少期に母への感情を抑圧している。しかし、性的な感情を抑圧する必要はない。他方、女子は母に対して自分の性的な感情を抑圧しなければならない。しかし、それを抑圧しても、情緒的な愛着や一体感をもち続けることができる。その結果、「男性にとって二人の関係性のなかの性的な感情の一面は動かさずにはいられないものとして永遠に残る。しかし女性は性的なものより情緒的な愛着が強く前面にでている」[181]。

これらの幼少期の経験の違いが男女の恋愛感情の形を特徴づける。女性の恋愛感情における主要な構成要素は情緒的な愛着で、男性のそれは性的な感情である。その結果、男性と女性は異なった恋愛感情と異なった期待をもって恋愛関係に入っていく。そしてこのことが燃えつきに影響をあたえている。

私の研究によると、性生活が乏しかったり、身体的魅力に欠けていることや、退屈なことは男性にとってより燃えつきと高い関係があることがわかった。加えて男性はみずからをより望ましいセックスパートナーとして記述し、性生活を評価した。キャシーは自分と夫との間で性行為に対する姿勢の違いを次のように記述している。

私たちはひどい喧嘩をして一週間も口を利かないことがあった。しかしそのときでさえ彼はセックスを求めた。彼はいったいどうしてセックスについて考えられるのかしら？　私たちの間にはあんなに悪感情があるのに私の常識を超えているわ。喧嘩したとき、私はとてもいらだっているのに。私は自分自身をゆだねるためには親密さと愛情を感じていないとだめなのに。

もちろん彼女の夫のマーレイは違った見方をしていた。

僕にとってセックスは親密になる方法のひとつだ。彼女と喧嘩をしたあとでも、僕はセックスすることが仲直りをする最も近道だと思うのに。残念なことにキャシーはそうは思っていないみたい。むしろ彼女はすね続けたいみたいだ。

もし女性が男性よりも結婚が自分の人生に意味をあたえることを期待しているならば？　もし女性の恋愛感情の主要な構成要素が情緒的な愛着や会話だとしたら？　もし男性が恋愛感情の主要な要素にセックスを含んでいるとしたら？　男性も女性も互いの期待を同時に実現することはとてもむずかしいだろう。女性の期待はたぶんかなわない。いい方を変えると、結婚の燃えつきにおける性差はあきらかであり、燃えつきは避けられないものだ。私は七章でこの悲観しがちな問題について述べる。

結婚におけるストレス——男性の場合と女性の場合

結婚生活で燃えつきる原因となるストレスは何か。そしてそれは男女で同じなのだろうか。私の研究結果では男女のストレス要因は異なるということが明らかだ。

結婚生活でのストレスは何かという質問において、女性は板挟みになる要求（たとえば、家庭的でありかつ社会人として自立しているのが望ましい）が最初にあげられる。これは燃えつきと最も関係が深いものであるが、男性の場合は七番めの要因でしかない。このような性別による違いは女性に求められる性役割の影響があると考えられる。「自分本位ではなく、他者への配慮がある」という性質は、男性よりも女性に望まれる要素である。仕事をもつ女性が家庭と職場を両立させようとしてもつ感情は、とてもつらいものである。スーザンは板挟みになる要求から生じるストレスを次のように述べている。

> 私にとって一番つらいことは私を頼りにしてくれている人や信じてくれている人々をがっかりさせること。それは友人や職場の仲間だけでなく、家族も含めて。みなが私に望むそれぞれのことは理不尽なことではないの。ただ問題なのは一日が二四時間しかなく、私の体がひとつしかないということ。みなの思いを感じながらもそれに答えられないとき、私はばらばらに引き裂かれた感じがするわ。

さて、次にあげられるのが家族・親族との関係である。これは女性にとって燃えつきを引き起こす二番めの原因である。しかし、男性にとっては一五番めにしか問題とならないものだ。

スーザンは次のような例をあげている。

> 感謝祭前の数週間は、だれを夕食に誘うかで本当に悩まされる。私の兄弟は夫スティーブの姉妹夫婦が苦手。だけど義母は彼女たちが来ないと絶対に家には来てくれない。私は義母にはうんざりしているけど、家族は休暇中いっしょに過ごすべきだと思っているの。だからお互いを受け入れるように、何時間もかけてみなを説得しているの。それだけじゃなくって、買い物をしたり料理や掃除、あらゆる準備をするのよ。それなのに夫はだれが来るのか気にもしていないし、自分の仕事が忙しいからって何にも手伝ってくれない。

家庭的であり、かつ社会人として一人前でなければならぬという板挟みのような要求や、家族・親族との関係をよいものとして保つことはどちらも重要なことだ。これらは世のなかの基準や期待から生まれたものであり、彼女たちはこれに一生懸命そおうとする。しかし、しだいにできていないと感じはじめる。彼女たちは自分たちがこうするべきだと思っている方法や基準にあうようにできないと不安になり、罪悪感をもつのだ。女性はこうすべきだという方法でものごとを行なえないと、それが燃えつきの原因となる。女性の場合、原因としてこれは高いものであるが、男性にとっては一四番めの理由でしかないのだ。

板挟みになる要求は、家族や親族との関係、および世のなかの基準や期待にそえず罪悪感を感じるときに言及することとなる。さまざまなメディア、たとえばテレビドラマや歌、書物などが、親とはこうあるべきだという夢のような理想像を描き出す。家族には愛らしく無邪気な小さい子どもがいる。その子どもは柔らかなパジャマを着て、きれいさっぱりとしている。頬はピンクに染まり、かわいらしい笑顔で、おやすみのキスをするために父と母に走りよってくる……。しかし、どの親も知っているように、親であることは無常の幸福の地位から遠い存在である。なぜなら、親は子どもたちを養い、物を買いあたえ、健康に配慮し、幸せでいられるように面倒を見なければならない。そして、子どもたちが成長したときには、親は子どもたちのさまざまな気持ちを理解しなければならない。しかも、何の見返りも期待せずに。

別のいい方をすると、親は子どもを何の引っ掛かりももたずに、理想的に愛さなければならない。しかも、親になるということはたいへん自我関与的であり、この傾向は女性により高い。それにもかかわらず、親という役割の練習の機会はないのである。仕事や結婚であればやめることはできるが、親であることはやめられない。それだけでなく、子育てに休日はなく、事務仕事のように子どもの要求をあとのばしにすることもできない。親であることはやめられないし、休みを取ったり、あつかいにくい子どもをほかの子どもと替えることはできない。

このようなストレス下で親は燃えつきる。彼らの多くが親はこうあるべきだという非現実的な理想をもっている。そして子どもに対しても非現実的な期待をもっている。赤ちゃんが親を必要とするように子どもは親のことを無条件に愛し、親に生きる意味をあたえてくれる存在であるべきだという期待をもっているのだ。このような人たちには次のような傾向がある。孤立していて、問題を見ないようにしており、資源や援助を欠いている。七三人の母親を対象としたある研究では母親としての燃えつきと学童期の子どもの反抗との関連を見た。だれでも、しつけがなっていない子どもにイライラさせられることはある。ましてや母親であれば、子どもたちの行動はより重荷となる。

親であることのストレスが専門の電話相談で働いている専門家やボランティアに調査をしたところ、次のようなことがわかった。従来、燃えつきは児童虐待の主要な原因のひとつであり、電話をかけてくる親はしばしば限界だと伝えてくる。「私はもうダメ」、「私はすべてを消し去りたい」、「私の子どもが私を狂わせる」、「私は離婚したい」、「私には何もできない」などとかけてくるのだ。虐待はテレビのなかだけの出来事ではないのだ。それらは日常でのごくありふれた子育てについての問題で、とくに子どもが五歳までの間に起こりやすい。このころ親は子育てというわなにはまり、子育てに縛りつけられていると感じる。子どもと離れることができず、社会的に孤立し、子どもへの期待も膨らみ無謀なものとなる。そして、現実のわが子を見て挫折感や自責の念をもつのだ。

虐待をした一二人の親への深層面接を含む研究によって次のことが明らかになった。彼女たちの燃えつき状態はいままでにわれわれが調査したどのグループよりも高かった。実際、虐待している親は経済的に苦しく、家族関係も希薄で、配偶者や友人からの援助もなかった。彼女たちは、自分の感情的な問題や経済的な問題、暴力などに対処することができないと訴えた。なぜなら、彼女たちは親としてやるべきことをやる技術をほとんどもっていなかったからだ。親であることが引き起こすストレスという観点から見てみると、子どもの多い夫婦に燃えつきが多いという報告はない。子どもの人数と燃えつきとの関連はないということはたいへん興味深いことではなかろうか。このことは子どもがストレスとなり得る場合がある一方で、喜びであったり接着剤のように夫婦をつなげている場合もあると示している。子どもがストレスとなるか喜びとなるかは夫婦の期待やストレス、利用可能な資源によっている。

親であることのストレスは、夫妻間に差はない。父子家庭の父は母子家庭の母同様にたいへんである。しかし、われわれの社会においては、女性はほとんどの家庭において、親の役割の多くの部分を依然として担っているので、その役割にともなう身体的情緒的重荷もまた背負うことになる。社会的規範は母親であることを女性の人生のなかで最も重要な役割としている。このため、母親はこうあるべきだという規範に従えないと、自分の人間としての能力が足りないためだと感じてしまう。これは男性より女性がより強く感じる。

最近の諸研究は次のような点も明らかにしている。男性の心理的な幸福は仕事上の役割よりも彼の家庭生活での役割に左右される。一方、女性にとって家庭外で働くことが家での役割からくるストレスを和らげている。[10]

これまで述べてきたことから次のようにまとめることができるであろう。女性のストレスは自分たちの人間関係のもち方と彼女たち自身がもつ高い理想、つまりこうすべきであるというものと関連があるように見える。さまざまな人々の要求に応えようとして板挟みになり、ストレスをためる。また、彼女らは家族や親族とのかかわりにおいても、自分の責任をすべて果たそうとしてストレスをためる。彼女たちには家庭生活のあるべき姿はこうであるという自分なりの基準があり、自分がこれにこたえられないと、自分の能力不足を痛感させられ挫折感や自責の念をもつことになる。彼女たちがいだく結婚生活のあるべき姿には心のなかにある理想の生活や目標の共有、相互認識、相互評価、自己実現が含まれている。女性は男性よりも、結婚生活への情緒的かかわりが大きい。それゆえ、女性は一生懸命に結婚生活の「愛の炎の守り手」の仕事をする。女性がこの仕事に失敗し、結婚生活が自分の人生のすべてではないとわかったとき、燃えつきる。女性はあまりに気配りをしすぎて燃えつきたのだ。

恋愛における燃えつきは女性だけのものではない。何パーセントかの男性は女性よりも高い燃えつきを示している。ある種の結婚生活においては夫のほうが体力を使い果たしてしまい、妻よりも燃えつきてしまう。そのようなケースは数も少ないため、統計的に数字で見るよりも個別に見ていったほうがよい。男性の燃えつきの理由は女性の場合と同様である。つまり、家族関係が彼らの理想と合わなかったり、自分の人生に意味をもたせることができないことである。私が心理療法で出会った二組の夫婦は、恋愛の燃えつきにおいて男女が逆の役割を担った見本のようなものであった。

一方の夫婦は三〇代、他方は五〇代である。三〇代の夫はエンジニアで、五〇代の夫は高校の先生であった。両方ともかつては仕事を楽しんでいたが、私が彼らに出会ったときには仕事に幻滅を感じ、うんざりしていた。どちらの夫も妻との関係が人生で一番たいせつなものだと思っていた。両方のケースで、妻は専業主婦を経験したあとに仕事をはじめた。三〇代の妻は仕事で経験を積んだあとに夫に苦労をかけながらも大学へ戻った。彼女は研究においても成功を収め、研究者としてもすばらしい地位を手に入れた。五〇代の女性は三人の子どもを家に残して、地域の政治家の手伝いをはじめた。この仕事は知的なものであり、忙しく、ついのめりこんでしまう仕事であった。この結果、彼女は政治家のキャンペーンマネージャーになったのである。二人の女性は仕事を愛し、その成功に胸を躍らせ、自分の存在意義をそこに感じていた。

二人にとって結婚はとてもたいせつだったが仕事ほどではなかった。彼女たちは結婚同様に仕事からも自分の人生の意味を感じることができた。しかし、彼女たちの夫は夫婦関係を第一に考えていたのだ。この状況が二組の夫婦に張り詰めた空気をもたらした。この緊張は夫婦がそれぞれ逆の性役割をもっていると気づき、より悪化した。男性たちは自分たちの夫婦関係を大事にしてもらえないことに不安を感じていた。そして女性たちは自分の仕事に理解を示してもらえないことに不安を感じていた。これらの夫婦は人生において重要だとしているものが互いに異なることで生じるストレスを説明している。

　しかし、夫婦関係と仕事のどちらに興味があろうが、最もストレスになり、燃えつきを引き起こしやすい要因は重荷だ。これは女性にとっては三番めに多い燃えつきの原因である。スティーブは結婚生活の重荷によって生じたストレスを次のように語った。

> 僕が長くてたいへんな一日の仕事を終えて家に帰ったときにはもう本当に疲れ果てているんだ。体だけじゃなくって心もね。だけど、妻のスーザンは僕に夫や父親として役割をちゃんとこなしてほしいと思っているんだよ。僕はまず自分自身がリラックスしてほっとしないと、家族の話を十分に聞くことができないと感じているんだ。だからわずかでもいいから落ち着けて静かな時間がないとだめなんだよ。僕が気持ちのうえで妻をきちんと支えられていないとき、彼女が怒っているのはわかる。もし、彼女が僕の昼間の仕事のようすを見てくれでもすればなぁ……。どんなに仕事がたいへんか理解してくれるだろうし、ちょっとは僕に対しても協力的でやさしくしてくれるんじゃないかな……。

　職業人としてのアイデンティティが最も重要だと思っている男性たちにとって、理想的な家庭生活は少し異なる。一日を仕事という戦場で戦い抜いた彼らは、家庭が楽園や安全地帯であることを期待している。同様にバーバラ・エーレンライヒ[55]がいうところの「大黒柱の道徳」によって社会化された男性は、経済的に家庭を支えている見返りとして、子どもの養育や自分の身のまわりの世話などを妻に期待する。しかし、結婚生活が期待通りに回らなくなったとき、彼らは燃えつきる。

　性生活の新鮮さは女性にとってよりも男性によってより重要だ。この性差はセックスに対する態度についてのジャネット・ハイドのメタ分析で明らかになった。私の研究でも、これは男性にとって結婚生活におけるストレスの原因として二番めにあげられた倦怠感である。これは女性の場合は一六番めの問題でしかない。

結婚して一二年になる会社員の男性を、妻との性生活における倦怠感についての例としてあげよう。彼は次のように述べている。

> 僕はとってもセックスをたいせつにしているんだ。僕は男と女の間にある性的なエネルギーを愛しているんだ。たとえ最後までいかないとしてもね。セックスの相手をしてくれる女性はたくさんいるよ。でもそのなかには妻は入ってないんだ。彼女に対しては性欲がまったくおきないんだ。興味をもてないのさ。

このことは、しばしば男性と女性が異なった恋愛感情の理想をもって恋愛関係に入り、それを経験し、まったく違うストレスをもつことを示唆している。これはほかの研究者も同じ結論に達している。代表はジェシー・バーナードである。彼女は「彼の結婚」と「彼女の結婚」の違いを明確に述べている[16]。

彼らが異なった理想をもち、異なったストレスを感じることから考えると、男女が結婚を異なるものと描いているということは驚くことではない。結婚の燃えつきに関する私の研究すべてで男性は女性に比べてより肯定的に結婚をとらえている。たとえば、サンフランシスコでの研究において、男性は妻との意思疎通ができているとしており、自分自身のことを完全に打ち明けられていると感じている人は、配偶者を人生においてたったひとりの最高の人だといっている。これに対して、女性は夫との問題も含めてすべてを語るのは女友だちだと答えている人が非常に多い。また、男性は自分たちが家事を手伝っていると答えたが、女性は自分たちにより多くの負担があると答えた。

このように、多くの面で男性は女性よりも幸せな結婚生活を送っているように見える。そのような例を次に示す。

ある日、私はラジオのトークショーのゲストとして招かれた。ある燃えつきた夫婦について話したあとで、視聴者からの電話相談に答えることとなった。その視聴者は結婚してもう一五年になるという男性だった。彼は夫婦生活が破綻したといった。つい最近までは最高の夫婦生活だと思っていたそうだ。夫婦ともに「幸せだ」と感じていたし、意思の疎通もできておりセックスの相性もよかったのだぞうだ。二週間前までは申し分のないすばらしい結婚生活だったらしい。しかし、彼は妻があばずれ女であることを知ったとき、たいへんショックを受けたといったのだ。そこで私は彼に「あばずれ女」とはどういう意味か尋ねた。すると彼は妻が結婚してからも彼以外の男性と会うことがあり、結婚前には何人かの男性と夜をともにしたことがあったことをさしているのだと答えた。妻のこの行動のために彼は自分自身が「ひどくだめになり、燃えつきた」といい、「そう思いませんか」と同意を求めた。私は彼の妻と話すことはできなかったが、いままでの経験上、もし聞くことができたら、妻は明らかに一五年の結婚生活を彼とは違ったとらえ方をしただろうと思った。もし彼女が夫がいうように結婚してからずっと別の男性と恋愛関係にあったのならば（たぶんそういうことはないが）、彼女は結婚生活の質や夫との意思の疎通および性生活をすばらしいとは思っていなかっただろう。

結婚生活のとらえ方の違いが理由で燃えつきた夫婦の心理療法で最初にやることは、絶対的な真理などはなくて、あらゆることに二つの見方があるということをはっきりさせることである。

夫婦の心理療法において、妻と夫の双方への共感をはっきりさせることが重要な点のひとつである。セラピストに出会ったときから、夫婦の双方がセラピストから理解され、正しいとされ、共感されていると感じていなければならない。これができて初めて、セラピストは夫婦または夫か妻のどちらか一方に、夫婦双方の結婚生活のとらえ方が正しいということを伝えることができる。

女性が親密な関係に高い理想をもつことと家庭生活で重荷を負っている、ということが私の研究ではっきりした。また、この高い期待は社会的な通念によって作られていることもわかった。妻にとっての幸せと生きがいは夫のそれと比べて家庭生活と深いつながりがあることがわかった。このために家庭生活で問題が起こったとき女性は男性に比べてより悩まされる傾向にあるのだ。

長い間女性のストレスに対する反応は彼女たちのおかれた状況よりも彼女たちの資質に関係しているとされてきた。たとえば、高い頻度で女性が抑うつを感じるのは心理学的な傷つきやすさと人格の弱さによっているといわれてきた。しかし、最近になって、女性の不満が彼女たちの現実の生活に関係があることに研究者も気づきはじめた。たとえば、抑うつが最も大きいのは収入が少なくて小さな子どもをかかえた妻たちである。現実的に大きなストレスを生活でかかえている集団や、そのような期間であることが特徴である。

　うつ神話である空の巣症候群といわれる時期にある妻たち、つまり子どもが成長して巣立ってしまった母親たちは、実はうつの苦しみとは比較的無縁である。彼女たちの生活のストレスの多くが子どもの巣立ちとともに流れてしまうのだ。教育ママといわれる人だけが子どもが巣立ったあとに抑うつに苦しむ。[186] そして、背負うものの少ない未婚の女性と既婚の男性は抑うつに苦しむことがほとんどない。

女性と男性の燃えつき対処法

　高すぎる期待と日常生活でたまるストレスが燃えつきの原因ならば、女性の燃えつきの治療は高すぎる期待を低くし、生活のなかでストレスと感じるものを減らすことになる。

　多くの女性や夫婦にとって、二人の関係における期待を低くすることは受け入れがたいことである。人が恋に落ちたとき、二人の愛を永遠のものにするためには愛への期待を制限すればよいと統計的にされているといわれても、聞き入れることはできないだろう。二人が夢中になっている間に期待が作られる。恋人たちは二人にとって最良で最高のものを望む。そんな二人は燃えつきる危険があったとしても恋のきらめきをたいせつにしようとする。そして女性は性役割の社会化ゆえに恋のきらめきをたいせつにする役割を担う。しかし、生活のきらめきを保つことは女性だけのものではなく、男性のものでもある。これらの最良の解決方法は恋のきらめきの「共同保持」である。その場合、夫婦がいっしょに二人の関係のあり方を決め、実際の関係がその共有の理想からあまりそれないようにいっしょに努力することである。これが実現した二人の間にはきらめきが長くあり続けるだろう。

　さて、夫婦のストレスを減らすには二つの方法がある。ひとつはストレスそのものを減らすこと。もうひとつは緩衝材を改善することである。ある夫婦は二人が感じたストレスについて話し合うことができ、問題を分かち合うために約束を取り決める。分かち合うものは収入や出費、子どもの世話や家事を含むあらゆるものである。この解決方法は仲間意識をもって結婚した共働き夫婦においてよりうまくいく。これは夫が家事を避けている伝統的な夫婦においてもできないことではない。夫たちは家事が女性の仕事であるという価値観をもった家族のなかで育ってきた。このため男である自分は女の仕事をしなくてよいと考えてきたのだ。しかし、当時は夫がすべての収入を担っていたから、家事は妻がしていたというだけのことで、家事が女の仕事というわけではない。このことを伝えることで伝統的な夫婦においても多くのものを分かち合うことができるのだ。男性は子どもの世話を妻との間で分担しなければならなくなって初めて、重要なことに気づく。つまり、なぜ妻が子育てにおいて不平をいっていたのかということがわかるようになるのだ。このように家事や子どもの世話を分担する夫婦は、結婚生活を幸せなものだと二人ともが述べることが多い[154]。男性にとっても女性にとっても多くの役割を担うことが燃えつきの原因ではないのだ[10]。その役割の数が問題なのではなく、そこにストレスの要因が含まれているかどうかということが問題なのである。

　燃えつきに対する防衛策として第二の手段は社会的ネットワークの利用がある。女性は男性よりも社会的な援助に価値をおき、活用している。八〇人の男女を対象に、社会的サポートの六つの機能について調査した。その結果男女で比較すると、五つの機能において女性のほうがより重要であると評価した。それは聞いてくれる人や、仕事を認めてくれる人、無条件に受け入れ支援してくれる人、情緒的な問題に向き合ってくれる人、そして、現実の見方を分かち合ってくれる人である。男性のほうが重要であると評価した唯一のものは「職業上の挑戦」で、多くの女性がこれに対しては批判的であった[157]。

　また別の研究において、二二〇人の職業をもった男女を対象に仕事の燃えつきへの対処について調査した。この結果、男性よりも女性のほうが支えてくれる友人を必要としていることがしばしばあり、燃えつきを防ぐ効果的な方法であるということを発見した。これに対して男性は直接ストレスに向き合うことを好み、ストレスに対して何もできないときにはそれを無視する。このことは恋愛における燃えつきの研究においても同様の結果を得ている。たとえば、男性よりも女性のほうがストレスへの対処として友人の支えを好む習慣がある。また、男性もストレス源を無視したり、避けたりする傾向がある。

　仕事の燃えつきにおける男女の対処法はおもしろいことに恋の燃えつきの場合の男女の対処法とは逆になる。仕事上での燃えつきの場合、女性はストレスの原因に向き合うことを嫌がる。しかし、彼女たちは親密な二人の関係において燃えつきが生じた場合にはこれと向き合おうとすることが多い。彼女たちは問題を認め、話し合うことを要求する。そして、二人でともに過ごす時間がたりないと訴える。心理学者のジョン・ガットマンも同様の報告をしている。妻のほうが二人の関係の問題について不平を頻繁に訴え、結婚生活において問題が生じたとき、否定的な感情を何とかしようとするので、それ以上ふえない[83]。

　しかしながら、対処法における男女の最大の相違点は友人を利用するか否かだ。女性は家庭においても職場においても、友人のネットワークを男性よりしばしば効果的に利用する。女性は問題や葛藤について話せるよい友人を簡単に見つける。しかしながら、友人と話している間は自分の気持ちが慰められるが、それは二人の問題の解決にとって最善の方法というわけではない。夫の不快な行動について親友に話している女性は、情緒的には支えられすっきりするだろうが、なぜ夫がそのような行動をするのかということを理解することはできない。このため、親身に話を聞いてくれる友人に話せば話すほど、燃えつきやすくなる。このことは男女ともに当てはまるが、とくに女性において顕著である。夫と話す代わりに友人やセラピストと話すという女性の傾向が燃えつきに関与しているということは、検討の余地がある。そして、このことは夫婦の一方だけから話を聴いているセラピストにはたいへん考えさせられる点である。

　自分の感じていることに共感してくれる友に話すことは魅力的ではある。なぜなら気分を楽にしてくれるので、短期的には効果があるかもしれない。しかし、長期的な展望に立つと配偶者と直接話し合うことが一番である。心理療法の流れのなかでも、個人的にひとりで心理療法を受けるよりも、夫婦でいっしょに心理療法を受けるほうが意味がある。夫婦での心理療法においても燃えつきの原因を自分に求めることを援助する。たとえば「なぜ配偶者のその行動が自分の心をそんなにもかき乱すのだろうか。その行動の何が自分をそこまで怒らせるのか。逆にどんな行動が許す気持ちにさせたり、勇気づけてくれていると感じられるのか」。そしてそうすることで、二人の関係の枠組みを非難することが避けられる。夫婦での心理療法に一方が来ない場合のひとつの方法は、どうしたら二人の関係を続けていくことができるのかという見通しを、心理療法を受けている人、またはセラピストがもつことである。

　問題を直接話し合ったり、夫婦で心理療法を受ける以外の解決方法として、社会支援のネットワークを発達させるという方法がある。これは燃えつきている夫婦特有のストレスや役割葛藤を自分たち以外の夫婦と話してみるというものである。燃えつきている夫婦は自分たち夫婦の見方でしか世界を見ていないので、ほかの夫婦からのフィードバックや情緒的な援助を得られるという利点がある。そのような援助グループは彼らのあやまった独自性を壊し、新しくて創造的な対処戦略を生み出すのを助けてくれる。

女性のほうがより燃えつきているとされるが、燃えつきは夫婦の問題である。つまりこの問題を解決できるのは当事者である二人であり、彼らの文脈のなかでしかなし得ない。燃えつきが実際に夫婦の問題であれば、妻と夫の双方へのアドバイスは同様のものであってもよいのではないか。それならば、なぜ性差について一章もさかなければいけなかったのか。これには二つの理由がある。ひとつは最初の質問、つまり男女どちらに燃えつきが多いのかということである。これは最もよく尋ねられるものである。このためこの点が人々にとって興味のあるものであると判断し回答を記す必要があると考えたからだからである（実際、恋愛の燃えつきについてしばしば尋ねられることをもとにこの本一冊をまとめたのだが）。第二には、燃えつきにおける性差に言及することで男女がそれぞれのもののとらえ方の普遍性について気づき、正しく理解することを助けてくれるからだ。

女性は、夫が自分と同じようには結婚生活をたいせつにしてくれないと感じているとき、自分が家族の面倒や家事をすべて背負っているにもかかわらず、夫は仕事にかまけてばかりいて、自分だけが苦しんでいると思っている。このようなときに、夫婦の間で苦しんでいるのが自分だけではないという知識をもっていることはたいへん役に立つ。また、これはお互いの見方をよりはっきりと聞いたり、理解することを可能にする。

夫婦を対象にした心理療法を行なっているセラピストにとっては、夫婦の心理療法や集団療法を行なうことが、夫婦の問題において現われる性差の普遍性を例証するひとつの方法になる。また、夫婦の一方を対象とした心理療法をする場合には、燃えつきが夫婦どちらか一方の問題としてではなく、二人の関係のあり方の問題としてあつかうことがたいせつである。

同性愛者のカップル

同性愛者のカップルは異性愛者のカップルに比べてお互いを同等にあつかい、性役割が少ないということが研究によって示されている。実際に異性愛者とはやや異なり同性愛者のカップルは性行為やロマンチックな愛情を兼ね備えた親密な親友のような関係に似ている。[12] しかしながら、性役割およびステレオタイプの影響を受けているため、ゲイの関係における男性と異性関係における男性は、女性と比べてはるかに似ている。また、ブルムスタインとシュワルツはゲイの男性の関係はレズのカップルや異性愛者のカップルよりも性行動が活発で一夫一婦制にこだわらないということを発見した。他方でレズビアンのカップルは男女の役割を両立できて、互いに助け合い、感情を表現し合い、お互いを唯一の相手と考える傾向がある。また、レズビアンのカップルはゲイや異性愛者のカップルに比べて性行為をもつことは少ないようだ。[21、22]

同性愛者のカップルは異性愛者よりもストレスは多い。なぜなら公の場で二人の関係を公表することが社会的にむずかしいからだ。たとえば会社のパーティーなどにおいても二人で行くことができずひとりで行くことになってしまう。また、同性愛者のカップルは家族からの社会的な援助も受けにくい。[113]

同性愛者のカップルでも、二人の関係に満足するかどうかを決める要因は似ている。[56] それは相手に対する強い愛情や相手の魅力を十分理解していること、意見が違ったときにそれを解決しようという態度をとること、およびものごとを決めるときにいっしょに決めることなどである。

結論

要約すると、仕事と結婚はその人にとって人生がどのようなものであるのか、また自身のめがねを通してどのような意味を見つけようとしているのかを問いかけているのである。現実の人生は苦難の道であり、そこで成功するかどうかは努力しだいである。二人の関係を作り上げていくということは恋に落ちたときと同じように刺激的なものではなく、一日一日積み上げていくものだ。それが二人の関係を安定したものにする。日々の実践・努力が二人に安定した「根」をあたえる。

われわれは六章で、性行為が親密な二人の関係に「翼」をあたえるものであるということを考えてみる。

六章

セックスの燃えつきの心理

流れ星を見ないからといって
願いがかなわないわけではない
愛は夢がつくられる素材である
愛はゆっくりと着実に燃えあがる炎である

カーリー・サイモン

一番性的興奮を起こさせるのは、情熱的なパートナーである。

匿名

カップルバーンアウトの治療集会の休憩時間に、四〇代後半のある女性がやってきていった。

私はあなたのお話を聞いたら、私の結婚生活が燃えつきていると思わなくなりました。私は依然として夫を愛しています。夫も私を愛していることを私はわかっています。私たちのコミュニケーションは良好です。私たちは二人とも互いを一番の友だちだと思っています。問題はセックスです。セックスは、退屈で気乗りがせず、ほとんどする価値がありません。いっておきますが、ベッドで何をやるかわからないからではありません。私たちはいつもお互いを満足させることができるほどお互いの体をよく知っています。そうなのに、どうして悩むのか。私たちは二人ともセックスをするよりよい本を読んだりテレビを見ていたいのです。私たちは、セックスをすることができますが気乗りがしないのです。

この女性が知りたいことは、カップルセラピストやセックスセラピストが耳にする最もよくある次のような質問である。「結婚して何年たってもセックスはよくて興奮するものですか」。

一部の人は、この質問に対する一番正直な回答は「いいえ」であると信じている。しかも、彼らは、結婚生活を壊す気はないので、不倫の恋に性的興奮を求める。しかしながら、ほとんどの人にとって、一方の人と生活をいっしょにしていながら、別の人とのセックスを楽しむことは、望ましい解決ではない。

セックスを、親密な関係で一番たいせつなことと考える人は、愛とセックスを分離する解決法を受け入れない。その代わり、一対一の関係を、相手を変えてやっていくことを選ぶ。彼らはセックスが刺激的である限りにおいてのみ関係を続ける。セックスが刺激でなくなったとき、彼らは不安定になり、遅かれ早かれ別れる。このような人は、時には情緒的結びつきのない、短い恋愛関係を何度もする。

また性的興奮をほかの人との性的かかわりまで広げて、自分たちの長期の関係にもち込む人もいる。そのような婚外セックスの例は、三角関係（3P）、夫婦交換、開放的夫婦関係（open relationship）である。

三角関係では、カップルは、第三者の人をベッドに参加するように誘う。夫婦交換では、カップルは、レクリエーション活動としてほかのカップルとセックスをする。開放的夫婦関係では、婚外セックスが、ある合意した規則のもとで許される。その規則は、カップルによって大きく異なる。あるカップルにとっては、規則は、街の外のときのみOKである。別のカップルにとっては、けっして朝まではいっしょに過ごさないという条件である。エイズの広がりにともなって、もうひとつ規則が加わった。「いつもコンドームを使う安全なセックスをせよ」。あるカップルにとって、その規則は、毎火曜日と木曜日の晩には、妻は愛人を自分の家につれてくる、一方夫は、自分の愛人のところに泊まりに行く。そのような協定がねらっているのは婚外の人との情緒的かかわりを最小限にすることである。しかしながら、感情を抑制しておくことは容易ではない。しばしば、カップルは婚外関係があまりにつらいので、開放的関係を「閉鎖する」ことを選ぶようになる。

ケリスタ・ヴィレッジというサンフランシスコにある生活共同体は、親密な関係におけるセックスを刺激的にするために、特別の方法を開発した。ケリスタの人数は、大人一九人であるが、二〇年以上いっしょに生活している。彼らは、あらかじめ決めたスケジュール表にしたがって、毎晩いっしょに寝る相手を変える。寝る異性をローテーションにする。ケリスタの人たちは次のように主張する。この組み合わせ方は、高いレベルの性的変化を保証する。このローテーションを守らないと、必ず信頼と安全が失われる。実際には彼ら一九人には子どもが二人いる。いまは一〇代になっているが、共同の親制を取って育てている。

ほかの文化では、セックスを刺激的にする方法が異なる。たとえば、正統派ユダヤ教徒は部分的禁欲を実践しなければならない。貞節律法により、女性の生理の間および生理後一週間は、性交が禁止される。セックスは月に約二週間だけ許される。禁欲の強制により、性交は退屈な行為ではないのだと、正統派ユダヤ教徒のカップルに私は教えられた。

「禁欲は情熱を強める」。この極端な形態は、一一世紀の宮廷の恋である。貴族社会の宮廷の恋は、吟遊詩人によって理想化されているが、男性と女性の間の高まった情熱が床入りを果たさないでいることを必要とした。達成されない、満足されていない欲望だけが、情熱に油を注ぐことができ、かつ、究極の高さまで高めることができると信じられていた。彼らの伝説では、床入りを果たしてしまった恋は、ランスロットとグイネヴィア（アーサ王伝説のなかで二人は道ならぬ恋をした）の恋あるいはトリスタンとイゾルデの恋のように、常に大悲劇で終わった。

開放的結婚、性的に自由な共同体、正統派ユダヤ教、および吟遊詩人がうたっている方法は、疑いもなく、正常な結婚生活のためにはかなりかけ離れた処方箋であるように思える。ほとんどのカップルおよびほとんどのカップルセラピストは、自分が愛する人と、自分が人生をいっしょに過ごすことを計画している人と、情熱的な性的関係をもつことを好むだろう。そして禁欲の強制や開放的夫婦関係、あるいは不倫の恋に助けを求めないであろう。

現代の西洋文化では、性的魅力は恋愛の非常にたいせつな要素である。マスコミは、われわれの文化的価値観を反映し、かつ、われわれに対する強力な社会化の影響力として作用している。そのマスコミは、われわれに恋愛のイメージを提供し、その中身はとてもエロチックなものである。今日ほとんどの人は、性的に魅力がない人と恋をすることを想像することはむずかしい。ほとんどの女性は、男性と同じく、恋をしている人とセックスをするときが一番興奮するということがわかっている。

セックスと恋のこの関係は、われわれにはごく自然で必要であるように思えるが、この関係が現実になったのはごく最近である。セックスが重要である多くの文化や社会組織はあった。しかしそこでは、恋愛は全然重要ではなかった。このような文化では、人々は、愛なしでセックスをし、おそらくはほとんどの人がそれを楽しんだ。そして愛なしのセックスを正常な自然なものとみた。たとえば、ギリシャの学者や芸術家にとって、真の愛は、男性の間での み可能であった。なぜなら、そのセックスなしの愛だけが精神的であり得るからである。女性とのセックスは生殖のためであり、したがって、真の愛と結びつかなかった。

われわれの文化では、バースコントロール（避妊）が生殖の領域からセックスを切り離した。ほとんどの女性は、多くの男性と同じように、愛なしのセックスは何か重要なものが抜けていると感じる。彼女たちはセックスが生物的機能だけであってほしくない。セックスは、愛の表現であってほしいし、精神的意味をもってほしい。アーネスト・ベッカーは、『死の否定』において、セックスは人間の「動物的性質」の一部であると主張する。人間は常に動物的性質を克服しようと努力してきた。なぜなら動物的性質は死を免れない肉体の一部であるからである。「セックスは肉体の一部であり、肉体は死の一部である」とベッカーは書いている。[13]

ギリシャ神話においてまた、エロス（恋愛の神）とタナトス（死を擬人化した神）は、分離することができない。死はセックスと双子の兄弟である。セックスを恋愛の定義から除外する人は、人間の肉体の現実とその動物的性質を否定する人である。セックスを恋愛から除外する理由は、そしてこのようなアプローチが魅力がある理由は、肉体の究極的な死ぬべき性質を否定するからである。

そのいい例は、スコット・ペックのベストセラーの『愛と心理療法』である。この本で、ペックは、性的魅力は真の愛の要素ではない、恋をすることは、人（男？）をわなにかけ、結婚させる自然な方法である、恋愛は大きな嘘である、と主張する。ペックは、「真の愛」を恋愛とは非常に異なる経験と規定する。真の愛は、意識的な「意志の行為」であり、「心身機能の制御」である。かくして、彼は「真の愛」を肉体の領域から全面的に取り除き、精神の領域に入れることに成功した。❤153

ペックのセックスへの嫌悪は理解できる。セックスは低次の機能であり、精神的愛は高次の機能である。しかしながら、恋愛中の人はそのような区別をしない。夢中になっているとき（ペックの辞書では悪いことばであるが）、恋人たちは、愛する人とのセックスを、生物的機能からきずなという精神的行為にまで、「性交」から「愛を交わす行為」まで、高めたのである。

感情の高まりの役割

人は、恋をすると、感情的にも性的にも高まる。感情的愛着と性的愛着との結びつきは驚くことではない。この二つは、赤ちゃんではいっしょになっていて、成長するにつれて分かれる。さらにわれわれは、恋をすると、内面で性的に高まっていくと、思うようになっている。性的覚醒（性的高まり）ははっきりした生理的基礎があり、身体的覚醒あるいは情動的覚醒に影響するし、影響される。三〇代半ばの魅力的な女性、リリアンは、結婚して一〇年になるが、次のように述べている。

問題の症状は、紛れもなく、寝室で現われました。私はもはやデイブに性的魅力を感じなくなりました。デイブは私に魅力を感じているといいます。セックスに情熱をもてなくなったのは私のほうで、彼のほうではないのですが、彼の性愛行為のやり方はマンネリで控えめであるので、私はたぶん二人とも性愛の情熱がなくなっていると考えるようになりました。性愛行為についての彼の自発性、頻度、やさしさ、あるいは思いやりには私はまったく不満をもっていません。私がいいたいのは、変化、興奮、喜びがないことです。私は、これらの要素を取り入れるために、私自身何もしていません。というのは、私はデイブとのセックスに、何の情熱も魅力も感じていないからです。情熱は、二人の間の巡回路においてのみ、存在すると思います。私たちは、情熱を感じたいのだけれども、感じていないのだと私は思います。結婚して一〇年以上たっても性愛の情熱を期待するのはまちがっているのでしょうか。もしまちがっているのなら、結婚を続けるために、性愛の情熱をもつのをあきらめるべきでしょうか。

本章で、私は、デイブとリリアンのケースを詳しく述べるが、この時点でも、二人は、背景、態度、性格の点から、おそらくつりあっていると考えられる。二人は互いの理想の異性像にも合っていると考えられる。二人はなお愛し合っているし、結婚生活に心を注いでいる。そして結婚初期の興奮するセックスをもう一度いっしょにつくり上げたいと思っている。別れることは二人とも考えていない。「デイブなしの人生を考えたとき、私は身が縮む思いをしました」とリリアンはいっている。

夢中になっているときはあったが、結婚生活でしだいに失われていくように思われることは、感情的高まりである。その感情的高まりは、恋愛関係の新鮮さ、相手の愛の不確かさ、自分の欲求や夢にぴったり合った人を見つけた興奮から生じる。

結婚して一〇年もたつと、二人の関係は新しくはない。結婚生活に心を注いできたので、不確かさや不安定さはなくなっている。最も重要なことは、おそらくは、（宮廷の恋人たちはよく知っている事実であるが）いったん欲求が充足されると、その欲求は弱くなっていくという事実である。そしてある欲求が満たされると、ほかの欲求が現われる。リリアンはその過程を次のように述べている。

たぶん、私は、いまは、一〇年以上前恋をしていた人と同じ人ではありません。デイブのしっかりした愛のもとで花が咲き成長しました。もちろん、私は、デイブに初めて会ったときもっていた欲求とはたいへん異なる欲求をいまはもっています。一〇年前は、私は彼の養育と愛をとても必要としていましたので、ほかの欲求には気づいていませんでした。デイブは私の願いすべてに答えてくれました。

リリアンが実際にいっているのであるが、彼女は、デイブの愛が彼女の人生に充実感をあたえてくれることを期待した。事実デイブは彼女に充実感をあたえてくれたが、ほんのひとときであった。愛と燃えつきのモデル（57ページを参照）で示したように、期待はいったん達成されると、再定義・変更されないかぎり、よどみ、失望、愛の腐食、そしてついには燃えつきにいたってしまう。リリアンの養育と安定に対する欲求が満たされると、次には、情熱的なセックスへの欲求に置き換わっていった。リリアンはいう。

子どもはいなくて仕事はうまくいっている、三五歳の女性として、情熱的なセックスは私にとって以前よりもずっと重要になっています。私は仕事を軌道に乗せるために働いているのではありません。仕事は楽しんでおり成功していると思います。いま私は女性が性のピークに達する年齢になっていると思います。たぶんそんなわけで私は、以前はそうではなかったのに、いまは情熱的なセックスを求めています。

リリアンは夫とのセックスに対する不満と退屈からついに不倫の恋へ走った。リリアンはいう。

六か月前私はほかの男性とかかわりました。彼は私のなかにある感情を引き起こしましたが、私が感じることができたかどうかはわかりません。何年もの間、私はあまり性的な人間ではないと思っていました。夫と私は、結婚前および結婚後まもなくは、とても刺激的なセックスをしましたが、少なくともここ三年間は情熱的なセックスはしていません。私の不倫の恋は、知らない風変わりな男の人とでした。いまは、興味もなく、会いたい気持ちもありませんが、そのときは、ある強力な感情を私のなかに引き起こしました。私が不倫の恋をしているという事実を隠せないほどでした。私の不謹慎な行為のため、デイブは疑いをもちました。とうとう私は婚外セックスをすべて彼に話しました。

デイブは心の底まで傷つきました。私に対する彼の無限の信頼はくずれました。彼は人を信頼する力がなくなったといいました。私と離婚し信頼できるほかの女性を見つけようとすることはいまの彼にはできませんでした。なぜなら、彼はほかの人を信頼する力がなくなってしまったからです。彼が愛し完全に信頼していた私が、彼をあんなふうに裏切ったのですから、ほかの人はいつでも裏切るだろうとデイブは考えるからです。私がデイブを失いそうになったとき、私の心は、彼のほうに強力に戻っていきました。もはや私はあの男性のことやあの不倫の恋を思ったりはしなくて、私が愛する男性すなわち私の夫に、私があたえたダメージを修復することだけを思いました。夫の愛と信頼を取り戻すために……私がこわしたきずなを回復するために、必要であるなら、これからの一〇年間ひざまずいて彼の足にキスしようと思いました。

不倫の恋および裏切りをデイブが発見したことは、リリアンに、結婚があたえる意味感覚を思い出させただけではなく、また、それ自体、彼女の感情を高める結果になった。リリアンは次のようにいう。

まちがいを正して、これから正しい妻の道を歩もうとする私の強い想い、私に対する彼の愛と欲求、彼に対する私の愛についての彼の認知によって、彼は、もう一度私にチャンスをあたえようと決心しました。私は、私があたえたデイブの心の傷をいやし、ダメージを修復しようと思い、また、これまでの人生でずっと私が愛してきてそしてなお愛している男性を失いたくないと思いました。そういう感情すべてが、性的欲望と情熱を湧き立てました。私は、すべてが回復したと思いました。

不倫の余波の間に、リリアンとデイブは、初めて、彼らの性生活のよどみについて語ってくれた。リリアンはいった。

私がデイブにあたえたダメージを修復したい、デイブの信頼を取り戻したいとの熱い想いをいだいているとき、私たちは、不倫に私を走らせたセックスのよどみについて話し合いました。デイブはいいました。私はセックスが退屈だと彼に話すべきだった、私たちは、私たちの間のセックスをもう一度刺激的にする方法を見つけるべきだったと。セックスを刺激的にするには、時間と注意とコミュニケーションが必要だと彼はいいました。私がセックスにあまり興味をもっていなかったことに彼は気がついていたといいました。そのことに彼は悩んでいたが、私をとても愛していたので、私たちの結婚生活を続けるために、あえて情熱的なセックスを犠牲にしたのでした。私たちがこれまでにしてきたことすべてにくらべれば、情熱的なセックスの重みは小さいと彼は考えていました。情熱的なセックスがないために、私のなかで飢えが大きくなり、ついに、私が不倫の恋に走る結果になりました。そういうことを私たちのどちらも気づいていませんでした。しかし、いまは、私たちはわかりましたので、二人とも、私たちのセックスをよいものにするためにくふうしはじめました。私たちが取った方法は次のとおりです。

・かたすぎるベッドをやわらかくするために、気泡の敷き物を下に入れました。

・セックスの途中でペッサリーを入れなくていいように、IUD（子宮内避妊器具）を入れました。

・彼の息がときどき臭いので私はセックスが白けてしまうと彼にいいました。ある食べ物がこの問題の原因になっていることがわかってそれを除きましたら、九〇％成功しました。

「息が臭い」問題に取り組んでいて明らかになったことは、リリアンとデイブの間のコミュニケーションに問題があることだった。リリアンは次のようにいっている。

私が彼の感情を傷つけることを恐れて彼の息が臭いことを彼にいわなかったことを、彼は怒りました。事実、息が臭いといったことは彼の感情を傷つけませんでした。彼はこの問題をほかの問題と同じように受けとめました。問題の原因がどこにあるかをはっきりさせ、解決に向かいました。もし彼が私の息について不満をいったら、私自身はパニックになるでしょう。そんなわけで私は数年間何もいわなかったのです。私たちはさらに次のような方法をくふうしました。

私たちはときどき夜遅くではなく、セックスをするようにしました。夜遅くではあまりに疲れていて意欲が湧きません。私たちは、昼間か朝早く、するようにしました。

私たちは刺激的なセックスのオモチャを探しに、大人のオモチャの店に行きました。しかし新しいものは何もみつかりませんでした。

私たちは親密感を増すために、性器セックスをあまりしなくて（性器セックスは私たちがしていたパターンでした）オーラルセックスをずっとします。枕の位置をくふうすることによって、オーラルの刺激や指の刺激がなくても、オルガスムスを感じることができました。

しばしばあることであるが、不幸にも、テクニックの改善は、感情の高まりを新しくすることにおいてのみ効果があった。リリアンの婚外セックスによって一時的に生じた感情の高まりが消えると、セックステクニックの改善はセックスの情熱を維持することができなかった。リリアンはいっている。

これらの方法はすべてはじめは成功したように思いました。私たちの性生活は重要な改善をしました。私の情欲と結びついたとき、これらの方法は効果があると思いました。しかし私たちの間のセックスは、また、私にとって退屈なものになりました。デイブが退屈に感じているかどうか私はわかりません。彼はよかったよとリップサービスをしてくれますが、彼の性行為は私に対する情熱よりもテクニックを示しています。

葛藤の解決による感情の高まり

感情の高まりは、長い夫婦関係において、どのように生じさせ、維持されていくのであろうか。ひとつの興味ある回答は、ジョーダン・ポールとマーガレット・ポール夫妻が示したものであるが、夫婦の間に葛藤が生じたとき、隠さずに、非防衛的方法で葛藤を解決することである。[152] 一般的にいって、夫婦でも、明らかに二人は同じ人ではなく、異なっており、そして同じ現実でも異なって見るので、葛藤は当然避けられない。ポール夫妻やカップルセラピストによると、葛藤そのものが夫婦関係の問題を起こすことはまれで、むしろ、夫婦がその葛藤にどう取り組むか、その取り組み方が問題を起こす。カップルセラピストのダン・ワイルは、問題をめぐって夫婦関係ができあがっていくと述べている。[222、223]

ポール夫妻は、葛藤に対するすべての反応は大きく二つに分類することができるといっている。ひとつは、防御反応であり、もうひとつは学習反応である。人は、自分を防衛しようとするとき、次の三つの方法のどれかで防御する。表面的応諾（葛藤を避けるために、あきらめて表面的に従うこと）、コントロール（相手の心や行動を変えようとすること）、無視（葛藤を無視すること）。二人とも防御するとき、ポール夫妻がいうところの、「防御的悪循環」をつくる。たとえば、片方の配偶者が常にコントロールするともう一方は常に表面的に従う、あるいは、二人とも葛藤を無視する、あるいは二人とも同時に相手をコントロールしようとする。このような悪循環はコミュニケーションの問題、精神的孤立、けんか腰の議論および気乗りのしないセックスの原因となる。

葛藤が生じたとき、葛藤に対する反応として学習しようとするには、夫婦二人とも隠し立てをせず防御せず生きようとする自発性を必要とする。これは、けっしてやさしいことではない。学習しようとすると、相互探究と相互発見を刺激的に促進する。探究の過程ではどんな葛藤でも探究のために使用する。そしてその葛藤に関して次のような質問に向き合わねばならない。私の配偶者がそれをしたのはどんな理由であったからか。問題の生起には私はどんな役割を果たしたのか。配偶者の行動を私はどのように感じているのか。なぜそう感じるのか。子どものときのどのような恐怖、内面化した価値観、無意識の期待が私の行動の引き金になっているのか。私の行動がどのように私の配偶者に影響しているのか。なぜそうなのか。私の行動が夫婦関係に及ぼした結果はどのようであるのか。このような探索の過程は痛みと恐怖をつくり出す。とくに、話し合っている問題が微妙であるときは、そうである。しかし、最終的には探究がつくり出す感情は愛と情熱である。ポール夫妻は次のように述べている。

> 私たちは痛みを分かち合うときは、防衛の重しがとれます。すると心が軽くなり率直になれます。配偶者が愛情あふれる存在であることがわかります。できるだけ親密になりたいし、ひとつになりたいし、配偶者の内面に存在したいです。私たちの全存在は愛情の強さにともなって生き生きしてきます。[152]

微妙な問題での葛藤についての相互探究は、プラスの効果があると私はいいたい。なぜなら、感情的に高まるからである。生じた感情的高まりはセックスを強めるし若返らせる。ポール夫妻は次のようにいっている。

> 長期の夫婦関係において、強いセックスはパートナーの問題を分かち合い、探究し続ける場合のみ持続するであろう。各パートナーが防御しはじめたら、愛の感情や情熱は消えていくだろう。セックスの身体面だけではセックスを刺激的にすることはできない。いかにテクニックがうまくても、いかにパートナーが美しくても、肉体がすばらしくても。情緒的親密さなしでは、セックスは、結局、退屈に

なり、回数が少なくなり、ついにはしなくなる。[152]

リリアンとデイブが自分たちの問題について「探索」をはじめたとき、リリアンは数年間デイブに対して怒りの感情をもっていた。しかし、その怒りの感情を直接表現することはたいへんよくないと思いがまんしていたことをデイブは発見した。もし彼女が失望と怒りの感情を包み隠さず表現したら、何か恐ろしいことが起こるだろう、すなわち、デイブはとても怒って彼女から去っていくであろう、すると彼女の全世界は崩壊するだろう、と彼女は思ったのだ。デイブは何かがおかしいとは気づいていた、しかしその問題には真正面から取り組まないようにしていた。ポールのことばでいうと、リリアンとデイブは「防御の悪循環」をつくっていた。そしてその悪循環のなかで、二人ともその葛藤を無視していた。

デイブとリリアンが初めて会ったとき、リリアンは経済的に不安定な生活をしていて、とても不安だった。彼女は、デイブのたくましさ、経済的安定性、および自信に強く惹かれた。デイブはというと、彼は、リリアンのエネルギッシュなところと彼への強い依存心に惹かれた。二人の結婚は、二人のロマンチックな理想を実現した。結婚して最初の一年は、デイブは安定した一家の稼ぎ手であり、リリアンのよき扶養者であった。お陰で、リリアンは大学へ戻ることができ、学位を取得した。しかしながら、六年して、デイブは、決心して、経済的に安定した仕事をやめ、株屋になった。それは、リリアンが「投機的でいい仕事ではない」と思っている仕事だった。デイブが株屋になってまもなく、株式市場は暴落した。したがって、二人の生活費は、リリアンの月給がたよりだった。この間ずっとリリアンはデイブに「大丈夫よ」といっていた。デイブの感情を傷つけないためにそういっていただけで、本当はリリアンは全然大丈夫ではないと思っていた。リリアンは次のようにいった。

デイブの仕事はうまくいっていませんでした。過去四年間私は、ずっと一家の稼ぎ手でした。デイブは高収入を得ようとしました。実際にかなりいい収入を得た年もありましたが、四年間で合計約四万ドルしか稼げませんでした。デイブがお金を儲けても、私たちのどちらも、お金を自由に使うことができると思ったことはありません。なぜなら、いつ彼がまたお金が入り用になるかわからなかったからです。株屋であることは、とくに株式市場がふるわないときには、とてもストレスがあります。デイブはたいへん努力したし、とてもストレスを受けましたが、ほとんど見返りがありませんでした。

リリアンは、デイブの「失敗」と認知したものが、株式市況がずっと悪かったせいで、デイブの固有の資質のなさのせいではないことは理解していた。それでも彼女は彼の「失敗」に大きく衝撃を受けていた。それは子どものときの恐怖と経済的不安定さを思い起こさせたからである。リリアンの子どものときの恐怖と経済的不安定さは、彼女の父親が事業に完全に失敗した事実と、少なくともある程度は、関連していた。リリアンの、デイブおよび結婚生活に対する経済的安定性の感情（信頼感）は揺さぶられ、それにともなって結婚生活が彼女にあたえている充実感が揺さぶられた。この経験は彼女の性的感情に注目すべき影響を及ぼした。リリアンはこう述べた。

私のなかの性役割についての考えは、男性は女性である私よりも強くてしっかりしていて経済的に成功していてほしいということです。心のなかで私は、大きな、力のある、成功している男性に保護されているやさしい、魅力のある、かわいい女の子でありたいと思います。その男性は私を大事にし、私を力強く、自信をもって、確実に支えてくれてほしいと思います。私は、デイブが妻に貞節であることを期待するのとまったく同じように、夫に仕事で成功することを期待します。私たちは二人とも相手に失望しています。私は夫の仕事の成功を私の愛情の条件に意識的にはしていませんが、感情のレベルでは、きっと、彼に深い失望を感じていると思います。この失望が、私が性欲がないことの背後にあるかもしれません。デイブの私への経済的依存は、私の怒りと失望の最重要点です。男性は仕事で成功するべきです。私の父は失敗しました。失敗に関する問題全体がたくさんの情動的エネルギーを使わせます。

明らかに、デイブの仕事の失敗はリリアンの理想の異性像を失望させた。その失望の影響がリリアンの性的感情に具体的に現われた。リリアンは次のように述べた。

また、身長の問題があります。デイブは男性としては比較的低く、五フィート五インチです。私は五フィートです。彼はまたたいへんやせています。私もかなりやせていますが、彼よりは少し肉がついています。私は以前にはこんなことを考えたことがありません。最近は私は男性に体の大きさをとても求めるようになりました。デイブは性的能力がすばらしくあります。ほかのどの男性よりも私を満足させてくれます。しかし、体の大きさと重さの点で私は最近彼に不満をもつようになりました。近ごろはセックスをするとき私の体の上に大きさと力をとても求めます。私の腕が彼のやせた体のまわりにたやすく回るので私はだまされた感じがします。私のかわいさに熱狂し、興奮する、体の大きい、力強い、情熱的な男性に私が圧倒される若い小娘のように感じたいときに、私は自分を、彼を保護する母親、あるいは仲間、あるいは介護者のように感じてしまいます。

デイブに対するリリアンの失望は彼女の理想の異性像に悪影響を及ぼした。リリアンは次のようにいった。

なぜ私は、一〇年以上も結婚生活を送ったあと、突然、デイブのやせた体と背の低さに失望したのかしら。私は以前は、私の背丈にあっている彼を愛していました。彼が私を圧倒しないのが好きでした。私は自分の資質によって世のなかで自分自身を表現し自信を得ようと努力してきました。自己中心的な男性たちに圧倒されることにはうんざりしていました。デイブは私がいままでに会ったなかで最も思いやりがあり、愛情深く、気前がよく、すばらしい男性でしたし、いまもそうです。私は、以前は、デイブの体を愛していました。彼の体は、以前と一ポンドあるいは一インチも変わっていません。どこで私は変わってしまったのでしょうか。どうして私は変わってしまったのでしょうか。

彼の体についての失望は、彼の仕事の失敗による失望が原因でしょうか。私は彼の体の小ささと彼の収入の少なさとを混同しているのでしょうか。彼の仕事についての失望は、デイブが新しい仕事で成功したら、なくなっていくのでしょうか。そうしたらまた、性的興奮が二人の間に戻るのでしょうか。

リリアンはより大きな枠組みで彼女の充実感に関係するほかの問題を調べはじめた。リリアンは次のようにいった。

私はちょうど中年の危機にさしかかっているのでしょうか。結婚前は経験しなかった楽しみ、デート、刺激的な性的出会いを求めているのでしょうか。あるいは私は子どもをつくらないことにしたマイナス面を経験しているのでしょうか。空虚感、人生における前進の欠如、私たち二人にとって有意義である大きな企画にデイブと私がいっしょに参加する機会がないことを実感しています。あるいは私たちは基本的興味・関心を共有していないマイナス面を経験しているのでしょうか。デイブは戸外で活動することが好きな人です。一方、私は、室内で肱掛椅子に腰掛けて思索するのが好きです。たぶん私たちは、自分の基本的な、興味あることを別々に追究することをせずに、それぞれ自分を抑えてきました。相手に絶望的にしがみつきながら、たぶん、私たちは、自分自身も相手も失いつつあります。

「空虚感」、「人生における前進の欠如」、「共有の有意義な、大きな企画の欠如」はすべて、リリアンの結婚生活における「実存的」失望の現われであった。しかし、結婚生活における興奮、成長、充実感の欠如、および成長しない翼のせいで、お互いへの強いかかわりおよび根を大きくすることをもとめた。リリアンは次のようにいった。

私たちは、硬直して退屈であるのにお互いに相手にしがみつきつづけるのでしょうか。相手を失うことがあまりにこわくて、恐怖や失望感を口に出すことができないのでしょうか。恐怖や失望感のゆえに私たちは情熱的な経験ができなくなっています。私たちは痛みを感じても、愛あるコミュニケーションをとおして、壁を破り、愛と成長の欲求を息づかせることができるでしょうか。

私はデイブの仕事の失敗に焦点を合わせて、デイブが、株屋としての自分の仕事について、リリアンの否定的評価を理解していないことを強調する必要があった。デイブは、聡明で、エネルギッシュで、情緒が安定している、好人物だが、自分がたくさん金を儲けたことおよびこれからもそれはバラ色で続くと話した。

前に述べたように、リリアンは、激怒と強い失望にもかかわらず、なお、結婚生活が彼女にあたえた経済的安定を高く評価していたし、デイブなしの人生は考えることができなかった。彼女は彼女の否定的感情を率直に表現したら、デイブがするかもしれないことを恐れていた。そこで彼女はその感情を抑圧した。しかし感情を選択して抑圧することは不可能であった。いったんその感情を抑えると、すべての感情を抑えてしまう。したがって、怒りを抑圧したことによって、リリアンは、デイブに対する愛や情熱の感情も抑圧した。デイブは、株屋としての失敗を認めない一方で、やはり、経済的将来について心配していた。彼は、リリアンに経済的不安定さについての自分の恐怖や無力感を隠しておきたかった。彼は恐怖や無力感がリリアンの収入に「男性的ではない」依存をしていることによって生じていることはわかっていた。しかしデイブはこのような感情を自分自身に対しても認めることができなかった。そこで彼はこれらの感情を抑圧した。そしてリリアンに対する愛や情熱の感情もいっしょに抑圧した。

デイブとリリアンがこれらの、強く感じてはいるがまだ表現していない感情すべてを話し合い出したとき、まず、二人の間の葛藤の最も明白な問題――リリアンの不倫の恋――に話をしぼり、いくつかの興味あることを発見した。リリアンはいった。

私の不倫の恋は、私が衝動を抑制できなかったこととしてよりも、デイブへのコミュニケーションとして見る必要があると思います。私は、不倫の恋をすることによって、そしてまたその恋を明るみに出すことによって、私がデイブに対して何を感じているのか、何を彼に伝えようとしているのかを見る必要があります。あきらかに、不倫の恋は、不倫の相手に私が何を感じていたかよりも、デイブに対して私が何を感じていたかに関係しています。とくにもう不倫の相手にはまったく興味がありませんので。いまはもう私は不倫の行動はしていませんので、デイブに対する感情だけが表面に現われています。私は私自身が婚外恋愛を経験したことを許してはいません。たぶん婚外恋愛はデイブに対する私の否定的感情を意識しないための一方法であったのだと思います。なぜなら、デイブに対する感情は、とても恐ろしい感情であるからです。私は、怒り、恨み、失望、不安、恐怖を経験しました。私は、婚外恋愛を、これらの感情を経験しなくてすむようにするためのひとつの方法であったと、見はじめています。

涙を流しとても感情的な場面で、リリアンとデイブが心を打ち明け彼らの感情すべてを話し合ったとき、二人はとても救われた気持ちになった。リリアンは、彼女の「デイブに対する恐ろしい感情」にもかかわらず、デイブがなお彼女を愛していることを発見した。リリアンをずっと苦しめてきたものが何であったかをデイブは見いだして、実際に、喜んでいた。デイブは、彼の「男性的ではない」彼女への依存感情があっても、リリアンの彼に対する愛は変わっていないことを発見した。安堵した気持ちにともなって、二人の結婚はどんなに重要であったか、二人の人生において結婚はどんなに意味があったかを、もう一度、確認し、二人は興奮した。この確認、自覚にともなって、以前の情熱が強力に戻ってきた。「セックスがとてもよくなりました」と二人はあとで私に報告してくれました。

デイブとリリアンはお金という微妙な問題に真正面から取り組み、二人にとってよい解決法を考え出すことができた。二人は彼らの家の一室を人に貸し、毎月の収入を増やした。これによって、リリアンは仕事を減らすことができた。彼女はずっと仕事を減らしたいと思っていたが、経済的な義務のためこれまではできなかったのである。お金の問題が解決したあとでも、デイブとリリアンは、意識的に努力して、隠し立てをせず、防衛的にならないようにして、二人の葛藤を処理していった。微妙な大事な問題を話し合って解決することによって、結婚生活における高いレベルの感情的高まりが持続した。そしてセックスの情熱が生き生きし続けた。

嫉妬による感情の高まり

夫婦の間に生じた葛藤を率直に正直に話し合う効果を示したが、リリアンとデイブのケースは嫉妬が感情を高める力があることを例証している。嫉妬とは、たいせつな二人の関係をおびやかすと気づいたときの防御反応である。あなたの配偶者が不倫の恋をしていても、あなたが自我への脅威あるいは二人の関係への脅威と認知しないなら、嫉妬は起こらないであろう。あなたが配偶者を愛していないなら、そしてもはや二人の関係をたいせつに思っていないなら、ほとんど嫉妬しないであろう。しかしながら、あなたが二人の関係をたいせつに思い自我に大きく関与しているなら、あなたの配偶者がほかの人とかかわっているのを脅威と感じ、嫉妬するであろう。

嫉妬は人を駆り立て、嫉妬していなかったらけっしてしなかったであろうことをさせてしまう。ある男性は嫉妬に駆られて恋人をひそかに探りはじめた。ある晩、凍りつくような寒さのなかで、何時間も彼女の部屋の窓の下の植え込みのなかに隠れていた。彼がそのことを私に話したとき、彼は自分自身が信じられないようであった。「私は情緒が安定している、適応しやすい人間です。私に何が起こっているのかわかりません。私はいままでの生涯でこんな常軌を逸したことをしたことがありません」と彼はいった。また、ある女性は、もとの恋人が派手なブロンドの女といっしょにいるのを見たとき、自制心を失った。彼女は彼の帽子（その帽子は彼女が前に彼にあげたものであった）をひっつかみ、彼の股を思い切り蹴り上げた。それから、彼女は彼の車へ走り、なかに入りロックした。「車のなかでハーハー息をしながら、私はなんと野蛮な女なのだろうと思いました。完全に気が狂ってしまったのかしらと思いました」と彼女は私に語ってくれた。

男女関係の嫉妬はとても痛ましい。私の嫉妬治療集会に参加したある女性は、嫉妬は彼女がこれまでに経験した一番苦しい感情であるといった。「私は嫉妬を抑えようとあらゆる努力をしました。しかし、何も効果がありませんでした。私に残された唯一のことはロボトミー（脳の前頭葉の一部を切断する手術）だけです」。嫉妬の危機のさなかにある人は、しばしば自分は気が狂ってしまうのではないかと思う。ときには嫉妬の結果として極端なことをしてしまう、暴力行為までもしてしまう。

強い嫉妬のとりこになっている人を、たいていの人は、気の毒にと思う。そのいい例は、嫉妬の結果、暴力犯罪をおかしてしまった人への反応である。激情にかられて犯罪をおかしてしまった囚人の心理療法で、私は、人々が（陪審員も）これら犯罪者に対してむしろ寛容であることを発見した。嫉妬からかっと血が上って人を殺してしまった人は人間的であり、許されるように思える。金のために冷血にも殺人をおかした人にくらべれば。私の推測では、人々は嫉妬から罪をおかした人に共感しているように思える。なぜなら人々は犯罪の動機になった強力な嫉妬の感情を理解できるからである。

嫉妬は普遍的であるように思える。嫉妬を非難する文化のなかで暮らしていても嫉妬を経験するし、自分たちは「嫉妬しない」と報告する人々でもある時点では嫉妬を経験していた。進化論者は、嫉妬の普遍性を、嫉妬が果たす役割から説明する。それによると、人間は自分の遺伝子を残すことを確実にするために嫉妬が、ある役割を果たすのである。精神分析者は、嫉妬を、すべての子どもがたどる発達過程から説明する。

嫉妬から大きな苦痛を味わうゆえに、嫉妬がセックスの質に、ときには、プラスに影響するということに注目することは興味あることであろう。ジムとステイシーのケースはそのいい例である。私が二人に出会ったのは「親密な感情」に関する五日間の治療集会であった。ジムはステイシーよりも一五歳年上であった。二人が初めて出会ったのは、雇い主と従業員としてであった。ステイシーはそのあともジムを信頼できる上司として尊敬している。二人が恋愛関係に入ったとき、ジムは離婚して五年たっていたし、また、この五年間に、多くの恋をしていた。一方、ステイシーは数人の男友だちがいたが、まだ処女であった。年齢と性経験の差は、少なくともジムにとっては、問題であった。ジムにとってセックスは退屈なことになっていたと彼はいった。彼はステイシーを愛したし、こんな若くて美しい女性が彼と恋をしているということに有頂天になった。そして彼は二人の関係に心を注いだが、ステイシーが性経験がないことが二人の恋愛生活を刺激のないものにしていると彼は述べた。それゆえに、彼は、前の女性友だちの何人かに会いたくなった。ジムはステイシーにほかの男性とセックスをするようにすすめた。その経験は彼にとっても二人の関係にとってもよい結果となるだろうと彼はいった。それは彼女が性的に洗練されるのに役立つだろうと彼は主張した。ステイシーはというと、彼女は、ジムの以前の友だちにとても嫉妬し、彼女らに劣等感を覚えた。ステイシーはとても魅力的でほかの男性とデートする機会があったが、彼女はほかのだれにも興味がなかった。ステイシーはジムとの一対一の関係が一番幸せであるといった。ジムが彼女とセックスをすることはあまり刺激的でないと考えていることを知って、ステイシーはとても心を痛めた。

治療集会の初日、グループの注意は、何度もステイシーの「嫉妬」と「不安」に集まった。そのたびに、ジムは、「ステイシーの問題」をとてもよく理解していた。そのあと、ある晴れた日の午後、事態をかなり変える出来事が起こった。特別の会のあと、ステイシーはグループの魅力的な男性に慰めを受けていた。この男性はステイシーに惹かれていると何回もいっていた。しかし彼女は応じなかった。彼の性的でない彼女を元気づける抱擁はしだいに性的愛撫に変わっていった。二人は「話をする」ため彼の部屋に行き、ついにセックスをしてしまった。性的出会いは自然発生的であったので、二人は避妊具を使わなかった。ジムは激怒した。彼はステイシーとその男がしだいに肉体的に親しくなっていくのがわかっていた。ジムは馬鹿にされ裏切られたと思った。「どうしてそんなことをしたのか」

と彼は詰問した。おもしろいことに、彼の怒りの焦点は、ステイシーがほかの男とセックスしたこと（ジムがステイシーにするようにずっと求めていたことである）ではなくて、彼女の避妊についての不注意であった。「ほかの女性のだれよりも私を傷つけた。私は君を信頼していたのに」とジムはいった。

私はその経験の後始末をしているとき、ジムとステイシーにその経験がプラスになったことはないかどうかたずねた。「その経験のあと私たちがセックスをしたとき、いままでで一番燃え上がったセックスになりました。信じられないほど興奮しました。考えることができないくらいです」とジムがいうのを聞いても、私は驚かなかった。ステイシーは頬を涙でぬらしながら、同意してうなずいた。セックスがそんなに興奮した理由は、もちろん、強い感情の高まりのなかで、セックスをしたからである。ジムとステイシーにとって（デイブとリリアンのケースでもそうであったが）、心を注いでいる関係の安全性が揺るがされたのであった。突然二人の世界の確実性と二人の関係の安定性がおびやかされたのである。嫉妬と関連した感情――喪失と遺棄の恐怖、羨望、はりあう感情、除外される感情、裏切られる感情――が強まった。感情の高まりは性愛の必要条件である。ジムとステイシーのケースはまれではないのである。私は多くの同様のケースをみてきた。それらのケースでは、一方のパートナーが、セックスが退屈になってきたので、二人の関係を開放しようと他方のパートナーに働きかける、そして他方のパートナーが婚外セックスをやりはじめるとショックを受け傷つく。そのショックと傷が、「ある理由」で、二人の性的情熱を回復させる。その理由とは、デイブとリリアンのケースが例証したように、情熱的なセックスは愛よりも感情の高まりに依存しているということだ。愛は、セックスの生物的機能に、より高い実存的意味をあたえるのである。嫉妬の危機によって、二人は、感情的に高まり、刺激的なセックスをする。愛は、セックスにより高い実存的意味をあたえる。そういうわけで、嫉妬のさなかにあるときはだれもセックスが退屈だと不満をいわないのである。

嫉妬が感情を高める効果に注目しても、長期の二人の関係において、性の情熱を生き生きと持続させるために、嫉妬を利用せよと勧告しているのではない。むしろねらっているのは、セックスの強さに及ぼす感情の高まりが負の感情の高まりであっても――その強力な効果を例証することである。

カップルバーンアウトの治療集会に参加した男性二四人と女性三四人に私は質問した。「あなたはパートナーとの関係で、強い嫉妬を経験したのは何回くらいありますか」と。データを分析した結果、強い嫉妬の回数が多ければ多いほど燃えつきのレベルは高くなっている。もちろん、この結果は次のようなことを示していると解釈することは可能であろう。すなわち、嫉妬の感情を隠さずに表わし、事態は悪い方向に進むかもしれないことを恐れない人は、嫉妬を抑え、事態が悪くならないように努力している人にくらべると、燃えつきやすい人である。しかし、治療集会の参加者との話し合いや嫉妬で苦しんでいる人との私の臨床経験からすると、この解釈はあたっていない。たとえこのようなことがあるとしても、右記の結果のごく一部分しか説明していない。

嫉妬はセックスを意欲づける強い効果があるのに、どうして燃えつきを引き起こしてしまうのだろうか。その答えは短期の感情の高まりと長期の感情の高まりの差異と関係している。感情の高まりに対する耐性は個人差が大きいが、ほとんどの人は感情の高まりが短い方がいい。たとえば、ほとんどすべての人は、速く展開する話を聞くことが好きだ。興奮する冒険に参加する。あるいはホラー映画を見る、あるいは速く進むジェットコースター、あるいは情熱的な恋をすることが好きだ。一方、感情の高まりが長期間続くことは、しばしば不快でストレスになる。感情の高まりが極端に長い場合は、身体的、感情的、精神的疲労を引き起こす。こしょうは少しであると、食物に刺激的な味をあたえる。しかし同じこしょうでも、かけすぎると、口のなかがひりひりし、不快になる。

信頼と安定性の強い基礎をもっている関係においては、嫉妬によって、配偶者が自分にとっていかにたいせつな人であるかを意識するようになるし、嫉妬は成長の刺激としても役立つ。毎日のきまりきった生活をしている関係においては、各配偶者は自分のパートナーは大丈夫だと思っているが、嫉妬によって二人の関係が最優先事項であることを意識するようになる。嫉妬によって、カップルは、二人の関係が生活にあたえてきた意味と安定性を意識するようになる。一方、嫉妬がずっと続いている場合、二人の関係の基礎である安定と信頼の基本構造をおびやかす。嫉妬にずっと長期間直面している場合には、身体的にも、精神的にも疲労し、かくして、燃えつきにいたってしまう。

正の感情（たとえば、成功の喜び、解決の喜び）もまた、セックスの意欲を喚起させるということを、ここで述べておいてもいいだろう。身体と心との関係を研究しているスタンリー・ケルマンによると、感情の高まりは、正の感情であっても、負の感情であっても、生理的には、同じ影響がある。[105] このことは、正の感情の経験が負の感情（たとえば嫉妬）の経験と同じように刺激的な影響を及ぼすことを示唆している。正の感情は外部の出来事（たとえば職業上の大きな成功）によっても生じるし、二人の間の出来事によっても生じる。八年間結婚している、ある女性は、次のように述べている。

私は、時どき、たとえばとてもよい会話をしているときとか、突然長い間苦労していた問題の解決法がわかったりしたときとかは、セックスをしたい熱い感情があふれ出ます。私は常にこのような親密さを経験したいと夢見ていました。そして実現したのです。私にとって愛の感情には、とても強い性的意味合いがあります。

期待

カップルが、時とともにセックスの質が悪くなっていくことを語るとき、よく恋のはじめの段階を判断・比較の基準としてもち出す。いまは情熱がなくなっている関係に再び性の情熱を燃やしたいとき、恋のはじめの段階は、二人が戻りたいところである。エレンとアンソニーのケースでも、二人の結婚生活はいまでも生き生きしており、刺激的であるが、二人はこの恋のはじめの段階をなつかしさをもってふり返る。エレンは次のように回想する。

私たちは一晩に五度もセックスをしました。また、日中、私たちのスケジュールが許す限り、何度もセックスをしました。睡眠はほしくなかったし、必要ないように思えました。私たちは情熱的になっていました。一週間休暇をとり、素敵なビーチへ行ったとき、ほとんどの時間セックスをしていました。食べ物を買いに出かけたときも、帰ってきたら、すぐセックスをしました。泳ぎにも行きましたが、帰ってきたら、すぐセックスをしました。少し眠りましたが、起きたらすぐセックスをしました。ほかのことは何もしませんでした。いっしょにいることができる時間は楽しみました。恋の不思議な力がどのくらい続くかわかりませんでしたので、あらゆる可能な時間を利用したかったのです。いまは事態が変わっています。私たち二人ともよく睡眠をとります。セックスは依然として素敵です。しかし以前とはかなり違います。ときには二人とも疲れているので、数日間しないことがあります。セックスをするときは、大きな喜びがあります。生活の瑣事が私たちからこの喜びを奪い取ることをどうしてほうっておくことができるでしょうか。しかしセックスをしようとすると、緊急事態が発生しセックスが重要性の順であとになることがあります。こういうことは、恋のはじめの段階ではけっして起こらなかったでしょうに。

すべてのカップルにとって、恋のはじめの段階は、セックスが、必ずしも、このようにすばらしいものではない。あるカップルは、恋のはじめの段階をふり返ってみたとき、性的情熱の興奮を思い出すことができなくて、むしろ、臆病だったこと、不安だったこと、神経質だったことを思い出す。このようなカップルにとって、セックスの質は、時とともにだんだん悪くなっていくのではなくて、かえってよくなっていく。ミミは、情熱的であったがよくない関係から抜け出して、やや年を取ってから、いまの夫と結婚した。ミミが結婚したのは、情熱的な恋をしたからではなくて、夫を、人生をともにすることができる男性と思ったからであり、幸せになることができると思ったからである。セックスについて彼女は次のように語ってくれた。

セックスが退屈になったと不満をいう人がいますが、彼らが何をいっているのか私にはよくわかりません。私個人にとっては、セックスは以前よりずっとよくなっています。いまはセックスをしているとき、ゆったりして心地よいのです。感じているふりをする必要がありません。私は情緒が安定しているので、してみたいことは何でもしてみることができます。私たちは二人とも自分の体をよく知っていますし、相手の体もよく知っています。どういうふうにして快楽をあたえ、受け取るかを以前よりもよく知っています。

システムアナリストのビルは、自分より一三歳若い女性と二〇年以上結婚しているが、彼にとって、セックスは時とともによくなっていった。ビルは次のように語ってくれた。

私は、結婚する前、長い間独身でした。その独身の間に、刺激的な、普通でない女性たちと何度も激しい情事をしました。しかし、どの女性とも結婚を考えたことはありません。いまの妻とはじめに会ったとき、彼女はいままでの女性とは何かが違っていると思いました。そして私が正しかったことは月日が証明してくれました。結婚生活の間に、セックスははじめのときよりもずっとよくなっていきました。セックスは高価で、複雑な、幾重にもなっている織物みたいなものです。独身のときの情事とは違って、いまは、刺激的なことをしなければいけない圧力は全然感じません。いまは情緒が安定していますので、本当に親密な関係のよさを楽しんでいます。

親密感と安定感の増加がセックスの質に及ぼす影響に加え、配偶者がいだく期待もまた重要な役割を果たす。結婚のはじめにもった期待が非常に高い場合（エレンとアンソニーの場合がそうであるが）、セックスは期待にだんだんそわなくなる。逆に、期待が低い場合（ビルやミミの場合がそうであるが）、セックスは、期待を越えていく傾向がある。これは明白な事実であるが、カップルが、これを考慮することはまずない。

ロマンチックな関係における、セックスについてのカップルの期待を形成する要因を考えると、子どものときの経験、過去の恋愛関係、文化的価値観が大きな影響を及ぼす。恋愛のはじめの段階は、重要ではあるが、要因のひとつにすぎない。われわれの文化では、結婚生活におけるセックスの期待は非常に高い。簡単にいえば、セックスは永遠に刺激的であると期待する。恋愛の初期の夢中になっているときとまったく同じく刺激的であることを期待する。このような非現実的な期待を無批判的に内面化したカップルは、セックスの刺激がだんだん減少していく避けられない事実に、失望、罪悪感、責めの感情をもって、反応する。長期の親密な関係において、セックスの強さが減少していく事実を述べるとき、「避けられない」ということばを使って、私はことがらを受けとめる。そして次のように主張する。ミミという女性は、時とともに彼女の性生活が強さと情熱が増加していったとはいわずに、むしろ、心地よさ、安定、安らぎが増加していったと述べている。彼女にとって性的楽しみがふえていったのである。

セックスに及ぼす文化的価値観の影響は、私の研究によって確かめられている。男女関係のことば（一章を参照）の研究において、私は次のようなことを見いだした。カップルが「愛はよいワインのようなもので、時とともによくなる」と信じていればいるほど、彼らの性生活は悪くなる。もし、時とともによくなっていくと期待していた場合、実際はよくはならなくて、悪くなっていったなら、破滅的になるに違いない。一方、カップルが「運命的な出会い」ということを信じるなら、彼らの性生活はよくなるだろう。自分が特別のユニークな人を選んだと思うと、セックスにその感情的意味をあたえるだろう。

長期の結婚生活におけるセックスの質には何が影響するか

「あなたの親密な関係にある人とのセックスの質はどのようですか」。この質問に対する一〇〇組の既婚のカップルの回答を分析した結果、私は、セックスの質が時とともに下がっていく傾向があることを見いだした。これは、自分たちはとても愛し合っていると述べたカップルでもそうである。

この結果に対するひとつの可能な説明は、セックスは愛よりも生理的欲求の影響を受けるということである。セックスの回数が少ないことは、飢えや渇きと同じように、不快である。人は、刺激的な愛の関係になりたいとき、刺激的な愛の関係であるといいのに、と望む。しかしその望みは同じ程度の身体的不快は引き起こさない。そして食物で考えると、いつも同じ料理はたとえその料理が望んでいる食品（キャビアやシャンパン）を含んでいても、ついには飽きてしまう。すなわち、長期の関係の固有のプロセスに関係している。

もうひとつの可能な説明は、年を取っていく自然のプロセスに関係している。男性は、性欲の強さのピーク（セックスの享受あるいは恋人としての能力の最高点ではないにしても）は、一八歳ごろである。女性はもっと遅く三〇歳ごろである。大多数の人はピークのあと、性欲は下がっていく。カップルが若ければ若いほど、性生活の質はよいということをデータは示しているが、また、子どもが小さかったり、住宅ローンの支払いがあったりすると、年齢よりもそのことがらのストレスがセックスの質に影響する。

説明がどのようであっても、結論は、セックスの質は時とともに下がっていくことは避けられないということであるなら、その場合、セックスが重要な要素である愛の関係の前途はとても暗くなる。性行為の変化は、結局、限られており、ほとんどのカップルにとって性行為は少なくとも一週間に一度はくり返される。一〇年間結婚していて、同じ人とほぼ五〇〇回性行為をしたら、退屈が忍び寄ってくるのはまったく避けられないことだろうか。

必ずしもそうではない。セックスはたんなる生理的欲求ではないので、退屈は避けられないことではない。私の研究ではカップルのセックスの質は、身体的魅力と同じくらい、心理的、知的魅力に関係していた。肉体的魅力は内面化している理想の異性像の影響を受け、もちろん、よいセックスの大きな要素である。しかし、肉体的魅力だけでは、本質的には、長期の関係を持続させることはできない。感情的つながりのないあるいは精神的きずなのないゆきずりのセックスでは、情欲を満たしたあとは、退屈がしばしば訪れる。あるいは、早くその場から抜け出すいいわけをいったりする。三八歳で独身のマークは、彼のゆきずりのセックスを次のように述べている。

> セックスのあと、いったい自分はここで何をしていたのだと考えている自分に気づきます。できるだけ早く、ここを抜け出すよいいいわけを見つけようとします。時には、絶望的になって、いいわけさえ探そうとしません。ただ「行かねばならない」といって、立ち去ります。

肉体的魅力が精神的・知的魅力をともなっている性的出会いは、セックスを、愛を交わす不思議な力に変換する出会いである。ジョエル・ブロックは次のように書いている。

> 思考、感情、欲望の親密な交換がなければ、きわめて熱烈な性的関係でもまもなく枯渇するであろう。性的満足はしばしば二人の非性的満足の程度に対応する。[19]

私の研究では、相手を「自分の人生で一番愛した人」と述べているパートナーはそうでない人よりもよいセックスを報告した。同様に、相手をお互いに「親友」と述べているカップルは、そうでないカップルよりも、よいセックスをしていた。悲しいことに、カップル間のこのような友情は例外のようである。ショーエル・ブロックの、二〇〇〇人以上を対象とした友情についての大規模な研究によると、結婚している回答者の三分の一以上が自分の配偶者を友人とはみていない。同棲しているカップルは、結婚しているカップルほどうまくいっていない[18]。

よいセックスは、二人の間の情緒的なきずなに影響するし、影響される。またよいセックスは、二人の関係の一般的な質に影響するし、影響される。よいセックスは二人の関係をよくするし、よい関係はセックスをよくする。まれには、情緒的なきずなはないがセックスはいい、というカップルがいる。「私たちは話し合うことは何もありませんが、セックスはいまでもいいです。以前ほどではありませんが、いまでもほかのだれよりもいいです」。悪い人間関係においては、セックスは、きわめてしばしば（とくに女性にあっては）歓迎できない出来事とみなされる。あるいは、結婚の特権による気乗りのしない行為とみなされる。以上の結果により、長期の親密な関係におけるセックスの質を改善するためには二つの方法がある。ひとつはセックスを改善することであり、もうひとつは、二人の関係を改善することである。

これまでのセックスセラピストは、二人の知識とテクニックの改善がセックスの質をよくするし、ひいては二人の関係全体をよくすると信じている。問題は、デイブとリリアンがわれわれに示したように、感情の高まりがない場合は、テクニックの改善の効果は一時的であるということである。実際に、一九九〇年代になって、セックスセラピストはその方法をより全体的にとらえる傾向がある。彼らは、セックスの問題を二人の関係の問題ととらえる傾向がある。

ほとんどのカップルセラピストがとっているこの方法は、二人の関係がよくなると、セックスもまたよくなると考えて、夫婦関係を改善しようとする。ルースは怒りが性的感情にどう影響したかを次のように語った。

私は時どき顔が真っ赤になるほど夫に腹を立てます。夫は前の晩に車に乗り、ガソリンを補充しておくのを「忘れた」ので私が車に乗ろうとしたとき、ガス欠で車を使うことができません。夫が小切手をきったのを私にいうのを「忘れた」ので、口座にお金がなくなっていて、私がきった小切手が不渡りとなって戻ってきました。夫は真夜中に突然ミルクを飲みたくなり、子どもの分のミルクを飲んでしまったので、朝、子どもにミルクをあげることができませんでした。私は声を出して泣きたいくらいです。もはや各出来事を別々に考えることはできません。これまでいっしょに暮らしてきた長い年月の間に、このようなことがあまりにも多くありました。彼がやったひとつひとつの私を困惑させた出来事は、彼の自己愛、配慮のなさ、自己中心性をよく物語っています。しかし、私は、私の気持ちを少しも表わすことができません、なぜなら、彼は少しでも批判を受けると、怒り狂うからです。私はとても怒っているのでたとえ私が性的感情をもっても、——性的感情があるのは、たんにセックスをしばらくしていないからなのですが、——怒りと恨みのために、私の性的感情はすぐに萎えてしまいます。以前は私は自分は性欲が強い人間だと思っていました。いまはまったくセックスする気がありません。悪い結婚をしたと思っています。

もしルースと夫がセックスセラピストのところへ行ったら、夫は、おそらく、ルースはぜんぜん性的ではないと不満をいうだろう。自分は正常で、健康で、性欲がある。ルースがセックスに関心がないので、欲求不満である、と。ルースはというと、彼女は、とても怒っているし、恨んでいることを口に出すことができないでいる。「私はとても怒っているので、彼の体を鏡で見ただけでも気分が悪くなるということを、どのようにして彼に話そうか」。そこで、このような状態をどうしたら解決できるであろうか。

答えは、包み隠さず、防衛的にならずに、率直にコミュニケーションをすることである。それは、いい古された月並みな考えじゃないですかといわれるかもしれないが、それでもやはり、コミュニケーションがよいと、セックスの関係もまたよくなることをデータは示している。逆に、リリアンとルースが例証しているように、コミュニケーションが悪いと、セックスは悪くなる。

カップルがセックスについて、包み隠さず、自由に話をすることができるなら、ベッドで二人が何を求めているかがわかるよい機会になる。これに対して、一方が、あるいは二人とも、当惑していてセックスについて話をすることができないなら、わかりあうことはなかなかできない。コミュニケーションはセックスに限られているわけではない。コミュニケーションは、怒り、欲求、不満、イライラを率直に表現することを許容することを含む。それは多くのカップルがなかなかできなくていることであるが。カップルが親友のように話をするとき、小さな憤りが積み重なって、セックスができなくなるまでになることはまずない。

このように隠し立てをしないことによって、カップルはまた、ときには、自分がもっているイメージに自分が矛盾していることに気づくことがある。「性的魅力がある人」でも時には性的興奮をしないことがある。「素敵な恋人」でも時にはセックスをする気になれないことがある。行動の古いパターンやイメージを破ることは、セックスを刺激的にするし、高める。研究が示すところでは、性格が男性的特性と女性的特性との両方をもっていて、それゆえに、行動に柔軟性がある人は、性役割がステレオタイプ（紋切型）である人よりもよいセックスをしている[184]。

隠し立てをしない率直なコミュニケーションは、デイブとリリアンのケースが例証しているように、二人の情緒的性的結びつきの強さを持続させるのに役立つ。なぜなら、そのようなコミュニケーションによって、カップルは、情緒的に重荷になっている、タブーの問題を話し合うことができるからである。情緒的結びつきが強いと、性的興奮を高める。それがセックスをより刺激的にする。

しかしながら、覚醒の一般的レベルを高め、そして性的覚醒を増加させるほかのことがある。それは、前に述べたが、変化である。変化は、実に、性生活の薬味である。カップルの関係において、変化が多ければ多いだけ、カップルは自分の性生活を肯定的に述べる。逆の場合は、退屈がふえ、セックスの質は悪くなる。

ひとりの人との長期の関係において性的変化があるようにすることは可能だろうか。答えはセックスの定義によることがわかっている。もしセックスは性器セックス、すなわち、性交であると定義するなら、答えは「いいえ」である。性器セックスの可能な置き換えの数は限られている。ほとんどのカップルが実施しているセックスの体位の数はさらにかぎられている。

しかしながら、セックスを体全体の経験と定義するなら、その場合は、答えは「はい」である。触る、キスする、愛撫する、ペッティングする、ネッキングする（首に抱きついて愛撫する）、猥談をする、そういう行為の置き換えの数は、実に多い。さらに体全体のセックスは速くても遅くてもいいし、激しくてもゆるやかでもいい。一番大事なことは、オルガスムスで終わらなければならないということではない。セックスがほとんど性器による人は、長期の関係において早くに燃えつきる傾向がある。典型的に、魅力的な新しい人が一番性的に高まる刺激になる。初めての性的出会いの前の気遣いと神秘は、性経験の最も興奮する側面である。ほかのすべてのことは、このことと比較すると、興奮がうすくなる。その興奮は、二人を生き生きさせ、人生を生きる価値があるものにする。そういうわけで、セックスを激しく求める。このような人は、相手の体と性的反応に慣れると、新鮮さが消えていき、それとともに性的興奮も消えていく。退屈が忍び寄り、新しいパートナー探しが始まる。このような人はパートナーと親密な関係を発展させることはまれである。このような人の「親友」は通常性的かかわりのない人である。性行為と親密さの分離は根が深く、その人の分離している異性関係のイメージを反映している。このような人は、それによって情緒が傷つくことに気づいても、生き方を変えることはなかなかできない。

ほかの人にとっては、カップル関係の親密さは、最も報いがあることである。一方、いままでの人でない新しい人とかかわることは、よくない感情、たとえば、不安や当惑を引き起こす。親密さを強調すると、性行為における新鮮さの欲求は小さくなる傾向がある。ノーラ・エフロンはその著『心みだれて』で次のように述べている。

> セックス商品の売場へ行きましたが、たいした発見はありませんでした。それはうそや冗談ではなく本当のことです。私は、時どき、セックスの補助体位の線画がいっぱい載っている本を拾い読みします。立ってセックスするにはどのようにしたらいいか。またスイミングプールでは、床ではどのようにするのか。ベッドがあるとき、なぜ床でセックスをしたいのでしょうか。真実をいえば、ビーチでのセックスでも、私には刺激的ではなくなっています。[58]

「セックスはほとんど性器による人」あるいは「親密さが二人の関係の最も重要な部分である人」についてわれわれが語るとき、こういう人の行動傾向を述べているのである。「それはあの人のやり方である」といわれる行動傾向でも、やはり適切な状況下では変わり得るのだ。例をあげて説明しよう。私はさきに、三八歳の男性であるマークをあげた。彼は、セックスのあと、すぐにその場を離れたい衝動にしばしば駆られた。注目に値することは、マークは、弁護士としてたいへん成功しており、また容姿がよく、自信があり、とても浮気っぽく、そして女性への成功率は高いことであった。マークは、自分自身を、最大四か月しか同じ人とは性関係を続けることができない男と述べていた。四か月過ぎると、飽きてほかの女を探しはじめた。きびしい知人は彼を「女性遍歴者（a vagina tourist)」

とよんだ。マークは短期間の恋愛を専門にし、しばしば一度に数人の女性とつきあった。

マークは、そのような生活をしているある晩、パーティーで彼の理想の女性に出会った。彼はけっして強い魅力を感じたわけではなかったが、固く決心して彼女に迫った。彼は彼女と結婚したかった。彼は彼女に彼の子どもを産んでもらいたかった。彼は自分の残りの人生を彼女と過ごしたかった。セックスは、もはや肉体の欲求ではなくて、愛と親密さの表現であった。彼はほかの女性たちには興味がなかった。彼女には、ほかの男性に会ってほしくなかった。彼女についての彼の興奮は、四か月たっても消えなかっただけでなく、四年結婚生活を送っても消えなかった。

マークを何年も知っており、彼が無謀で、結果を顧みず女性を追いかけつかまえて、そのあとまもなく捨てるのだけを見てきた人たちは、彼の変わりようにびっくりした。マークの両親に会ったことのある数人の知人が述べているのであるが、マークの母親とマークが結婚した美しい女性とは信じられないほどよく似ていた。マークはその美しい女性を何か月か辛抱強く追い続けてやっと結婚できたのであった。「彼の妻は彼の母親を若くしたようなものだ」と知人のひとりはいった。彼の妻も彼の母親もやさしそうで上品な顔をしており、体は小柄で均整がよくとれており、髪は黒く短くて、眼は緑色で、個性的で活発な人であった。二人がよく似ているのは、容姿や性格だけでなく、子どものときの心の傷の再演にまでいたっていた。母親は、しらふのときは、とてもやさしく、よく世話をしてくれた。酒を飲むと、冷たく面倒をみてくれなかった。マークが恋をした女性は、アメリカ南部の彼女の家族にとても愛着をもっていた。彼女は、マークといっしょにいるときは、温かくやさしかった。彼女が郷里へ帰ったときは、マークは、彼女から面倒を見てもらえず、彼女に遺棄され、拒否されている想いがした。要するに、マークの愛はあらゆる点で、彼の理想の異性像に合っていた。

状況はまたマークが恋をするのに熟していた。彼はちょうど司法修習期間が終わり、町を離れ、東海岸の権威ある法律事務所の一員になるところだった。彼の人生におけるこの大きな変化による感情の高まりのせいで、彼は自分の理想の異性像に合った人との出会いを愛と解釈したのだった。この愛が、セックスに以前に彼になかった意味をあたえた。

マークの場合、このようにセックスにおける変化があったのである。セックスパートナーの変化・新鮮さは、ある人にとって性的覚醒の必要条件であるが、別の人にとっては、まったく不必要であるかもしれない。同様に、セックスの体位の変化はある人にとって激しく興奮するが、別の人にとってはまったくそうではないように思える。よいセックスをするカップルとそうでないカップルとの差異は、変化の特定の表わし方の違いではなくて、変化が重要であることとの認識の違いである。

変化を性関係に導入する技法は、人によって異なる。五人の一〇代の子どもがいるあるカップルでは「入って来てはダメ」という張り紙を寝室のドアにして、互いに相手への官能的マッサージをしはじめた。別のカップルはセックスのためにデートをすることが好きで、二人はそれを楽しみにしている。実施するために計画を立て、よいムードになっていく。二人とも働いている忙しいカップルにあっては、通常、平日の夜は、急いで速くセックスをしているので、休日のベッドでの豪華な朝食は、そのあとのゆったり行なうセックスの儀式である。その休日のゆったりしたセックスは、平日の速く急いでするセックスの埋め合わせ・慰めである。四人の幼い子どもがいるカップルは一月に一度週末にベビーシッターを雇い、自分たちは素敵なホテルへ行って、「刺激的なセックス」をする。あるゲイの男性は縛りのプレイを画策して、セックスを刺激的にしている。セックスのために特別の時間をつくることは、あらかじめ計画し、予定することを必要とする。そのような計画性は、性行為の自然性からずれるかもしれないが、カップルによれば、セックスの強さを減ずるものではない。あるカップルは、性生活の高まりのレベルをあげるために、いっしょにエロチックな映画を見たり、ポルノの本や雑誌を読んだりする。ほかのもっと勇気のあるカップルは、セックスクラブや夫婦交換パーティーへ行ったりする（今日では、このようなことを実践している人はまれになった。理由は、性感染症、とくにエイズの危険があるからである）。あるカップルは、マリファナを吸う、エロチックな衣装を身につける、セックスの「オモチャ」を使用する。これらすべてのケースにおいて、その技法はある性的出会いを特別な異なったものにすることをねらっている。あるゲイの男性は五年もの長期にわたって、その関係を続けているが、次のように語っている。

> 私たちは、きまったかたちのセックスを定期的にしています。すなわち、特別な親密さを示さずに、また、総力をあげずに、しています。総力をあげてすることは、より親

密な、充実した表現であると思います。時間がより長くかかり、より相手とかかわるし、より情熱的になります。私たちは、それをあまりしばしばやりません。一週間に一度か、二週間に一度くらいです。そんなわけで、するときには、それはごちそうになります。部屋に赤いあかりをともし、音楽を流し、特別の衣服を身につけ、……します。

ジョエル・ブロックは、『永遠の愛の魔力』のなかで、変化をセックスに導入し、それによって、感情を高めるもうひとつの方法を示唆している。彼のおすすめは、セックスにおける役割を変えることである。セックスにおける役割を変えることは（とくにセックスにおける性役割が固定しているカップルおよびセックスが退屈になっていると感じているカップルにとっては）、配偶者の性的満足を高める。これを実施する方法は、役割を逆転させることである。

あなたが男性で、女性は、やさしく魅惑的で、性的に受け身であると考えているなら、あなた自身がそのようになれ。あなたが女性で、男性を、攻撃的で、積極的で、リードする存在とみているなら、あなたがそのようになりなさい。セックスプレイにおいて役割を逆にしなさい。たとえば、女性が通常仰向けになって、男性がその上にのるなら、これを逆にせよ。男性が通常女性の乳首を愛撫しているなら、女性が男性の乳首を愛撫せよ。[19]

バーバラとマイケルは、サンフランシスコ在住の夫婦であるが、二〇年間の結婚生活において、愛の情熱をずっと生き生きと保ち続け、かつほかの夫婦が愛の情熱を回復するのを援助してきた。彼らは、「魅惑の夜」とよばれるおもしろいゲームを開発した。ゲームのやり方は、まず、特別の時間、場所、雰囲気をつくる。時間――まわりに子どもがいない、電話がない、そのほかじゃまするものがない時間を設ける。場所――快適で楽しい場所を確保する。雰囲気――ロマンチックな雰囲気をつくる。すなわち、キャンドルライトをともし、ムード音楽を流す。横たわることができる心地よい場所を確保する。官能的なゆったりした衣装を身につけ、おいしいつまみとよいワインを用意する。はじめに、各参加者は空白の「願望カード」を受け取り、自分のパートナーといっしょに満たしたい秘密の願望を書き込む。願望はひとつだけで、今晩完成することができるものでなければならない。それから、その願望を発表せずに、特別の「願望箱」に入れる。ゲームのゴールは、その箱に到達する最初の人になることである。「敗者」は、「勝者」の願望を実現させる義務を負う。

参加者は順番にサイコロを転がす。サイコロには一か二しかない。ゲームがゆっくり進み、終わるのに長時間かかるようにするためである。サイコロを投げた人は、自分が到達したところの下絵に対応したカードにこたえなければならない。カードは、エロチックでない質問、たとえば、「あなたのパートナーは、どんな点であなたの支えになっていますか」から始まり、だんだん大胆な指示、たとえば、「あなたのパートナーが二つもっているものをやさしく愛撫しなさい」あるいは「場面は劇場のバルコニーの一番うしろの席です。パートナーにキスをしなさい」へと進んでいく。カップルセラピストは、このゲームが価値が高いと推奨している。その理由は、このゲームは、カップルに日常のきまりきった仕事に休憩をあたえるし、カップルは、リラックスして、官能的でおもしろい方法で、互いに、相手に集中できる方法であるからである。

このゲームは、性生活に変化を求めているが、どのようにして変化をつくり出していくかがわからないカップルに対してはとても役に立つ。別のカップルは、このゲームは人工的でおもしろくないと、いうかもしれない。そのようなカップルは「魅惑の夜」の自分版をつくればいい。そうするとそれは、自分たちにより関連しているし、もちろん、より刺激的になる。

私の研究結果によると、安心感は、また、よいセックスの重要な要素である。ほぼ四〇年結婚生活をしてきた、六〇歳のカトリック教徒の女性は、いままでによいセックスをしたことが一度もありませんといった。五人の子どもがいたので、彼女と夫はセックスをしているとき、音を立てないようにできるだけ気をつけなければならなかった。夫婦の部屋と子どもの部屋を隔てている薄い壁をとおして二人がたてる音が聞こえるかもしれないと彼女はいつも神経質になっていた。避妊具を使用しなかったので、妊娠する可能性についても、また、神経質になっていた。二人が妊娠を避けるために用いた体温リズム法や膣外射精法は、まったく安全であるとは思えなかった。そのため二人とも完全にはリラックスできなかった。いまは、子どもたちがみなやっと家を出て、生理も終わったので、生涯で初めて本当にリラックスしてセックスを楽しむことができた。そこで二人はいまは家中どこでもセックスをした。二人の一番のお気に入りのところは、暖炉のそばの床であった。また、したいときはいつでも、日中でも、夜でも、した。そして二人は、好きなだけ、音をたてた。

ある人たち（たとえばミミとビル）にとっては、長年、ひとりの相手と生活をともにすることで得た安心感によって、わずらわしい圧力から解放されて、セックスを行なうことができる。安心感によって、二人は自由に恥ずかしくなく肉体を楽しむことができる。性的関係の初期の段階を時には妨げている臆病さと圧力から解放されて、二人のセックスは時とともにだんだんよくなっていく。

性関係で安心感を得るためには、二人が自分自身と相手をよく知ることがたいせつである。自分の体が心地よくなり、相手の体を心地よくさせ、包み隠さず（すなわち、恐れ、当惑、罪悪感なしに）好き、きらいや、「興奮した」や「その気がない」を、表現できることがたいせつである。どのようにしたら、二人は、このようなことをすることができるだろうか。

答えは、カップルの立場からいっても、カップルセラピストの立場からいっても、どこではじめるかは問題ではない。そしてたとえば、性的空想や性感帯のようなことについての隠し立てをしないコミュニケーションは、カップルがお互いに相手の性的好みを知るのに役立つ。そのようなことについて話をすることは、それ自体性的に高まるだけでなく、夫婦間の信頼のきずなを増加させる。性教育の文献を読むことも、また、知識を増加させるし、それにともなって、安心感を増加させる。そのような文献をいっしょに読むことは、教育的であるし、二人が知らなかった、あるいは、考えたことがない方法で、相手の体を実験することを相手が許容するとき性的に興奮する。

しかしながら、同じ経験が、性行為の新しい規範をつくるために行なわれるなら、不安を引き起こすこともあり得る。「五感集中法」は、セックスセラピストの間では好まれる技法で、不安を引き起こさずに性感を高めることをねらったものである。この技法においては、二人は、順番に相手の体に、性的でなく、触る。すなわち、触るということが性行為にいたるということを求めない。カップルは性交を避けるように、特別の教示をあたえられる。

登山にたとえて、これまでのアプローチと現在のアプローチを比較してみよう。これまでのアプローチは、性関係を、山の頂上に到達するとみてきた。各パートナーは自分自身の山行に集中し、ゴールは頂上に到達することであった。現在のアプローチは、性関係をカップルの楽しい山旅ととらえる。二人は最後は頂上に到達するかもしれないが、それは究極の目標ではない。目標は、二人がいっしょに楽しむことである。そこで、登っていく途中、興味ある洞穴を見つけたら、立ち止まり、洞穴をゆっくり探検するだろう。また、草上でリラックスしてちょっと横たわりたい、あるいは、ちょっと昼寝をしたいなら、それをし、それから山の頂上へいくだろう。山頂ではながめが、思わず息をのむほどすばらしかったら、十分に頂上で過ごし、それから下山するであろう。起こったことはすべて素敵だったという思いのなかでカップルの心が安定しているとき、そして二人が楽しんだのなら、今回の山行は、以前の山行とは同じではなく、素敵であったのである。

セックスの情熱がなくなってしまったとき

セックスの情熱について過度に心配すると、セックスの情熱を失う危険性がきわめて高い。すべてのカップルにおいて、一方の配偶者が、あるいは二人とも、セックスに関心がなくなるかあるいは、セックスをすることができなくなるときがある。このようなときは、セックスは、急速に悪くなっていく。あるカトリック教徒のカップルは、その悲しい例である。二三年の結婚生活において、セックスは二人の最も充足した生活のひとつであったし、多くのいやなことの埋め合わせにもなっていた。ある晩、夫はセックスをすることができなかった。妻はそれを自分への侮辱と受け取った。自分の衰えつつある魅力の証とも考えた。彼女のこのショック反応のために、二人の次のセックスの試みは神経を痛めつけるような経験になってしまった。また、セックスができないのではないかという不安のために、夫の次の「セックスの失敗」をほぼ確実なものにした。かくして、よいセックスの長い歴史から照らせばまちがいなく、ごく軽く受けとめるべきであった出来事は、ついに、二人の性生活を破綻させてしまったのである。

この件に関連して、私は、次の質問をしたい。「セックスの情熱がなくなったとき、あなたは、カップルとして、あるいは、カップルセラピストとして、何をしますか」。不幸にも、私の経験では、セックスの情熱が完全になくなったとき、それを復活させることは、きわめてむずかしく、ほとんど不可能である。時には、それは二人の関係の終わりを意味する、しかし常にそうだというわけではない。性欲の強さやセックスの重要性は人によって異なる。

あるカップルは、兄と妹のようである。二人は親友であるが、相手に対して性的関心がない。別のカップルは、セックスを、二人の関係の重要な要素と考えていない。私は、この二つのケースを、分裂した愛のイメージを検討するとき、述べようと思う。この章では、長期の関係にある大多数のカップル、すなわち、情熱的なセックスを重要に思い、少なくともセックスの情熱をまだ残しているカップルに対して、心理学的見解を述べてきた。

セラピストの覚え書き——二つの分裂した愛のイメージ

二つの分裂した愛のイメージ（愛する人のイメージが二つの矛盾した要素をもっているとき）は、ある種の性的行動パターンを理解するためには非常に重要である。ある種の性的行動パターンとは、親密な関係を破綻させるし、治療するのがとてもむずかしいパターンである。ひとつのパターンは短い情事を次つぎにやっていく（「最初の情事は、新婚旅行中でした」）。もうひとつのパターンは、長期の婚外恋愛である（「私は一三年結婚していますが、彼との関係は一五年続いています」）。両方のケースとも、婚外の男女関係は、愛のイメージの内的分裂を反映している。

第一のパターンは、娼婦―聖母コンプレックスである。これは、母親ととても親密な共生関係があり、父親は不在か、影が薄いか、弱い、男性の特徴である。リックは、二〇年結婚生活をしてきたが、妻の親友との情事を妻にみつかってしまい、妻に、家から追い出されて、セラピストの私のところへやってきた。彼は、とても快活で自信があり、大きなプライドをもって、自分の、新婚旅行以来の女性関係を語ってくれた。彼をいま悩ませていることは、妻が怒っていて、家によび戻してくれないことだった。彼は「妻をたいへん愛している」といった。彼女は「すばらしい母親」であり、彼の「親友」であるといった。彼は、けっして、妻を愛するようには、ほかの女性を愛したことはなかった。しかし彼は、現在、妻には性的魅力を感じていないし、過去にも感じていなかった。彼は、性的関係をもったどの女性も愛してはいなかったと、強調する。リックのような男性にとって、二人の関係が性的であることから感情的結びつきに移行するとき、近親相姦のタブーが、活性化されるように思える。リックの妻のような女性は、「母親」すなわち聖母になり、性欲の対象にはなり得ないのである。

第二のパターンは長期の婚外恋愛である。これは、男性にも女性にもあり、通常は、子どものときの心の傷の再現である。アンギーが夫に恋したのは、彼女が階段を上がって行くとき彼が下りてくるのを見たときである。彼女は、そのときその場で、この人は自分の子どものときの父親のような人であると強く思った。事実彼は、「すばらしい父親であり、夫であり、友人」である。私が彼女に夫はどんな人であるかを述べるようにいったとき、彼女は彼が自分のすべてであるといって、さらに、彼は親切で、思いやりがあり、信頼に足る人ですとつけ加えた。不幸にも、彼は彼女を性的には興奮させない。彼女は彼女の愛人とは結婚生活以上に長く関係を続けているが、彼は信頼に値しない、非常に悪い男である。たとえ彼が離婚しても、彼女は彼とはけっして結婚しないであろう。しかし彼の恐ろしい性格にもかかわらず、彼のセックスはとても興奮する。「私は彼の皮膚の感じを考えただけでいってしまいます」。この三角関係における彼女自身を述べるように私がいうと、彼女は、彼女自身を二人の男性の間で「引き裂かれている」と述べた。私は、この三角関係における三つの特徴を指摘したあと、このような特徴は、彼女の子どものときの人々の三角関係に合っていないかどうかたずねた。すると、いつもそうなのであるが、彼女の母親は、「よい親」であり、「思いやりがあり、親切で、信頼できる人」であったが、「刺激的ではなかった」。彼女の父は、一方、「真に悪い男」であった。彼女の母親に不実であり、ついに彼女から去って別の女のところへ行った。アンギーは、父親には接触しないようにいわれた。もし彼女が父親に会ったなら、母親を裏切っていることになるからである。彼女は、子どもとして、心が引き裂かれたのである。そしていま、彼女の愛の関係において、その分裂を再現しているのである。

いうには及ばないが、このようなケースすべてにおいて、セラピストは、また、もうひとりのパートナーは、この関係から何を得ているのかを考えるべきである。そしてほとんど常にわかることは、もう一方のパートナーも、この関係によって、子どものときの未解決の問題に取り組んでいるのである。たとえば、アンギーの夫の、ディックの場合（ディックは背が高く、ほっそりしていて、頭は灰色のカーリーヘアで、容姿はアンギーの愛人よりずっといいということに注目しておく必要がある）、わかったことは、彼の母親はアンギーとよく似ていて、美しく、たくましく、非凡な能力をもった女性であり、また長期の愛人をもっていた。その男性は、母親のピアノ教師で、しばしば家にやって来た。大人になってから、ディックは彼を「おじさん」とよんでいた。大人になってから、ディックは、自分の母親と「おじさん」との関係の本当の性質は何であったかを考えた。彼は、彼の弱い力のない父親との同一視によって、この子どものときの三角関係を自分の結婚で再現しているのである。

七章

恋愛と結婚の燃えつき現象は避けられないか

恋を征服する唯一の方法は恋から逃げ去ることである。

ナポレオン・ボナパルト

恋愛を避けることによって恋愛と結婚の燃えつきを防ぐ

私が面接した二つの集団には、共通したひとつの重要なことがある。それは、彼らは親密な関係において全然燃えつきを経験していないということである。彼らは燃えつきたことが一度もないし、これからも燃えつきることはないだろうと私は確信した。第一の集団は、エルサレムの最も宗教的な地区に住んでいる正統派ユダヤ教徒である。第二の集団は、きわめて普通ではない、サンフランシスコのケリスタ生活共同体である。

正統派ユダヤ教徒である、ある妻は次のようにいった。

> 私は結婚の燃えつきという考えが理解できません。夫を紹介されたとき、ほとんど恋をしませんでした。しかし、すぐにわかったのです。彼は人生をともにすることができる人だ、私と同じ価値観、世界観をもっている人だ、と。私たちのどちらも自分の基本的価値観を変えないことを私は期待しています。このような私たちに、燃えつきることがあるでしょうか。

宗教が彼女に人生の意味をあたえてくれるので、自分は、結婚が人生の意味をあたえてくれることを期待しないと、この女性は述べていた。したがって、結婚に失望することはないだろうと。同じような結婚についての考え方は、アマン派の人々（メノー派の一分派で、アメリカのペンシルベニアなどに居住し、きわめて質素な服装をし、電気、自動車を使用しないことで知られる）、モルモン教徒、福音伝道をしているキリスト信徒、そのほか世界中の宗教的に熱心な人々にみられる。熱烈に宗教的な人々は自分よりも大きい、神につながりを求める。したがって、彼らは、非宗教的な人よりもはるかに恋愛を理想化しないし、恋愛を、配偶者選択の一番重要な要素としない。その代わり、彼らは、同じ信仰をもつ人を求める傾向がある。

正統派ユダヤ教徒が燃えつきない理由がもうひとつあると、彼らは私に語ってくれた。それは、彼らは、非宗教的な人々よりも結婚の準備をよくしていることである。聖書の授業では夫と妻の正しい関係および夫と妻のあるべき行動についての話し合いがある。非宗教的学校では、そのような結婚の準備のための授業がない（とても必要だと思うのだが）。ケリスタ生活共同体のメンバーたちは、正統派ユダヤ教徒とは生活様式が大きく異なるが、彼らがなぜ燃えつきないかの理由は、正統派ユダヤ教徒があげる理由に非常によく似ている（このような比較を正統派ユダヤ教徒はとても嫌がっている）。

　ケリスタ生活共同体は、八人の男性と一一人の女性から成るが、彼らは、自分たちの関係を「複婚貞節（polyfidelity）」とよんでいる。「複婚貞節」とは「一群の最良の友人がいっしょに住み、すべての異性のメンバーと平等に性的親密さをもち、集団外の人とは性的交渉をもたず、生涯にわたってかかわっていこうという意志と、子どもを共同で育てていこうという意志をもちつづけること」を表わす造語である。[169] ケリスタ生活共同体がこれまでの結婚に似ているところは、この共同体のメンバーが生涯にわたってかかわっていくことに相互の同意が得られるまでは、交渉をもたず、いったん同意が得られたら、互いに貞節を守っていくことである。ケリスタ生活共同体がこれまでの家族といちじるしく異なるところは、長期の関係が二人に限られる必要がなく、ひとりの人が平等にしかも同時に多くの人を愛することができるというところである。生活共同体内の性的関係は、非選択的（すべての人がほかのすべての人を平等に愛することができる）であり、夜を過ごす相手は輪番制で、セックスが行なわれる。

　ケリスタ生活共同体は、二〇年前、個人的目標と世界的目標（たとえば、性的嫉妬を克服し世界平和をめざして努力する）をもって、従来とは異なった生活様式として出発した。ジャドは、この共同体の創設者のひとりであるが、次のように説明した。「同一の目標をもつことは、集団における非選択的愛の基礎であります。私たちの集団では、メンバーはほかのメンバーから安心感を得るのではなく、共同体の理想から安心感を得るのです」。

　この共同体のすべてのメンバーは、その理想と生活様式のゆえに、この集団に惹かれたのだと述べた。彼らは、正統派ユダヤ教徒と同じように、恋愛が、配偶者選択の最も重要な基礎であるとは考えなかった。彼らは、恋愛はもろく、短命であると考えた。その理由は、恋愛は、身体的魅力という底の浅い基礎にもとづいているからである。彼らは、恋愛を信じないし、それゆえ、恋愛結婚をしないので、燃えつきるということは、あり得ないと主張した。

　社会学者ロバート・ベラーは、その著『心の習慣』において、二種類の愛を比較している。ひとつは、内的、自然発生的自由な愛で、それは、とても個人的であるが、必然的にやや任意の選択をする愛である。もうひとつは、しっかり根づいた、永久的な契約としての愛で、それは、愛の関係におけるパートナーのいまの感情あるいは願望を超越する義務を具体化する愛である。[14] ベラーによると、愛についての第二の見解は、福音伝道主義キリスト信徒がきわめて強くもっている考え方で、彼らにとって、感情だけではあまりに不安定で、永遠の関係を築く基礎にはならないと考える。彼らは、キリスト教の精神の導きに従うことができるように彼らの感情を抑えねばならないと考える。例をあげよう。ハウワード・クロスランドは、福音伝道主義キリスト教会の活動家であり、農村出身の科学者である。クロスランドと彼の妻は、二〇年間かなりよい結婚生活を送ってきたけれども、彼の証言によると、キリスト教の信仰がなかったら、彼は、おそらくは、いままでに離婚していたであろう。[14]

「死が二人を分かつまで」というのは、キリスト教の信仰においてのみ、論理的なのだろうか。キリスト教の信仰がない場合は、二人の関係にトラブルが生じたら、法的に事態を処理し（離婚し）、わが道をゆく方が、ことによるとたやすいであろう。そうではなく問題を解決して関係を続けようとすると、たぶん五年は費やすであろう。どんな関係においても危機はあるだろう。キリスト教の信仰があれば、嵐にさらされても、静けさがもどるまで耐えることができるであろう。論理的によく考え、愛をもとにもどすことができるなら、愛は常に存在していると私は思う。時には消えることがあっても。[14]

正統派ユダヤ教徒や複婚貞節を実行しているケリスタのメンバーと同じように、福音伝道主義キリスト信徒は、恋愛が愛の重要な形態であること、および、恋愛が永遠の関係の基礎であることを否定する。これら三つの例は、たいへん異なっているのだけれども、共通しているのは、共有する理想の、興奮することができる理想、自分よりも大きいもの、すなわち、より大きい枠組みで自分の人生を考えることができるものとのつながりをもつことができる理想である。理想の異性像は注目に値する。不幸にも、われわれの実用的、物質的文化においては、理想は残念ながら供給不足になっている。金をもうけるとか、物を手に入れるとかは、理想とは考えない。理想やイデオロギーがない場合、ある関係が大きな価値をもち、その関係にあまりに多くのことが期待されてしまう。

共有の理想は、共有の宗教的信念あるいは政治的信念にもとづく関係にプラスの影響を及ぼすが、それと同じように、恋愛にもとづくカップル関係に、共有の理想はプラスの影響を及ぼす。二人の考え方が同じであることにより、深い情緒的きずなと強いかかわりの意志という根が生じ、精神的成長の共同の機会という翼が生える。宗教に捧げる人生や世界平和のために尽力する人生、政治的変革のために努力する人生においては、二人はまた情熱的に愛し合うが、愛は、二人を結びつけていることがらのひとつにすぎないのであって、二人を結びつけている唯一のものではない。愛が一時的に弱まったときでも――ほとんど常にそれはあり得ることであるが――、二人が愛の理想を共有していることによるきずなのゆえに、二人はいっしょに生活し続ける。さらに、二人が理想に向かって努力していることによる感情的高まりにより、二人の愛の情熱は生き生きとする。

ウォルターとベティはともに五〇代であり、三〇年結婚生活をしてきたいまでも、なお、とても幸せな生活をいっしょにしている。二人は充実した性生活をしており、強い情緒的、精神的きずながある。若いときは、二人とも、社会主義者集団の活動家であった。二人は社会主義に刺激を受け、社会主義者による政治は、世界をよくしていくと信じた。恋をし、そのような理想を共有することはすばらしかった。数回ともに逮捕されたが、その事件がかえって二人を親密にし、二人の関係を生き生きさせた。ウォルターとベティが結婚したのは、社会主義のイデオロギーのゆえではなく、二人が「愛していた」からであった。結婚とイデオロギーの両方が二人の生活に意味をあたえたのである。

恋愛と結婚の燃えつきは避けることができるか
――理論的考察

共有の宗教、あるいは、共有の政治的イデオロギーにもとづく二人の関係がうまくいっている間は、カップルは性愛の情熱が生き生きするように努力してはいない。なぜなら、性愛の情熱は、はじめは、二人にとって重要ではなかったからだ。ナポレオンと同じように、二人は、恋から逃げ去ることによって恋を克服することができる。恋愛の理想を追い求めたい人にとって恋愛をしないことが燃えつきの予防になるといわれても、あまり慰めにならない。さらに、恋愛にもとづかない関係（結婚）では、燃えつきは起こらないと確信をもっていうことはできるが、恋愛にもとづく結婚では、燃えつきは必ず起こる、避けられない、ということができるかどうかはわからない。

恋愛を信じる人は、恋愛が人生に充実感をあたえることを期待すると、私は、この本で主張してきた。オットー・ランクは、現代人は、自分の「すぐれた資質がほしいと思う気持ち」を自分の愛する人に負わせると述べている[176、177]。愛するパートナーは自分の人生を充実させてくれる神聖で理想的な人となる。アーネスト・ベッカーはランクの考えを次のように拡充して述べた。

> われわれの経験からわかるように、この方法は大きな現実的な利益をもたらす。人は生活の重荷に圧迫されているとき、神聖なパートナーの足元にその重荷を置き、考える。とても苦しいことを意識した自分は何者なのか、人生とは何かを考え、なんらかの意味を見つけようとする。それから、パートナーへ情緒的に依存しながら、重荷を取り去り、セックスの興奮のなかで、我を忘れ、そしてとても元気になる。……しかしまた、経験からわかるように、事態はそんなにスムーズに進んでいかない。セックスは肉体のセックスであり、肉体は死にいたるものである[13]。

恋愛はエロチックな要素をもっており、エロチックな要素は肉体の性機能と関係しているという事実は、ランクとベッカーによると、恋愛の失敗の中心的原因であり、現代人の欲求不満の原因になっている[13]。セックスの生殖機能は種の保存を保証するかもしれないが、ユニークな個人の永続は保証しない。こういうわけで、セックスは、残念ながら、人生の不可解なことへの解答にはならないし、また、セックスパートナーは人間のディレンマへの完全で永続的な解決にならないし、なり得ないのである。

ランクとベッカーによると、恋愛による問題の解決は器用で想像的であるかもしれないが、それはなお、恋愛を精神化することによって、死を免れない肉体を否定しようという試みであるので、恋愛による問題の解決は、失敗するにちがいないし、正しいやり方ではない。石から血液を取り出すことはできないように、身体から精神を取り出すことはできない。人間はほかの人間に対して「すべて」ではあり得ない。いかなる人間関係もこの課題に答えることはできない。それゆえ恋愛によって問題を解決しようとする試みは、二人に、なんらかの点で犠牲を払わせることになる[13]。

われわれは愛する人をいかに理想化し、偶像化しても、彼または彼女は、人間であるので、けっして完全ではあり得ない。もしその人がわれわれに対して「すべて」であるなら、その場合、その人のなんらかの欠点はわれわれにとって大きな脅威になる。アウグスティヌスやキルケゴールと同じように、ランクとベッカーは、人は、人間の、死を免れない条件から絶対を形成できないので、「すぐれた英雄的資質」は人間関係からでなく神への信仰から生ずるに違いないと信じた。

スコット・ペックはまた次のように確信している。恋は失敗するにちがいない、しかし違った理由で。ペックは愛を「精いっぱい努力する意志の行為」と定義する。愛は、「自分およびパートナーの精神的成長を促進する目的のために自己を拡大していく意志である」[153]。この定義によると、恋は、意志の行為ではなく、かつ、努力をしないので、真の愛ではない。その証明は、うんざりする次のような観察結果で明らかである。「怠惰なだらしない人が、ひたむきに努力する人と同じように恋をする傾向がある」。また、恋をする経験は、とくに、セックスと結びつくエロチックな経験であるので、恋は真の愛ではない。さらに「恋は一時的である」[153]。ペックは次のようにいっている。

> われわれはだれと恋をしても、二人の関係が長く続く場合、遅かれ早かれ、恋はさめる。これは、自分が恋した人を愛するのを、必ずやめるといっているのではなくて、恋の経験を特徴づける恍惚的性愛の感情は常に過ぎ去っていくということをいっているのである。新婚旅行は常に終わる。ロマンスの花は常にしおれていく[153]。

ペックによると、恋におちる現象と恋が終わることは避けられない現象だということを理解するためには「自我境界」の性質を理解することが必要である。「自我境界」とは、身体的、心理的自己の内面化されたイメージで、個人の独自性を外界から切り離して規定する。ペックによると、恋の本質は次のようである。

> 恋に落ちると、個人の自我の境界の一部が突然崩れ落ち、自分の独自性がもうひとりの人の独自性と融合してしまう。自分自身から自分自身を突然自由にし、愛する人に自分自身を爆発的に注ぎ込み、自我境界の崩壊にともなって孤独が劇的に終わる現象は、われわれのほとんどが、恍惚状態として経験していることである。自分と恋人はひとつである！　孤独ではもうない！[153]

自我境界の崩壊は一時的であり部分的である。ペックは次のように説明している。

> 結婚した二人は、遅かれ早かれ、日常生活の問題に直面する。……現実が二人の素敵な結びつきに立ち入ってくる。二人とも、自分は配偶者とひとつでない、配偶者は自分と異なった欲望、趣味、偏見、生活のリズムをもっていると、心のなかで思いはじめる。自我境界は、一歩一歩あるいは突然に回復し、もとの状態にもどる。しだいにあるいは突然に、二人の間に愛がなくなる。再び、二人は別々の二人の人になる。[153]

ペックは、真の愛の定義から恋愛を除いて、気楽にも、次のように主張した。愛は、意志と自制によって、二人の関係に無限に存在し続ける。ただし、「真の愛」にもとづく関係においてのみ。「真の愛」とは精神的愛であって、肉体の愛ではない。しかしながら、不幸にもペックは、愛の定義から恋愛を除くことによって、多くの人が人生において経験する強烈で重要な感情を除いてしまった。

社会心理学者エリオット・アロンソンは、恋はなぜ終わるかについてペックとは別の次のような説明をしている。

> 有名な民謡に、「いつも愛する人を傷つける」という句がある。すなわち、われわれはある人から確実によくしてもらっていると、その人は、知らない人よりも、報酬の源泉として魅力がなくなってしまう。つまり、当然と考えてしまうようになる。[6]

人は、パートナーから愛、好意、賞賛を得られるようになると、こういうことは保証されていると思いはじめる。そうなると、事態はけっしてよくならず、だんだん悪くなる。したがって、時の経過とともに、パートナーはだんだんイライラしていくが、あなたのためにしてあげる気持ちはなくなっていく。アロンソンは、この点に関して、次の例を提示している。

> 妻をとても愛している夫と彼の妻は一五年結婚している。ある晩、二人は、正式の夕食会に出席するため、正装していた。夫は妻の容姿をほめた。「やあ、とてもきれいだ」。彼女は夫のほめことばを聞いたが、喜ばなかった。夫が彼女は魅力的であると思っていることを彼女はすでにわかっていたから。何百回も夫のほめことばを聞いているので、彼女は喜ばなくなっていた。一方、いままでは、妻

をほめていた夫が、妻は美しさを失いつつある、妻はまったく魅力がなくなっていると妻に告げたとしたら、これは、妻に大きなショックをあたえるであろう。これは、明確な喪失を表現しているから。

愛、尊敬、賞賛を受けていた期間が長ければ長いほど、そういうことに慣れてしまい、あまり感じなくなる。そして、そういうことがなくなったときは、大きなショックを受ける。この過程を生き生きと描写した場面が、マリリン・フレンチの小説『女性の部屋』に登場する。

結婚生活において数々の素敵なことに慣れてしまった人は、それを当然のことと思うようになっていた。ところがちょっとした悪いことが起きると、拡大してとてもひどいことにあったように思うようになる。たとえば、窓を開け放しにした、ミルクを買っておくのを忘れた、テレビをつけ放しにしておいた、くつ下を浴室の床の上においておいた、こういうことが信じられないほどの怒りの理由になるのであった。[74]

ナタニエル・ブランデンもまた、恋愛に幻滅した痛ましい過程を『恋愛の心理学』のなかで、次のように述べている。

多くの人は純粋に人を愛しはじめる。そして将来に対して高い希望をもつ。しかし、それから、時がたつにつれて、悲劇的に、痛ましく、とてもうろたえて、二人の関係は悪くなっていき、ついに破綻する。二人は、深く愛し合ったときまでもどれないかと考える。あの当時は、多くのことがうまくいき、報われた。いまは、かつて二人がもっていたものがどのようにしてなぜ失われたのかがわからないまま二人はとても苦しんでいる。二人の間に愛がなくなっていると感じたら、どんな愛が続き得るのだろうか。自分は人を愛することができないのだろうか。あるいは、いかなる人も人を愛することができないのだろうか。

オットー・ランク、アーネット・ベッカー、スコット・ペック、エリオット・アロンソン、そしてナタニエル・ブランデン——すべて男性である——は、同じことをいっているように思える。恋愛は終わる。そして燃えつきは避けられない。愛し合っている二人は、燃えつきは避けられなくはないと信じたい点でほとんどみな同じである。山ほどの多くの理論が支持している、恋愛に対するこの懐疑（恋愛は終わり燃えつきは避けられない）に対して、カップルは、自分たちの愛は、まれにある例外なのだと主張する。

恋愛と結婚の燃えつきは避けられないか
——データにもとづく考察

燃えつきは、避けられないことであり、カップルがいっしょに生活した期間の関数であるなら、その場合、予想されることは、二人の関係が長ければ長いほど、二人は燃えつきるであろうということである。これは本当であるかどうかを確かめるために、私は二つの研究を行なった。第一の研究では、被験者は、二人がいっしょに生活した期間の長さおよび二人の関係の様式が、さまざまに異なるように、選んだ。一〇〇組の男性と女性がこの研究に参加してくれたが、二人の関係様式は、結婚、同棲、別居してはいるがまじめにかかわっているカップル、非伝統的関係様式とさまざまであった。二人の関係の期間は四か月から四一年間にわたり、平均は七年七か月であった。対照的に、第二の研究の被験者については、結婚している一群の男女だけで、できるだけ同質的、伝統的である夫婦を選んだ。一〇〇組の夫婦のうち、九四組は初婚であった。ほとんどの夫婦が、子どもが二人か三人いて、いっしょに生活していた。結婚期間は一年から三四年にわたっており、平均は一五・一年であり、第一の研究の平均のほぼ二倍であった。

二つの研究のデータの分析の結果、カップル関係の長さと燃えつきの間にはまったく関連がなかった。時のたんなる経過が燃えつきの原因であるなら、時の経過と燃えつきの間には高い相関があるはずである。しかし、両者の間に相関があるというのは本当ではなかった。期間と燃えつきの間の相関は、二つの研究とも、ほとんどゼロであった。

あきらかに、長期の関係でも生き生きしたよい関係があり、短期の関係でもだめになってしまった悪い関係がある。時の経過にも負けずよい結婚生活を送っているカップルは、いかにいっしょに生活するかだけでなく、いかに愛し合うかを発見したカップルであった。一方長期の結婚生活をしているカップルのなかには、ほとんど相手をみていないカップル、経済的理由から、いっしょに生活しているカップル（とくにこれは女性についていえた）、子どものために、ほかのいい選択肢がないゆえに、未知の生活を恐れて、別れないカップルがいた。四〇代のコンピューターの仕事をしている男性は、燃えつきた一五年の結婚生活になぜとどまっているのかを次のように説明した。

もう結婚生活には何も期待していません。私は結婚生活から何も得ていませんし、また、何もあたえていません。仕事には全力を尽くしています。私は仕事に大きな貢献をしていると思いますし、認められていると思います。人生のこの段階で離婚することはあまりに面倒なことです。時間とエネルギーをいまは離婚のために浪費することはできないのです。

二つの研究のデータは、常識を破っているように思えるし、多くの人の経験に反しているように思える。時の経過にともなって、日常の暮らしの問題も生じ、幻滅、退屈を感じるようになり、惰性（相手がしてくれるのは当然という）に流されるようになると思うが、実際は、そうではない。二つの研究の明白な証拠ゆえに、われわれは、燃えつきの原因を、時の経過以外の要因で説明しなければならない。燃えつきずに何年にもわたって生き生きとした結婚生活を送るのは例外でまれなケースだと多くの人が考えても、われわれは、そのまれなケースを説明するために、時以外の要因を探す必要がある。

この「まれな」結婚の研究は、私の研究の最も心がはずむ部分である。あるカップルが、何年も、何十年も、愛が終わらずに結婚しているという事実は、なぜ燃えつきが時の経過と関連がないかを説明してくれる。また、この事実は、さきに延べたすべての理論に反して、燃えつきは避けられないことはないということを示唆している。

離婚の時代にいっしょに生活することに関して、最近出版された多くの本や論文では、何年たっても依然として愛し合っている「まれな」カップルには焦点はなくて、二〇年、三〇年、五〇年とたんに結婚にとどまっている多くのカップルに焦点がある。これらの長期の結婚の研究において、研究者が提起した主な疑問は、「なぜ彼らは結婚にとどまっているのか」である。私の意見では、もっと興味ある問は、「なぜあるカップルは愛し合っているのか」である。

長期間愛し合っているカップルは、燃えつきは避けられないという理論的説明全部に反しているように思える。愛し合っているカップルは彼らの結婚生活に「広大無辺の意義（cosmic significance）」を見いだし続けているのである。愛し合っているカップルは、恋に夢中になっていた段階の感情の高まりは過ぎ去っても、なお、彼らの性生活は刺激的であると述べている。二人は、自我境界が回復してもとのところへもどっても、強い共生の意識をもっている。

愛し合っているカップル

すべてのカップルは永遠に愛し合っていたいと思う。愛を永続きさせるしかたはカップルによって非常に異なる。そのひとつのしかたは、ロバート・ジョンソンが『恋愛心理を理解するには』という本のなかで、述べている。それは恋によって生じた感情的高まりを「現実直視の愛」に変換することである。ジョンソンは次のように述べている。

> 現実直視の愛とは、恋をぽーっとしている状態から現実の世界に引きもどす関係を象徴化している。それは、日常生活をともにし、単純な、ロマンチックでないことに意義を見いだす意志を表している。「現実を直視する」とは、単純な、日常のことがらにおいて、関係性、価値、美しささえも見つけることを意味するのであって、すべてのことに、果てしないドラマがあること、楽しみがあること、強烈な刺激があることを永遠に期待することを意味するのではない。それは、質素な日常生活のただなかにある聖なるものの発見を意味している。二人の間の真の関係性はいっしょに行なう小さなことにおいて経験される。たとえば、一日が終わったときの静かな会話、理解していることを示すやさしいことば、毎日の協力・助け合い、困ったときの励まし、予期しない小さな贈り物、愛の自然なしぐさ。カップルはお互いに純粋に関係しているとき、人間生活の全領域にいっしょに入っていこうとする。二人は、刺激的でない、日常の、困難なことでも、楽しい、やりがいのある、人生の出来事に変えてしまう。[100]

「現実直視の愛」では、人は、親密なパートナーとの毎日の生活の小さな喜びに意義を見いだす。しかしながら、ある人にとって、素敵な人との恋の興奮の恍惚と比較すると、「現実にもどった」生活をすることは、色あせている。このような人にとって、恋をすることは、人生の最も充実した部分である。永続きさせたいのはこの経験の質である。このような人は「すごい」ドラマの役者であって、恋は止めることができない不思議な経験なのである。このような人は、いかなる瞬間でも、恋が自分に「ぶつかってくる」可能性を残しておきたいのだ。なぜなら、恋は、人生において最も意義ある経験であり、最高のものであるからである。そこで、強い情熱がある限りは、二人の関係にとどまっているが、情熱がなくなってしまったときは別れる。そして再び別の人との恋を待つ。アラン・ワッツは、「恋の狂気」を記述し、この「恋の狂気」を結婚の基礎とすることは、きわめて危険なことであるといっている[211]。

恋に落ちることは雷に遭うようなもので衝撃を受ける。したがって、不思議な光景に出会うこととときわめて類似している。どのようにして人は恋に落ちるのかよくわかっていない。なぜ恋が生じるかもまだわかっていない。もしも幸運にもこのような恋の経験に出会ったら、それを拒否することは、人生の全面否定になると私は思う[211]。

おもしろいことに、アーネスト・ベッカーが「死の否定」と述べた経験を、アラン・ワッツは「人生の否定」と述べている。両著者は、この否定は恐怖が動機になっているとみる。したがって、人生の恐怖と死の恐怖は同一経験の裏表であると、二人の著者は示唆しているように思える。ほかの人の目からするとまったく普通の人が、恋をしている人には、人の姿をした神または女神であるように見えると二人の著者はいう。恋人の神格化は、恋愛が普通の人である二人にすぐれた資質の発揮の機会をあたえたことを示している。

ロバート・ジョンソンが述べている「現実直視の愛」は結婚生活の根を強調する。アラン・ワッツが述べている「恋の狂気」は結婚生活の翼を強調する。もちろん、「根と翼」の両方をそなえている愛の関係・結婚生活もある。人々は、異なる期待をもって三種類の結婚生活のどれかに入っていき、それぞれ異なる危険にぶつかる。期待が満たされないときには、異なる失望のしかたをする。「恋の狂気」の愛（相手に夢中になり相手を神のように思ってしまう愛）では、人は、愛する人とのうっとりするようなきずなを期待する。この種の愛には、二つの危険が存在する。二つとも自我境界の崩れと関係している。第一の危険は、恋に溺れ、自分を取りもどすことができないことである。第二の危険は、神秘な経験の連続により自我の成長がなく、そのような状態は無限には続かないので、恋が終わったとき、恋の失望と裏切られたという感情に襲われることである。

「現実直視」の愛（日常生活に根をおろした愛）では、人は、永続性、安全性、安定性、理解を期待する。愛を、意志の行為によって制御できるもの（理性的なもの）にする。自我境界はもとにもどる。この種の愛にも二種類の危険が存在する。第一の危険は、感情的強さがないため、愛がなくなる恐れがあることである。第二の危険は、同意して結婚したにもかかわらず、一方の配偶者がほかの人と恋をして、離れていくかもしれないということである。二つの場合とも、失望および裏切られたという感情は、安定性が人生に充実感をあたえることができなかったことと関連している。

「根と翼」のある愛では、期待は一番高く、しかも外見上は矛盾している。すなわち、関係性、永続性、日常の安定性を手に入れようとする一方、情緒的、身体的、精神的きずなを強く求める。このような関係においては、配偶者の自我境界は一部崩れ、それが続く。このような関係にあっては、自己意識を失う危険と、配偶者による裏切りとその結果としての安定性の喪失の危険がある。二つの危険は矛盾しているが、互いにバランスを取ることができる。根と翼のある関係においては、配偶者は矛盾した生活を送る。すなわち、二人は、互いに、ひとつになるということにおいては自我をなくすが、同時に、自我と自己意識を強める。なぜなら根は二人に翼を発達させるからである。矛盾した期待のバランスを取るむずかしさがあるにもかかわらず、あるカップルは、バランスを取ることに成功し、したがって、二人の関係は刺激的であり、なお、安定というやさしい安らぎを二人にあたえるであろう。

恋愛による問題解決は、実存的ディレンマを解決していないので、いつも、なんらかの点で、失敗する可能性がある。根と翼のある関係は、恋愛による問題の解決のひとつであるが、あるカップルは、特別に妥協して、自分たちの関係を創造的な挑戦とみて、幸せに暮らすことができるように思う。根と翼のある二人の関係の強さは、二人の関係が人生に充実感をあたえるであろうという希望からではなく、二人の関係が実際に充実感をあたえているのだという実感から生ずる。二人の関係が充実感をあたえるだろうという約束ではなく、約束が実現したという喜びを二人の関係は反映している。将来についての恐れではなく、何年も人生をともにした確かさがあるのだ。このことは、イタリアの社会学者フランセコ・アルバーロンが『恋をして』という本のなかで次のように述べている。

恋をしてすべてがうまくいった場合は、愛で終わる。恋の行きつくところは、うまくいくと、家庭を築くことになる。しかし、恋をすることと愛そのものとの関係、恋のはじめの時期と家庭との関係は、飛行機の離陸と着陸の関係、雲の上を飛ぶことと着陸してしっかり地上に車輪を下ろしていることとの関係にたとえられる。別のイメージで考えよう。花と果実について、果実は花からできるが、二つは異なったものである。果実があるとき、もはや花はない。そして、花は果実よりよいかどうかあるいは逆のことはいえるかどうかをたずねることはまったく意味がない。同様に、恋のはじめの時期は家庭よりいいかどうかたずねることは意味がない。一方は他方なしでは存在しないのだ。人生は両方で成り立つのである。また、両方をごっちゃにすることは意味がない。なぜなら、二つははっきり異なるものだから。[3]

恋をするとき人が前からもっている理想の異性像が関係する。その異性像のゆえに、人は特定の人に惹かれる。恋をすることは重要なことではないと考える人々は、カップルの期待に影響しているきわめて重要なデータを逃している。恋愛を信じるが、共有の宗教あるいは共有の政治的信念をもたないカップルは、恋愛の夢を共有の理想とする。

恋愛と結婚の燃えつきは避けられないか
――燃えつきないカップルの事例による考察

ランクとベッカーが、セックスは、身体機能であるので、人生に精神的充実感をあたえることはできないというのは、正しいと思う。しかし、その結果として、恋愛の燃えつきは避けられないという彼らの結論は、正しくないと思う。なぜか。なぜなら、セックスは、恋愛について考えるとき、すべてではなくその基礎にすぎないから。恋愛についての考えそのものは精神的であるので、人生に、充実感をあたえることができると思う。二人の理想の実現による喜びは、性的興奮に置き換わることができる。性的興奮は時とともに減少していくが。

ロロ・メイは『愛と意志』において、セックスと性愛（エロス）の違いを考察し、次のように述べている。

性愛は、自分が所属しているものとの結合への衝動であり、自分自身の可能性との結合、重要な他者との結合への衝動である。われわれは、自分の世界における重要な他者との関係において、自己実現を達成することができる。性愛は、高貴でよい人生に自分自身をささげたい人間の切望である。

　セックスは、生殖器のふくらみと性腺の活動を特徴とする関係づけの様式である。われわれは生殖器のふくらみにより快感を得、性腺の活動によって放出による満足を得る。しかし、性愛は、放出ではなく、自己の世界を構築していくことを求める関係づけの様式である。性愛において、われわれは、刺激の増加を求める。セックスは生物的欲求であり、性愛は精神的情欲である。古代人は性愛を神とした。もっとはっきりいえば、守護神とした。これは、人間の体験の基本的真実を伝達する象徴的方法である。性愛は常にわれわれをして自分自身を超越するよう駆り立てる。……古代人は、セックスをたんに肉体の自然なはたらきと考え、セックスを神にまで高める欲求をもたなかった。[❤129]

　われわれの愛する人は死を免れない人間であり、したがって、われわれの人生に充実感を無限にあたえることはできないので、燃えつきは避けられないのだという主張は、正しいのだろうか。

　この主張に対する最良の回答は、愛する人が死を免れない人間であるにもかかわらず、二人の関係から充実感を得続けているカップルから得られる。このカップルによって、恋愛は、ほかのどの信念よりも実存的ディレンマに対して魅力的な回答になっている。ほかの人々、たとえば、自分は恋愛はできないと思っている人、恋愛は人生の意義の中心的問題に答えることはできないと思っている人、あるいは、ひとりの人にだけ心を注ぐ貞節を守ることはできないと思っている人、そういう人々は、神に帰依するか、政治的イデオロギーに、あるいは、仕事という現代の選択肢に心を注ぐ。一方、恋愛を信じている人々は、恋を自分は制御できると思っている。こういう人々は恋愛を求め、そのうち何人かは恋愛をすることができる。

　前にも述べたように、このような人々は、自我境界の一部が崩れる。「われわれ」意識が生じ、個人の独自性と共存する共有の独自性が存在する。このようなカップルは、すべてのことに「ひとつ」になるわけではない。簡単にいえば、一部がパートナーとよく混じり合うのである。恋をする段階が終わったあとでも、そうである。「われわれ」意識、きずな、共生は、安全と安心の感情を生じさせ、そして二人の成長へつながっていく。

読者には、アロンソンによるドーティング夫妻の例を思い出してもらいたい。ドーティング夫妻は、時の流れとともに、互いに相手の心を傷つけることが多くなり、相手をほめることは少なくなった。この悲観的状態は、二人が、隠し立てをしない、正直で、誠実な関係をつくる責任を取ろうとするときのみ、避けることができる。この隠し立てをしない、正直で、誠実な関係において、二人は、互いに対する真の感情を共有しそして成長することができる。アロンソンは、次のように述べている。

> ドーティング氏は、妻に、彼女の容姿が衰えてきていることを告げて、妻の心を傷つけることが多くなったが、ドーティング夫人も、そのような批判にとても敏感に反応して、夫の関心を引くように努力した。逆もまた真であることはいうまでもない。もしドーティング夫人がドーティング氏への高い評価を変えようとしたら、彼は妻からまた高い評価を得るために行動を起こすであろう。両方のパートナーが成長しようと努力し創造的な方法で変わるとき、二人の関係は、真に創造的になり、よくなっていく。これらのすべてにおいて、「誠実性」がとても重要である。これをもう一歩進めると、二人の関係が正直で誠実であればあるほど、このような、関係を悪くする沈滞した状態になる可能性は少なくなるだろう。[6]

成長し、変化しようとする努力と創造性は、二人の関係の翼であり、お互いに、相手をほめる能力を増加させる。隠し立てをする関係においては、二人は、変わらないし、改善しないし、互いをほめない。

隠し立てをする関係では、人は不快感を抑圧し自分に対する負の感情をもつ傾向がある。この結果、一見、安定していい関係のようであるが、しかし、感情の突然の変化で破滅してしまう壊れやすい状態になる。不幸にも、これは、アメリカ合衆国ではよくある関係である。隠し立てをしない、正直で、誠実な関係では、二人は、真の感情と印象を（負の感情や印象さえも）共有することができる。そのような関係では、壊れやすい状態にはならない。むしろ、比較的高い尊敬の念をもった感情がジグザグ形に続いていく。[6]

カップルが自分の負の感情を抑圧し表出しない場合、その感情を直接処理する方法はないし、個人としてもカップルとしても成長する道はない。もちろん、正直性は、コミユニケーションをしたい気持ち、成長したい気持ちの動機では、必ずしもない。ときには、人は、相手を攻撃する武器として正直性を使う。このような正直性の使用は、残忍であり、相手を傷つける。この正直性の使用は、相手を攻撃する力を強める方法である。しかし、負の感情やタブーになっていることがら（たとえばセックス）を防衛的でなく、自己の成長をめざして考えていくことはアロンソンがいう「隠し立てをしない、正直で誠実な関係」の特徴である。

そこで、すべてのカップルは、愛の関係がよく機能するために、創造的な方法で、成長し変化する努力が必要である。それは、簡単なことのように思える。しかし、簡単ではないのだ。もし簡単であるなら、どうして、愛しているので結婚した多くのカップルが、結婚生活がうまくいくようにとても望んでいた多くのカップルが、最悪の関係になってしまうのか。ひとつの答えは、環境が悪いのである。カップルが直面する生活環境が極端にストレスが多いなら、二人の関係に悪影響をあたえていると考えることは理に適っているだろう。しかしながら、カップルが戦争や自然災害で生き残り、二人の関係が悪くならずにかえって強まった経験が示唆していることは、環境が悪いからだという答えは必ずしも正しくないということである。

燃えつきは、きわめてストレスが多い状況においてさえも、避けられなくはない。なぜなら、燃えつきは、人がストレスをどのように認知するかそのしかたに左右されるのである。私が面接した最高に幸せなカップルは、五〇年以上結婚しており、ナチスドイツを逃れ、長い、苦しい、戦争の年月をいっしょにくぐりぬけてきたのである。このストレスによって、二人の心も二人の結婚も、破壊されはしなかった。逆に、二人は強くなり、お互いに相手を認め合い、これまで以上に相手に心を注いだ。空腹であるとき、病気であるとき、疲れ果てているときでさえ、生き続けることができるのはこの人がいるからだと、二人とも、お互いに強く感じていた。残忍な、敵意のある世界に対する闘争のなかで、二人は、ともに、固く結ばれていると感じていた。

それでは、同じストレスの結果として、ある人々は強くなり、別の人々は弱くなるのは、どうしてであるのか。性格心理学者スーザン・コバサによると、答えは「ハーディネス（ストレスに対する耐性の強さ）」である。[110]「ハーディネス」とは、特定の性格構造を定義した用語であって、大きなストレス状況においてさえも、ストレスの有害効果に抵抗できる性格構造である。コバサは、背景、仕事、ストレスの点からは同じであるが、病気へのかかりやすさの点では異なる人々を研究した。同一のストレス条件下にあって、ある人々は病気になり、もう一方の人々は病気にはならなかった。後者の人々は、のちに、「耐性が強い」と名づけられた。耐性が強い人々と、耐性が弱い人々をわけているものは何か。それは次の三つである。

・かかわり——疎外と対立するものとして——自分が興味があり、重要だと認知したことに好奇心をもちかかわること。

・コントロール——無力と対立するものとして——自分は、思考、ことば、行動によって、環境に影響を及ぼすことができるという信念。

・チャレンジ——無関心に対立するものとして——変化は自然であり、必要であり、成長にとって重要であると考えて挑戦する傾向。

ストレスに対して耐性が強い人々は、自分の周囲のあらゆることに関心をもっていた。彼らは、ある活動をするときは、そのことに全力投球した。彼らは、精神的に豊かで有意義な生活を送っていると感じた。彼らは、環境をコントロールしていると感じ、環境に重要な影響をあたえていると信じた。自分が望む人生を創造していくことに、責任をもった。なんらかの理由で事態がうまくいかないときは、その障害に直接に積極的に取り組み、挑戦と受けとめた。彼らは、変化を好み、仕事や親密な関係における変化を求めた。

ストレスに対して耐性が弱い人々は、自分の環境にずっと関心がなかった。彼らは、自分の環境を重要でない、退屈な、または脅威的なものとみなす傾向があった。彼らは、周囲の人々から、疎外されていると感じていたし、自分に対して敵意をもっており、強い権力をもっていると自分が思っている存在に対して、無力を感じていた。彼らは、変化をきらい、変化を恐れた。人生は変化におびやかされないときが一番よいと信じ、成長が可能であるまたは重要であると考えなかった。彼らは、受動的悲観的であり、常に、最悪を予想し、それゆえ進んで何かをやろうとはしなかった。

「ストレスに対して耐性が弱い人よりは、強い人のほうがよい」という、あまり驚かない結論にコバサは達した。このことばは、ストレスに対して頑健な人が聞けば素敵であろうが、ストレスに弱い人にとってはあまり役に立たない。しかしながら、「ハーディネス」を生まれながらの特性としてみるのではなく、環境との相互作用の一方法としてみることは可能であろう。そして「ハーディネス」は児童期においてしばしば学習されるが、成人期においてもまた学習され得るのである。

この観点からすると、ストレスの耐性に強い人は、問題を処理する際に状況の要因に帰属する傾向があるのに対し(環境が悪いので、環境を改善していこうとする)、ストレストレスの耐性に弱い人は、人の側の要因に帰属する傾向がある(自分は力がないのでどうすることもできない)。「ハーディネス」の概念を個人からカップルへ移行して考えると、「ハーディネス」の三つの成分――かかわり、コントロール、チャレンジ――は個人にとってと同じようにカップルにとっても重要である。ストレスに頑健なカップルは、ストレスを成長へのいい機会になる、コントロールすることができる挑戦とみる。これに対し、ストレスに弱いカップルは、疎外されている、脅威にさらされている、どうすることもできないと感じる傾向があり、かくして燃えつきを強める結果になる。

ハーディネスを、生まれながらの性格特性としてとらえるのではなく、学習できる態度としてとらえることによって、ハーディネスをまだ学習していない人は学習し、ハーディネスが弱い人は再学習することができる。このように、ハーディネスをとらえ直すと、ストレスに対して耐性が弱く、現在不幸である人にとっても、または、ストレスに弱い二人の関係をつくってしまい、現在不幸である二人にとっても、希望が出てくる。人はどのようにして、ストレスに対して頑健であることを学ぶことができるのか。文化がこの問題に大いに関係している。文化が異なると、自分を取り巻く世界の認知のしかたや対処のしかたの社会化が異なる。ある文化(たとえばイスラエル)では、ストレスに直接かつ積極的に対処する。別の文化(たとえば日本)では、間接的に対処する。このような文化差は燃えつきの可能性に大きな影をあたえる。イスラエル人とアメリカ人を比較して、例として示そう。

イスラエルとアメリカの両方の国で過ごしたことのある人はだれでも知っているように、イスラエルの生活は、アメリカの生活よりもかなりストレスが多い。イスラエルの国内および国の周囲でアラブとの交戦状態が進行中であり、兵役義務がある。そのため、身体的にも、心理的にも、ストレスが多い。兵役義務は、女性二年、若い男性が三年、そして予備役の男性は五五歳まで毎年一か月ある。経済的ストレスもある。また、異なる文化、宗教、政治集団間にさまざまな緊張がある。イスラエルのほうがアメリカよりも燃えつきが高いだろうと予測するのは自然である。しかしながら、データでは、イスラエル人はアメリカ人よりも低いレベルの燃えつきを報告している。注目すべきことは、これら二つの国の人々を比較したすべての研究で、同じ結果が得られたことである。仕事と結婚の両方において、燃えつきを、性、年齢、職業の点からわけてイスラエルとアメリカの二つの集団を比較して、研究した。データは予測しなかった、同一の結果が得られた。このような結果が得られた理由は、次のようなことが考えられる。

・イスラエル人は、人生、仕事、結婚に現実的な期待をする。アメリカ文化は多くの非現実的期待をいだかせるが、イスラエル文化は、アメリカ文化と違って、そうではない。したがって、イスラエル人は、失望することが少ない。

・イスラエル人は、自分の結婚が永遠に続くことを、アメリカ人よりも期待し、結婚に、アメリカ人よりも、強く、心を注ぐ。

・イスラエル人のストレス対処法は、アメリカ人よりも直接的で積極的である傾向がある。したがって、変化をもたらす傾向がある。アメリカ人の対処法は、ストレスを回避し、薬物やアルコールに依存する傾向がある。[62、63]

・イスラエルにおける実存的問題は、個人のレベルでも国のレベルでも非常に広大であるので、婚姻の問題やそのほかの個人的問題は、それにくらべると、小さいことのように思える。アメリカ人はかなり恵まれた社会に住んでいるので、婚姻の問題や、個人的問題は、大きいように思われる。

・イスラエルの社会構造はアメリカよりも個人やカップルを支援する。イスラエルの社会支援ネットワークは、アメリカよりも安定しているし、ストレスから個人やカップルを守る。

・一年に一か月の兵役義務は、イスラエルのカップルにとって、お互いに一年に一度の重要な休暇となる。それは、二人の関係の重要性を再確認し、互いへのかかわりを再確立する休暇となる。

・イスラエルの人々の間では、個人的問題や結婚生活上の問題を認めたがらない強い社会規範がある。そのような文化的制約があるので、イスラエル人は、アメリカ人よりも結婚生活上の問題を自分自身に対してもほかの人に対しても認めない傾向がある。

・イスラエル人がアメリカ人よりも燃えつきを経験しないのは、大きなストレスがあるにもかかわらずではなく、大きなストレスがあるからである。アメリカ人が仕事または結婚で失敗した場合には失敗の原因は、きわめてしばしば、人の側の要因に帰せられる（「自分はなんとダメな人間なのだろう」）。一方イスラエル人が失敗した場合は、原因は、状況、あるいは、組織に帰せられる（「政府がよくない」、「経済がおかしい」）。イスラエル人はアメリカ人よりもずっと失敗を自分のせいにはしない傾向がある。家族や友人のネットワークもまた失敗の原因を外に向けることを強化する傾向がある。

イスラエル人はアメリカ人と体質的に異なっていると考える理由はないので、考えられることは、イスラエルのカップルは、アメリカのカップルよりも燃えつきにいかに対処するかをよく学んでいるということである。

イスラエル人とアメリカ人の比較は、環境と燃えつきの間の問題の処理のしかたの個人差と相まって、次の結論に再び達する――「燃えつきは、人と主観的環境との相互作用に左右される。したがって、燃えつきは、避けられないことではない」。これは、よいニュースであるはずである。燃えつきと闘っている既婚のカップルにとって、また、「結婚には希望がない」ことを恐れて深い関係になることを避けている人々にとってもよいニュースであるはずである。もしすべての結婚が不幸に終わるなら、何といやなことだろう。しかし、そうではないのだ。

しかしながら、燃えつきは避けられないことではないという結論は、必ずしも熱心には受け入れられてはいない。なぜなら、カップルは自分たちの関係の質に及ぼす影響力をもっているからである。実際に、カップルは、お互いに、主観的環境の一部を構成している。いい換えると、各配偶者は、相手の環境の一部である。カップルは自分が住んでいる環境に影響されるだけでなく、また環境に影響を及ぼしている。私が子どものとき読んだ科学フィクション物語はこの影響を次のように述べている。

二人の科学者は翼のある稲妻の象徴である古代の神の始まりを発見したいと思った。伝説によると、神秘的な神は地球を訪れそれから消えた。科学者たちは、タイムマシン（時間の流れを越えて過去や未来に旅行するための架空の機械）を使って、時間をさかのぼり、多くのスリルある冒険をした。最後の冒険の終わりに、科学者たちは、怒った一群の戦士たちに追いかけられ、かろうじて、タイムマシンを使って、過去から逃れて、現代にもどることができた。無事に家に帰ってから、科学者たちは、冒険をふり返り、翼のある神の始まりを見つけることはできなかったことに気がついた。突然二人は、自分たちのヘルメットに稲妻のしるしがあることに気がついた。彼らは、古代の人々を訪ねて、それから、煙と火の雲のなかのタイムマシンで消えてしまったのであるが、自分自身が伝説の始まりであったに違いないということを悟ったのである。

時間を過去へさかのぼった科学者たちと同じように、われわれはみな、自分たちの関係をつくる際に積極的な役割を果している。そして、あの科学者たちと同じように、われわれはしばしば自分自身の影響に気づいていない。しかしながら、自分自身の影響は非常に強力である。それは、自分が始まりで雰囲気をつくっていくからである。このことを社会心理学者マーク・スナイダーとその共同研究者は、すばらしい実験で実証した。[193] 実験では、知り合いでない男子学生と女子学生が対になって、人々が知り合いになっていく過程の研究であると本人たちに思わせるようにした。

実験の参加者は、異性の人と電話で短い会話をし、その人と知り合いになるように教示を受けた。男子学生は、自分が話をすることになると思った女性の写真を受け取った。写真は、実際は、魅力という点で非常に高い評価を受けたか、または非常に低い評価を受けたものが前もって選ばれた。男性は非常に魅力的な女性の写真を受け取るかそれとも魅力的でない女性の写真を受け取るかは無作為に行なわれ、男性が話をする女性とは全然関係がなかった。女性の被験者は写真を受け取らなかったし、男性に渡された写真については何も知らなかった。

それから、各二人は、マイクロホンとヘッドホーンを使って、一〇分なにげない会話（「出身はどちらですか」、「専攻は何ですか」など）をした。テープレコーダーに各参加者の声を録音した。評定者は、被験者も、研究の真の目的も知らなくて、ただ、女性の声が入っているテープだけを聴いた。評定者は、活気、いちゃつき、熱意、親密さ、友好性の次元で、テープの女性の声を評定した。

研究結果によると、たいへん魅力的と相手の男性に認知された女性は、実際に、よりいちゃついた、友好的で、好意的な調子で話をした。一方魅力的でないと男性に思われた女性は、冷淡でそっけなく話した。

同様に、親密な関係において、配偶者を魅力がないと認知した人は、配偶者の魅力的でない資質を引き出し、かくして自分の負の予言を達成してしまうようなしかたで配偶者に接する。このような人は、自分の配偶者が、そとの社会的な場で、ずっと魅力的である——魅惑的で、友好的で温かい——ことを知って驚く。この驚きは、自分の配偶者は魅力がないと思ったことから端を発した離婚のあと、これが起きたとき、とくに、心が痛み、悩む。妻が洗練さに欠ける、魅力がない、セクシーでないと思ったために離婚した男性は、離婚のあと、元妻がセクシーでエレガントであり、楽しい女性に花開いているのを知ってショックを受ける。自分がいま探し求めている女性に元妻がなっていたのだ。二人が初めて会ったときそうであった女性になっていたのだ。

同一の人物が、状況によって、性的に魅力があったり、なかったり、積極的であったり、遠慮がちであったりする。あるいは、温かかったり、冷たかったり、楽しい人であったり、退屈な人であったりする。女性は相手の男性から肉体的に魅力があるとあつかわれることによって、いっそう肉体的に魅力がある行動をする傾向がある。そして、その女性の行動が、また、男性のその女性についての認知をさらに強める結果になる。二人は、二人の関係の質への影響力（同じではないとしても）をもっている。カップルが燃えつきを避けることができるかどうかは、二人の間に起きた、出来事の責任（少なくともある程度は）を取る意志があるかどうかに、かなり左右される。あるカップルは、愛の炎が、努力しなくても、自然に、ずっと二人の間に続いていることを期待する男女の神話を信じているので、この責任を取ろうとしない。

この受動性を身につけさせることは、自分の環境やそのほかあらゆることに積極的で直接的である人を、ストレスに対して頑健でない人にしてしまう訓練に似ている。受動性へのこのような訓練の負の効果は、失望にいたる非現実的期待や毎日の暮らしのなかで起こる腐食といっしょになっていっそう大きくなる。

人々が愛の関係で行動を起こすことを避けるもうひとつの理由がある。それは恐れである。ロロ・メイは次のようにいっている。

われわれがかつて指向した古い神話や象徴は、いまはなくなってしまい、不安がひろがっている。われわれが、ひとつのことをあるいはひとりの人を選んだら、もう一方を失うことを恐れて行動を起こそうとしない。われわれはとても不安であるので、新しいチャンスに挑戦しない。愛と意志はそのまっさきの二つの例である。愛と意志の根底が抜け落ちている[129]。

燃えつきの危険を意識するだけでは十分でない。燃えつきを避けるためには、行動を起こすことが必要である。行動を起こしているカップルは、生き生きした関係を保つために、二人がしていることを意識する必要はない。それでもなお、燃えつきの危険を意識することは、燃えつきを避ける大事な第一歩である。どんな関係でも同じであるが、変化を意識し、望むことはたいせつなことである。いったん問題が起きたら、問題を解決するためには、もっと直接的な行動が必要である。

ひとりの人間がもうひとりの人間の欲求をすべて満たしてやることはできないということは明確な真実であるが、あるカップルは、この現実にとてもうまく対応して生きている。これは、二人は、問題や不一致や失望をもっていないといっているのではない。しかし、二人は責任を取るのである。そして、問題、不一致、失望を自分自身およびパートナーについてよく学ぶ機会として利用する。

二人の成功は、少なくともある程度は、二人の環境のせいである。その環境は支援的で、刺激的で、比較的ストレスが少ない。二人の成功は、また、子どものときのよい経験の結果でもある。二人は、子ども時代のよい経験によって、矛盾のない異性のイメージ、そして、期待を実現でき、成長を強めることができる異性のイメージを発展させることができた。カップルの成功のために、ほかに重要なことは、次のような態度である。

・二人の関係への高い程度のかかわりの態度——これに対立するものとしては「受け入れるか拒むかのどちらかにする」態度である。
・二人の関係には自分がしていることが影響しているという意識・態度——これに対立するものとしては「二人の関係は、自分がしていることと関係がない」という態度である。
・チャレンジを愛する心・態度——これに対立するものとしては「ともかくやってみてもどうにもならない、だからやろうとすることは意味がない」という態度である。

このような前向きの態度をそなえているカップルは、最も重要な身体的、感情的、精神的、知的欲求を満足させる愛の関係を築いていくことに創造的エネルギーを注ぐことができる。エーリッヒ・フロムが「愛の芸術」と名づけているものに心を注ぐことによって[75]、すなわちカップルは、芸術家がたいせつな芸術作品を制作することに注ぐのと同じエネルギーと創造性をもって、自分たち二人の関係性を築くのである。

セラピストの覚え書き

セラピストの態度、価値観、信念は、セラピーの過程に強力な影響を及ぼす。セラピストがある方法がうまくいくと信じると、その方法をうけている人もまたうまくいくと信じる度合いは高くなる。あらゆることを考慮すると、カップルもカップルセラピストも燃えつきは避けられないことではないと信じることが最良である。

八章　燃えつきてしまったカップルと燃えつきないで愛し合っているカップル

愛されるために、愛することができるようになれ。

オヴィッド『愛の技巧』

古代のローマ詩人、オヴィッドは、恋愛の成功を望んでいる恋人たちの相談を受けて、愛は習熟すべき技巧と考えよと助言した。同様な提言を、一九〇〇年後にエーリッヒ・フロムが『愛するということ』のなかで、述べている。

どんな活動も事業も、愛のように巨大な希望と期待とをもって始まり、しかも、愛ほどきまって失敗におわる活動や事業はない。もしも、これが愛でなく何かほかの活動の場合であったなら、人々はその失敗の理由を知ろうとし、どうしたらうまくやれるようになるかと熱心に学ぶか、さもなければ、彼らはその活動をやめてしまうだろう。……愛の失敗を克服する第一の段階は、生きることが技術であるのとまったく同じように、愛が技術であることを知ることである。もしわれわれがいかに愛するかを学ぼうと思うならば、音楽や絵画や建築の技術のようなほかの技術を学ぼうと思うときに、われわれがまずしなければならないのと同じようなしかたで、学びはじめなければならないのである。……技術を学ぶ過程は、便宜的には、二つの部分に分けられる。すなわち、ひとつは理論に習熟することであり、もうひとつは実践の習熟である。……しかし理論と実践の習熟のほかに、さらにどの技術においても、名人となるために必要な第三の要素がある。——その技術に習熟することが究極の関心事となっていなければならないということである。

どうしたら人は愛の技術に習熟することができるか。愛の技術に習熟したら、燃えつき（バーンアウト）ないことが保証されるだろうか。これらの問題に解答するためのひとつの方法は、実際に燃えつきてしまったカップルと燃えつきていないカップルを比較・研究することである。私はそれを実施した。カップルが自分たちの関係を述べたものを分析すると、燃えつきてしまったカップルと、同じ年数結婚生活をしたがなお生き生きと情熱的関係を保っているカップルを分けたものは何であるかを識別することができた。

一〇〇組のカップルを対象とした研究で、私は燃えつき尺度（付録一を参照）で高燃えつき得点を取った者を上から一七%、低燃えつき得点を取った者を下から一七%取り出し、比較・検討した。この二群は、年齢、子どもの数、結婚年数の点で同じであった。データを分析して、この二群間の燃えつきの差異をよく説明している変数を一〇個見いだした。この一〇の変数は、本章で、燃えつきとの相関係数の高い順に考察していく。一〇の変数のそれぞれは、なんらかの点で、この本をとおして述べられている問題に関係している。その意味で、本章は、この本で述べてきた抽象概念をカップルの実際の生活経験で表現した具体例であり、まとめである。変数は、ひとつひとつ提示するが、けっして別々に作用しているのではないことを強調しておきたい。一〇の変数はすべて力動的に関連し合っており、すべての関係において、すべての時に、影響し合っている。これらの変数が、燃えつきてしまった群と燃えつきずに愛し合っている群の異なる男性と女性の生活において、どのように作用しているかを比較することは、厄介なことであり混乱する恐れがあるので、私は、例として二つのカップルをあげる。どちらのカップルも、この本には数度登場している。ひとつのカップル——ドナとアンドルー——は燃えつきてしまったカップルの典型例であり、もうひとつのカップル——エレンとアンソニー——は愛し合っているカップルの例である。

全体として自分たちの関係を肯定的に前向きにみるかどうか

燃えつき高群と低群の最大の差異は、全体として自分たちの関係を肯定的に前向きにみることができるかどうかであった。燃えつき低群（燃えつきずに愛し合っているカップルの群）のエレンは、次のように説明している。

私はお金には慎重です。アンソニーは行き当たりばったりで、浪費さえします。私は、私たちのお金を使うときは計画を立てます。そして二人が価値があると思うことにお金を使います。彼は自分が何にお金を使ったかもわからずにお金がなくなってしまいます。お金に対する彼の態度にはしばしばとても当惑します。……ほかにも困ったことがあります。……彼はなべをこがします。一度だけではありません。二度も三度もやりました。彼は一か月に一度はなべをこがします。彼はコンロにやかんをのせます。あるいは、スープの入ったなべをのせます。それから彼は本を読みはじめます。次には、家中が煙だらけになります。……

しかし私は、彼に激怒するたびに、「またやりましたね。私があれほどいっておいたのに」というのを思いとどまります。なぜなら、私は私たちの間にとてもすばらしいことがずっとあったことを思い出すからです。私の親友である人が夫でもあるとは私は何と幸せなのだろうと思います。私は夫と何でも話すことができます。夫は私を愛してくれていますし、これからもずっと私を支えてくれることを私は確信しています。

エレンは、なべをこがすような小さいことや、お金のような大きいことについて、沈着・平静を保つことができた。なぜなら、彼女は、アンソニーが彼女にとって、まさに大事な人であることを知っていたからである。なべをこがしかつ妻とコミュニケーションをすることができない、またはしようとしない人であったら、どうであったろうか。燃えつき高群（燃えつきてしまったカップルの群）のドナは、夫のうんざりするくせによっていかに彼および自分たちの結婚生活を嫌悪するようになったかを次のように説明している。

私が本当に不愉快になるのは、夫がくり返しやることです。私を怒らせたいだけの気持ちが動機になっているように思えます。たとえば、私の素敵なコーヒーカップを、家には二つあれば十分だといって、残りをガレージセールに出してしまうとか、あるいは、駐車違反金を、罰金が三倍になるまで払わないとか、あるいは、自動車保険を掛けないとか。

アンドルーは別の見方をしている。

私はあまりきちんとした人間ではありませんが、私なりの優先事項や私なりのやり方があります。重要だと思ったことはとても気をつけてやります。私のやり方で物をたいせつにしています。しかし、それが妻には気に入らないのです。彼女は彼女が望む通りにそして望む時間にものごとをやってもらいたいのです。私がそのとおりにやらないと彼女はかんしゃくを起こします。

人は自分たちの関係を全体として前向きに肯定的にみることができるときに、その文脈のなかで、なべをこがした、駐車違反料金を払わなかった、勝手にかたづけてしまったということをみつめることができる。しかし愛が二人の関係からなくなっているときは、わずかなイライラが信じられないほどの激怒の原因となる。たぶん、過失につりあわない怒りは愛への失望の最も明確なしるしであろう。一方、二人の関係が充実感をあたえ続けるなら、カップルは怒りを抑え、二人の関係がいかに多くの喜びをあたえているかを思い出すことができる。そのようなカップルは燃えつきない傾向がある。

相関係数は因果関係を述べはしないので、燃えつきが二人の関係の小さなイライラの原因であるか、小さなイライラが燃えつきの原因であるのかは明確ではない。しかし、この二つは密接に関連している。ドナはさらに彼女のイライラを次のように述べた。

いろいろなことが起こりました。離婚する決心を私が固めたのは私の誕生日の出来事でした。それは象徴的な出来事でした。私は、朝の六時に、ヨーロッパのいとこから、「誕生日おめでとう」という電話をもらいました。遠くから、わざわざ、お祝いをいってくれる人がいました。一方アンドルーはそばに座っていて聞いていましたが「誕生日おめでとう」とひと言もいってくれませんでした。……私は、彼が誕生日プレゼントを買ってくれる機会をいろいろつくりました。私は、本が好きだ、図書券でもいいといいましたその晩、私が仕事から家に帰ったら、彼が次のようにいいました。「本を探しに行ったが、本や図書券はよくないと思った。自分で本屋に行き、ほしい本を買った方がいい」。私を愛してくれる人はたくさんいるのに、私を愛してくれない人は夫なのだと、そのとき突然私は悟りました。彼は私をたいせつに思っていない。彼は私を愛していない。もし彼が私を愛していたら、彼はこんなふうには私をあつかわないだろう。私を愛していたら、私に何か特別のことをしたいと思うだろう。……私は日記に怒りの気持ちとその出来事をずっと書きとめてきました。うつ状態のときも、かっとなったときも、私は書き記しました。一四年間私は書きためました。

ドナは、怒りと憎しみの日記を書くことによって、アンドルーとの一四年の結婚生活で経験したいやなことすべてを憶えていた。もし彼女が代わりに愛の日記をつけていたら、素敵であったことをよく憶えていたであろうに、とわれわれセラピストは考える。彼女をイライラさせることが起こったときには、愛の記録からそれをながめると、結婚生活が素敵であったことを思い出したであろう。エレンは結婚生活のすばらしかったことをたどり、次のように述べている。

私は恨みを心にとめておくことは好きではありません。過ぎ去ったことをくどくどいうことは好きではありません。あるいは、うまくいかなかったことについて同じことをくどくどいうことは好きでありません。自分が橋の上に立っていることを想像します。私をイライラさせたことをみな投げ棄て、橋の下の水とともに流れさるのを見つめます。私の誕生日に夫のアンソニーにたいへん腹を立てたことがあります。家族と友人は大きなパーティーを開いてくれました。パーティーはたいへん感動的でした。私は愛されていると感じました。私にプレゼントをくれなかった唯一の人は夫のアンソニーでした。みなが帰ったあと、少し躊躇して、彼はどうしてプレゼントをくれないのかをたずねました。彼は何週間もプレゼントを考えてきたといいました。そしてプレゼントはどんなに大事かも知っているといいました。しかし彼はどんなにがんばっても、私が喜ぶと彼が確信できるものを思いつくことができませんでした。彼は、ついに、ちょっと待って、私に何がほしいかをたずねることにしたといいました。それでよかったとは私はいえません。誕生日や結婚記念日は私にとってとてもたいせつです。私は彼が何かをプレゼントしてくれたらよかったのにとやはり思いました。彼に率直にそういいました。私の感情をすべて話しているとき、私は怒っていることを話すことができるとは、私は何と幸せなのだろうと考えました。これは、前の夫とは、けっしてすることができなかったことです。アンソニーと私は、しばらく誕生日について話し合いました。そして最後に私は負の感情を橋の下の水に流しました。

「誕生日の出来事」を取りあつかう際のドナとエレンの差異は、性格の基本的差異を反映しており、ドナの性格は燃えつきを引き起こしやすいと主張することも可能である。しかしながら、エレンの「問題の見つめ方」は学習することができると、私ははっきり述べることができる。

ジャネット・ラウエルとロバート・ラウエルは、一五年以上結婚している三〇〇組の夫婦を研究した。彼らの研究の目標は、長期間の幸せな結婚の特徴を明らかにすることであった。彼らは次のことを見いだした。

幸せな結婚をしているカップルは純粋にお互いを好きで

あり尊敬している。夫と妻は、自分の配偶者は最良の友人であると考えており、一般的にいって、ほかのだれよりもいっしょにいたいと思っている。

幸せなカップルは長い年月の間には大きな喧嘩を経験している。しかし、二人の関係は、そこで生じた問題よりもたいせつであると常に心にとめている。幸せなカップルは、人の特性よりも問題の特性に焦点をあてることによって、問題を解決することを考えていく。幸せなカップルは、余暇のほとんどをいっしょに過ごす。幸せなカップルは結婚生活が常に五分五分であることはめったにないということをわかっている。ときには自分は八〇%をあたえなければならないが二〇%しか受け取れないということを彼らは知っているように思える。そして長い間にはそれはバランスが取れるようになることを理解している。[115]

これら四つの特徴はすべて、なんらかの点で、二人の関係を前向きに肯定的にとらえる能力・意志を反映している。配偶者が最良の友人であれば、イライラする出来事はその点から受けとめる。素敵なときをともに過ごしていれば、いやなことはそのうれしい肯定的文脈内で受けとめる。問題に取り組むとき、二人の関係を第一に考えると、小さないざこざが大きな破壊的な喧嘩になることはまずない。あなたの「公平な分け前」以上をあたえようとするなら、それはお返しがあり、お返しは慣習になっていく傾向がある。

同様な研究結果を、フローレンス・カズローとヘルガ・ハンメルシュミットは、報告している。彼らは、長期間続く「よい」結婚の本質的な構成要素を明らかにしようとした。研究は、主として、郵送法による質問紙法によってデータを収集した。結果は、同じく、長期間にわたって結婚を幸せにするには、友情、約束、同じ価値観の重要性を強調している。[104]

ジョン・ゴッドマンは、近作『結婚はなぜ成功したり失敗したりするのか』で、二〇の異なる研究および二〇〇〇組についての画期的調査研究の結果を述べている。ゴットマンと共同研究者はカップルの会話およびその他の相互作用についての三本のビデオテープを分析した。テープのデータは、電気を使って測定した生理的反応や質問紙や面接によるデータと相関があった。ゴットマンが報告した主な結論は、結婚をよりよい形で持続させるのに必要な肯定的相互作用と否定的相互作用の比を量的に表わすことが可能であるということであった。満足しているカップルは肯定的相互作用と否定的相互作用の比が五対一であることがわかった。二人の関係が成功するのは、少し否定的でたくさん肯定的な割合の相互作用である。カップルは、五対一の比を保つことによって、自分たちの関係を、全体として肯定的に評価している。[84]

最近、ジュディス・ウォーラースタインとサンドラ・ブレイクスリーは、『よい結婚――愛はどのようにしてなぜ続くのか』という本を出版し、よい結婚の理由は何であるかと問題を提起している。この本は、自分たちは幸福な結婚生活をしていると考えている五〇組のカップルを対象とした深層面接による研究にもとづいている。ウォーラースタインの面接を受けた男性と女性は、二人の関係が最良のときでもたいへんなことがあり、交渉を続けることが必要であったと認めていた。それにもかかわらず、ほとんど全員が、結婚は人生における最大の成果であると認めていた。いいかえると、二人の関係は、彼らの人生に充実感をあたえたのである。ウォーラースタインは次のように述べている。

> 各人が強く感じているのは、すべてを考慮すると、結婚は、欲求、願望、期待を満たすよさがあるということである。彼らは、どんなにパートナーをたいせつに思い、尊敬し、パートナーとの生活を楽しんでいるかおよび自分の欲求に対してパートナーがよく反応してくれることをどんなに感謝しているかを、感動的に、しばしば抒情的に、語った。[206]

社会的会合で、人々は、何度も、ウォーラースタインに、幸せな結婚の理由は何であるかについての研究で何を発見したのかとたずねた。彼女は気のきいた短い答えはせず、逆に、質問者に、聞き返した。彼女の大好きな反応は、「幸せな結婚の理由が何であるか私が知っているでしょうか。悪い記憶はみな忘れ去ることです」と笑いながらいったある女性の反応である。ウォーラースタインは書いている。「彼女はいい点をとらえている。たしかに、毎日の失望を忘れ大きな課題に目を向けることができることは結婚生活をうまくやっていくのに必要なことである……ささいなことを重要なことから分離することが必要なことだ」[206]。これが二人の関係を全体として前向きに肯定的にみつめる力になるのである。

コミュニケーションの質と量

「あなたとあなたの配偶者は、毎日どのくらいの時間をお互いへの直接のコミュニケーションに使っていますか」。これは話を必要としないことをいっしょに行なうのに使った時間を含まないし、ほかの人に夫婦いっしょに話をするのに使った時間も含まない。「あなたはあなたの配偶者とのコミュニケーションの質にどのくらい満足していますか」。「あなたがた二人はどのくらいタブーのことがらがありますか。二人の関係に影響しているのにけっして口には出さないことがらがどのくらいありますか」。燃えつきないで愛し合っているカップルと燃えつきてしまったカップルの間の二番めに大きな差異は、二人のコミュニケーションの質と量の差異であった。

幸せなカップルは、自分たちは「いつも」話をしているし、「絶対にすべてのこと」について話すことができると述べた。一方、燃えつきたカップルは、ささいなことについてさえ、相手と話をするのにたいへんな困難をともなうと述べた。彼らのコミュニケーションは、そっけなく、機械的であり、最小限にとどまっていた。幸せなエレンは現在の結婚（エレンにとっては第二の結婚）の成功はよい会話にあると次のように語った。

私の最初の夫と私は相手に対して本当には正直ではありませんでした。タブーになっていたことがらがとてもたくさんありました。もし私があえてその話題をもち出したら、彼は怒ってがなり立てるでしょう。結婚の破局に向かっているとき、私たちが話したすべてはだれが子どもをピアノのレッスンへ迎えに行くかのようなことだけでした。私たちはほかのだれかに惹かれたというようなことは一度も話したことがありません。それは単純にいえば、受け入れられないことです。しかし、もちろん、結婚生活を一〇年もしていると、そういうことは実際には起こります。そこで私たちはそういうことを否定しなければなりませんでした。それは自分にも相手にもうそをつく結果になりました。長い間そういう生活をしたあと、うそ、半分しか本当でないこと、口には出さないことの巨大なもつれを解きほぐすことができるかどうかわかりませんでした。そして別れました。そんなわけで、いまは、私はアンソニーとの関

ストレスへの対処の仕方

	積極的	消極的
直接的	・ストレス源を変える ・ストレス源に立ち向かう ・前向きの態度をとる	・ストレス源を無視する ・ストレス源を回避する ・家を出る
間接的	・ストレス源について友人と話をする ・自己を変える ・ほかの活動をする	・アルコールまたは薬物を使用する ・病気になる ・二人の関係が崩壊する

係をとてもたいせつに思っています。私たちはお互いに相手についてあらゆることを知っています。これはいっていいこと、それはいってはならないことと気にする必要がないことはとても安心です。すべての考えと感情を共有することができることは幸せです。もちろん、夫がほかのある女性がセクシーだと私にいったときは、嫉妬の苦しみを感じることをそれは意味します。しかしそのような経験もまた生活に刺激をあたえます。

私はカップルバーンアウトの研究の一部として、結婚におけるストレスは何であるかおよびどのようにしてそのストレスに対処しているかを人々にたずねた。私は彼らに一二のストレス対処方略を示した（上図を参照）そのいくつかは、次のとおりである。

・私はストレス源を変えようとしている。
・私はストレス源（または配偶者）を無視している。
・私は支援してくれる友人とストレスについて話をする。
・私はアルコールを飲む、精神安定剤あるいは薬物を使用する。
・私は私の配偶者と直接話をする。

・私はストレス源（または配偶者）を避ける。
・私は問題の肯定的な面を見つけようと努力する。

驚いたことに、「支援してくれる友人に話をする」は燃えつきと高い相関があることを発見した。いいかえると、人は配偶者との問題について親友に（またはセラピストに）話をすればするほど、それだけ配偶者との関係は燃えつきる傾向がある。

私がこの結果を初めて見たとき、コンピューターの印刷出力のところへ行き、まちがいではないかと確かめた。まちがいではなかった。さらに調べて、私は次のことを発見した。自分の配偶者に直接向き合うことは、親友に話をすることとは逆の効果がある。すなわち、直接向き合えば向き合うほど、燃えつきなくなる。私はまた次のことを見いだした。問題について配偶者と直接話をすることは、親友に話をすることよりも、燃えつきを予防するのにはるかに大きな効果がある。親友に話をすることは燃えつきを促進する効果がある。このような研究結果がわれわれに語ってくれていることは、二人の関係の問題について話をする一番いい人は、自分の配偶者であって、親友でもまたはセラピストでもないということだ。親友は味方である。この味方の支援は、配偶者の立場を理解するのには役立たない傾向がある。変化を可能にするのは、相手の立場を理解することである（いうまでもなく、親友に話をすることは、配偶者が問題は何であるかを理解するのに何の役にも立っていない）。

しかしながら、すべての一般化と同じように、これは、すべてのケースにあてはまるわけではない。信頼できる、よい友人に話をすることは、その友人が問題の複雑さを十分に理解し、配偶者の立場を理解するのに役立つことができるなら、二人の関係を悪くするのではなく、よくすることに役立ち得るであろう。これは、よいセラピストにおいてもまたあてはまることである。

もちろん、二人の間のコミュニケーションが途絶える前でなくあとになって友人に秘密を打ち明けて相談しはじめることもあり得る。人は配偶者と情緒的接触も言語的接触もなくなり、孤独に感じたとき友人に助けを求める。友人は情緒的支援をあたえ、混乱している感情を明確にし、現実をしっかり見つめるのを助ける。

カップルへの行動療法の一部としてコミュニケーションをいかにするかをカップルのために詳述した本が、最近出版された。その理由は、もしカップルがコミュニケーションスキルをもっていないと、行動療法の技法のどれもうまくいかないからである。カップルは感情や欲望をはっきりと表現するように訓練を受ける。そして次のようないくつかの規則をあたえられる——具体的にいえ。攻撃するな。話し合いはひとつの問題に限定し、しかも現在および将来についてせよ。パートナーの考えを終わりまで聞いてから自分の考えをいえ。相手の不平・不満に直接反応せよ。自分の不平・不満といっしょにして反応するな。観察した行動だけを取り上げよ。意図や性格特性をいうな——。しかしながらコミュニケーションを改善することに関心をもっているカップルに対して一番よい助言は、話をする時間を多くせよ、である。中年のカップルが私に語ってくれたのであるが、彼らのコミュニケーションは、犬を飼うようになってからいちじるしくよくなった。毎晩犬を連れて散歩するので、夫婦が話をする時間が飛躍的にふえた。カップルがいっしょに過ごすと、話をする機会はふえる。

話をする時間（量）が多くなると本当にたいせつなこと（質）を話し合う機会がふえる。いま起こっている問題あるいは起こるかもしれない問題を話し合うことは、二人の関係全体を前向きに肯定的にとらえるカップルの能力を高める。エレンは、彼女の結婚におけるコミュニケーションの問題が全体として結婚についての彼女の感情にどのように影響したかを次のように説明している。

アンソニーの家族は、両親も四人の兄弟もみなよく話をし、意見をはっきり表明し、声が大きいです。聞いてもらうためには、ほかのだれよりも大きい声を出しいい続ける必要があります。一方、私の家族では、声を張りあげることはめったにありません。この差異は結婚当初私には深刻な問題となりました。二人の間に不一致があったときいつでも、アンソニーは大きな声を張りあげます。私はおじけづいてできるだけ速く遠くへ引っ込みます。このことで彼と別れることを考えさえしました。しかし二人の関係はとてもよかったので、この問題を解決したいと思いました。私は引っ込みたい衝動にかられたときでも会話にとどまるようにしました。そして私は毎回彼に大きい声が私を萎縮させるのだといいました。アンソニーは、もし大きい声を出すと、自分がいおうとしている内容ではなくて、自分の声の大きさの問題に二人は取り組むことになるのを知って、声を張りあげたい衝動を抑えるようになりました。私たちはこの大きなハードルを乗り越えることができたので、私たちの関係全体がよくなり、私たちはとても信頼し合っています。

簡潔にするために、私は残り八つの変数を三群にまとめて考察する。各群には密接に関係する変数が入る（たとえば、身体的魅力、セックス、変化というふうに）。各群では変数間の関連も簡単に述べる。

身体的魅力、セックス、変化

カップルがお互いに相手の身体的魅力をどの程度感じているかおよびそれをどの程度表現しているかは、燃えつきてしまったカップルと燃えつきないで愛し合っているカップルの間の三番めに大きな差異であった。燃えつきてしまったカップルは、相手に対して、少し魅力がある、ぜんぜん魅力がない、嫌悪の情をもよおすまでのいずれかの感情を述べた。ドナは次のように自分の感情を述べた。

結婚した当初は、私はよくアンドルーの身体を見つめました。たとえば、ビーチで彼の身体をながめ、賞賛しました。彼は背が高く、すらりとしていて、魅力的な身体をしていました。いまはこの魅力は何もありません。私は時どき彼を見ますが嫌悪の情をもよおします。彼に対する私のこの身体反応がすべてを物語っています。彼との結婚に私がどんなに燃えつきているかを。

アンドルーも同じような感情を述べた。

結婚当初にはあった彼女の身体に対する興味はいまは全然ありません。たとえ私が時には性的に興奮しても——私は正常な健康な男性で、正常な性的欲求をもっています——、彼女の冷淡さと敵意が私のロマンチックな欲望を消してしまいます。残念なことです。かつてはすばらしいことがあったのに、いまは、全然ありません。

燃えつきないカップルのエレンは、夫の身体的魅力について燃えつきてしまったカップルの妻とはまったく異なった感じ方をしている。

アンソニーと何年もずっといっしょに暮らしてきましたが、彼の身体はこのうえなくすばらしいと依然として私は思いますｌ彼を怒ったときでも長く怒っていることはできません。なぜなら、彼のすばらしい目、髪、くちびるを私は愛しているからです。……私の怒りは溶け去ります。

アンソニーもエレンについて同じように感じている。

身体的魅力が長く続くとはかつては思ったことがありませんでした。しかし、一〇年以上生活をともにしたいままでも、エレンは、私が知っている女性のなかで、一番セクシーだと依然として私は思います。彼女の性的エネルギー、彼女の体、肌触りにいまでもとても興奮します。私たちが初めて会ったとき以上です。

燃えつきと、配偶者がもはや身体的魅力がないと思うのでは、どちらが先か。この問そのものからわれわれが学ぶことができることは、もし一方を変えることができれば、もう一方も変わり得るということである。したがって、この問に対する回答は、それほど重要ではない。

身体的魅力が男女関係では重要であることを知っているカップルでも、自分自身に負けて、次のようにいうことがある。「二人とも年を取った。一〇代にはもうもどれない。いったい年取った体は何の役に立つのだ。失ってしまったものはもどってこないのだ」。これは、単純にいって、そうではないのである。家のまわりでは身なりなどに構わなくなりやすい。カップルは、お互いに、自分も相手も年を取って魅力がなくなるのはあたりまえだと思うと努力しなくなる。この章でいうべきメッセージは、カップルは努力してらせん状に下方向へ落ちていくのを防がなければならないということである。そうしないと燃えつきは間近に来てしまうのだ。

カップルが相手にもはや魅力を感じなくなったらどうしたらいいか。アメリカの心理学の父である、ウイリアム・ジェイムスは、悪いムードから抜け出す最良の方法は、幸福の笛を吹くことであるといった。幸福の笛を吹くことによって、あなたはよいムードのなかにいるかのようにふるまうようになる。幸福の笛を吹くことによってあなたの基本姿勢が変わる。それがあなたの気分を変える。この技法は二人の関係においても役立つ。もしカップルがお互いに相手に魅力を感じているかのようにふるまうなら、もっと相手に惹かれるだけでなく、また、相手の魅力を増加させるであろう。そして自分は魅力があると思うなら、もっと魅力的になるだろう。「魅力があるかのように」どのようにふるまうかは、各カップルによる。幸いに、カップルが初めて恋をしたときどのように行動したかを思い出すことができれば、それを出発点にするのはいい考えである。これは、多くのほかの行動療法の技法と同じように、人工的で、ばかげていて、うまくやるのはむずかしいように思えるけれども、しかし、やってみると役に立つ。この挑戦は、ほとんどのケースにおいて、カップルがやってみようと決心すべきことである。

パートナーに身体的魅力があるかのように行動することは、パートナーの魅力的な資質をさらに、前向きの建設的な方向に引き出す傾向がある。これはカップルが愛し合っているときはきわめて明白である。同様に、時がたつにつれてそして家庭生活を送るにしたがって、パートナーが魅力的でなくなったと考え、その考えに合わせて行動することは、パートナーの最も魅力的でない資質を負の方向にさらにもっていく傾向がある。これは二人の関係が燃えつきてしまうときにはきわめて明白である。両方のケースにおいて、自分の行動がパートナーに影響し、パートナーについて自分がいだいた考えが本当になってしまう。

性生活

驚くことではないが、燃えつき低群のカップル（すなわち愛し合っているカップル）は燃えつき高群のカップル（すなわち燃えつきたカップル）よりもよいセックスを報告し、これには有意差があった。セックスの質は二人の間の身体的魅力に影響し、また身体的魅力によって影響される。ドナはセックスがうまくいかなかったことを次のように述べている。

夜、私が早くベッドへ行くと彼は遅くまで起きています。彼が早くベッドへ行くと、私が遅くまで起きています。したがって、セックスは全然していません。私は彼とセックスしたいと思わないし、キスさえもしたいと思いません。かつて私たちがセックスをしたときは、ちょうど私がセックスしたいと思っているときでした。彼はセックスがとても上手でした。事実彼は、過去数年は、私を性的に喜ばせてくれました。いまは、私の体は年をとり、彼に喜びをあたえることができなくなっています。彼は私の身体的魅力すべてを失ったのです。

一方、エレンは刺激的で濃厚なセックスを次のように述べている。

セックスはすべてのことをピンク色にします。基本的には同じことを何度もしているのですが、強烈に感じることに驚いています。愛し合うたびに、私のどこかが少し失望するのではないかと予想するのですが、けっしてそんなことは起こりません。セックスは二人に問題を見えなくするのではないかと時どき心配します。しかしそんなことはありません。二人が生き生きしていることが何よりの証拠です。

貧弱なセックスと燃えつきとの関係は、二つのことを意味する。ひとつは、燃えつきていくことによって、セックスが悪くなっていく。もうひとつは、セックスが退屈になるとき、それは燃えつきを促進する。しかし、カップルセラピストは知っているのだが、貧弱なセックスは二人の関係が悪くなっていることを意味するのだ。セックスは明らかに重要である。しかしセックスは燃えつき高群と低群を分ける変数のリストの五番めにすぎない。このことはたぶん次のことをわれわれに教えてくれていると思う。カップルがあらゆる性教育の本や実践およびあらゆる可能な体位を学んだとしても、二人の関係に愛がなければ、遅かれ早かれセックスは失望したものにならざるを得ない。セックスのマニュアル書は、とくに情報を提供するという点では価値がある。しかしあらゆる体位、あらゆる性感帯、各性感帯を刺激するいろいろな方法を知っていても、やはり、セックスパートナーにあきているカップルには、このようなマニュアル書はほとんど役に立たない。ロロ・メイは、このような失望について、次のように語っている。

セックスは、人間の逃れられない生物的本能に根ざしているが、常に少なくとも愛を伝達することができるように思う。しかし、セックスは、また、男性にとって救済というよりは重荷になっている。性愛のテクニックを述べた本は、二、三週間ベストセラーになっても、うつろな響きがする。というのは、ほとんどの人は、漠然としたレベルで悪くなっていくセックスをよくする性愛のテクニックを追求する異常さは、セックスがだめになっている程度に直接比例しているということに気づいているためだ。❤129

情熱的なセックスは感情的な高まりの産物である。恋愛は感情的高まりが続いている状態である。セックスの強さは時とともに弱くなっていくかもしれないが、生物的衝動に愛がかぶせるおおいは、セックスを刺激的に充足的にすることを可能にする。これは、二人が成長し二人の愛から充実感を得ることができる関係においてはとくにそうである。変化は、このようなカップルが成長し続ける方法のひとつである。

変化

クリストファ・バニーはナチ支配のフランスにおいてスパイの容疑で一八か月独房に監禁された。彼は監禁されてまもなく、変化は人生の薬味ではなく人生の食物そのものであることを知ったと書いている。[32] 私は、この本のはじめのほうで、変化は燃えつきの防御剤になることに気がついた。

一方、退屈は、燃えつきを促進する。とくに男性にあっては。したがって変化が上位一〇位以内に入っていることは驚くことではない。

変化とは行動を変えることである。ジョエル・ブロックによると、「慣れたパターンから計画的に抜け出し、自分自身の行動を変えること」である。[19] 彼は次のようにいっている。

行動を変えるためには、少しでも興味を示すこと、ぎこちなくてもやってみる勇気、長期的にみればより大きな満足が得られる希望をもって現在はある程度の痛みに自分をさらす意志を必要とする。……これはもちろんたやすいことではない。[19]

著名なカップル・セラピストであるリチャード・スチュアートは「変化を恐れる原理」を述べている。[197] ジョエル・ブロックは、それをさらに仕上げて、次のように述べている。

われわれは反応や行動を変えたいのだけれども、必ずしも変化を歓迎しない。われわれの生活のほとんどの領域において、新しい行動が痛みを和らげ、楽しみを約束するとしても、われわれは安定を重視し、変化に抵抗する。[19]

ブロックは、長期の二人の関係における変化に対して三つの共通の障害、すなわち、プライド、惰性、恐れがあると考える。

二人とも、典型的には、プライドから前向きの変化を抑えようとする。彼らは「改めること」は自分たちがこれまでやってきたことがまちがっていたことを意味すると思ってしまう。偽りのプライドが進歩をむずかしくすると同じように、惰性もまた役割を演じる。惰性から一度できあがったパターンは変わらない傾向がある。われわれが前進するためには余分なエネルギーが必要である。最初のエネルギーが投じられ、変化がうまく進行すると、あとはそれほど努力を必要としないだろう。しかし、この余分なエネルギーを投ずることがしばしば面倒である。けれども、変化の過程で最も強力な影響を及ぼすのは恐れである。恐れは、確立されたパターンが機能不全に陥っても、それを変えることを真剣に考えるときにわれわれを襲う感情である[19]。

このような障害を克服するために、カップルは段階を追って進み、やり通すことが必要であり、抵抗を予想し前向きに努力することが必要である。変化を求める人々にとっての実際的な基準は、自分がしていることは何でも、時には異なったやり方でやってみることである。セックスの領域では、カップルはしていることを変えるだけでなく、する時、する場所、方法を変えることである。このような助言・勧告は、人々は結婚生活内で達成することができる変化への欲求をもっているという前提に立っている。結婚生活内でというのは必ずしも事実ではない。性的変化を得る一番いい方法は、異なる性的パートナーによると思っている人がいる。このような変化を得るために、彼らは婚外の関係を求める。彼らは結婚から安定を得、婚外セックスから変化を得る。ケリスタ共同体は、第一次の基本的関係から変化と安定の両方を得ようとした。この共同体メンバーのひとりであるリルは次のように説明した。

> ひとりの人に、性的欲求、情緒的欲求、知的欲求、精神的欲求のすべてを満たしてくれることを求めることは、結局、無理な注文である。複婚貞節は、親密さの深さを犠牲にしないでこの問題を解決しようとする試みである。それは、一夫一婦の一番よい特徴と開放的男女関係の一番いい特徴とをいっしょにしたものである。親密さを共有し、安定の基礎を広くしているので、性的欲求から精神的欲求まですべてのことをひとりの人に期待するというプレッシャーはだれも感じなくてすむ。変化は、各人に、各パートナーについていろいろな刺激的なことをあたえるので、男女関係が飽きてくることはない。

変化は愛の行為をより刺激的にする。それはセックスの質をよくする。セックスの質がよくなると、配偶者はお互いに身体的により魅力があるようになる。身体的魅力、セックス、変化は、二人の関係の翼を表わす。次の変数は二人の関係の根を表わす。

よい評価、安定、支援

燃えつき低群の人は燃えつき高群の人よりも配偶者からよく評価されていると感じている。燃えつきたアンドルーは妻ドナが自分を評価していないことを知っていた。

彼女はいつも私の仕事をくさします。私の仕事は平凡で、彼女の仕事とは違って芸術的でないと彼女はいいます。経理の仕事が好きでたまらないというのではけっしてありませんが、それでもなお、彼女にけなしてもらいたくないのです。彼女は子どもっぽいいい方で何度も経理の仕事をけなしました。まるで石をたたき割るかのようでした。

ドナも夫から評価されていないと思っているし、夫を評価していないことを次のように述べている。

私はどうすることもできない状況のなかに閉じ込められており、無力感を感じています。私たちのどちらも変わることができないのは、明白だと思います。もしだれかが私たちを好きになり、私たちのよい資質を認めてくれるなら私たちは別れたほうがましだと思います。アンドルーは実際いくらかよい資質をもっています。私は自分が特別の資質をそなえた人間であるような気がします。私は情熱的で、あふれるばかりの才能があり、人々を楽しませることができます。アンドルーは、そのような私を全然認めてくれません。彼は私の何もかもがきらいです。

一方愛し合っているエレンは自分が夫から評価されていることを知っている。

前の夫は私をきびしく批判しましたが、いまの夫のアンソニーは私をよく評価してくれますので、夫の評価は私にとってとてもたいせつです。前の夫は、人文科学を専攻している人は「頭が弱い」、彼らがいうことは取るに足らないことばかりだと考えていたようです。彼は、かつて私の論文を読んだことがありましたが、はじめから終わりまで「まったくナンセンスだ」とつぶやいていました。彼はまた私を母としても女性としても批判しました。一方、いまの夫のアンソニーは、私を、仕事のうえでも、女性としても認めてくれています。彼は私の心のもち方を尊敬し、私の性格を愛し、私の容姿を気に入っています。そしてそれが私にとってとても素敵なのです。私の自己概念は彼といっしょに生活した結果いちじるしくよくなりました。

職場で評価を示すことはどんなに重要であるかを十分にわかっている人でも、家で評価を示すことがどんなに重要であるか忘れている。そしてデータは明確に示しているのであるが、配偶者から受ける評価、尊敬、認められていることが多ければ多いほど、結婚で燃えつきない傾向がある。同様に、ジュディス・ウォーラースタインは、幸福なカップルの研究において、発見したのであるが、夫にとっても妻にとっても、結婚における幸福とは配偶者から尊敬され、たいせつにされているという感情であると述べている。[206]

ある人々は配偶者以外の人に対しては気前よく容易に肯定的ことばを述べているのに、自分の配偶者に対しては肯定的ことばを述べることがなかなかできない。彼らは知人と話をするときは、注目し、共感し、尊敬しているふりをする。しかしながら、配偶者と話をするときは、恐らくは愛しているのに、しばしば乱暴で、がまんができず、あるいは、おおっぴらに批判する。彼らは、自分は配偶者を「所有している」ので努力する必要がないと、意識しているにせよ無意識であるにせよ考えているのではないかと思われる。評価されていないと思う感情と燃えつきの生起との間の相関は、評価の努力をしないことがどんなにまちがっているかを如実に示している。

自分を絶えず批判し、くさし、ほとんどあるいは全然ほめない人といっしょに生活をしている人は、何を考えているだろうか。そのような人はしばしば非常に否定的な自己イメージをもっており、それを抑圧している。自分を批判しくさす人といっしょにいることによって、悪感情の源を外在化する。したがって、彼らが大嫌いなのは、自分自身でなくてむしろ自分に悪感情をいだかせている批判的配偶者である。内部の批判家と直面するよりは外部の批判家を責める方がやりやすい。精神分析学によると、この問題への解決は、これらの人々がより肯定的自己概念を発達させることである。これは個人セラピーの文脈ではきわめて効果的に行なわれ得る。私自身の経験では、これはカップルの関係およびカップルセラピーの文脈ではさらに効果的に行なわれ得ると私は確信している。

社会心理学的方法によると、(私は三章で、三つの臨床的方法を述べたあと、この社会心理学的方法を貴重な方法として述べた)個人の病理に焦点をあてることは、カップルの問題を理解したりあるいは治療したりするのに一番いい方法ではない。その代わり、社会心理学的方法は、カップルの「恋愛の枠組み(romantic schema)」に焦点をあてる。日常生活のきまりきった仕事や時の流れとともにカップルが恋をしたとき機能した「恋愛の枠組み」は「結婚の枠組み(marital schema)」へ変化していき「恋愛の枠組み」ではなくなる。

「考え方の枠組み(schemata)」は社会的世界を理解するための準拠枠であり、経験によって形成される。考え方の枠組みというのは、われわれの心のなかの足場であり、入力してくる情報を整理し、構造化し、体系化するのに役立つ。われわれはけっして受動的な方法で情報を受け取っているのではない。そうではなくて、情報の入力は、既存の準拠枠すなわち考え方の枠組みを通すことによって、通常は、フィルターにかけられ、組織化され、解釈される。[11]

恋愛関係は二人が恋愛の役割の枠組みを恋人として分かち合うことから始まる。時とともに、「夫と妻」、「父親と母親」、あるいは「主婦と一家の稼ぎ手」の枠組みが恋愛の枠組みに取って代わる。恋愛の枠組みを復活させるためには、恋愛の枠組みの一部である行動や雰囲気を再創造する必要がある。カップルがこれを実現できるひとつの方法は、パートナーがいったよいこと、したよいことにいつ反応するか、またそのことがもし結婚して二〇年たっている夫または妻ではなく恋愛時代の恋人によっていわれたあるいは行なわれたとしたら、どのように自分は反応するかを考えることである。そうすれば、肯定的な行動が起こるようになる。新聞をもってくるような小さな行動がほほえみと感謝をもって行なわれるなら、恋人時代のことが再び起こる可能性が十分にある。

安定

燃えつきたカップルは配偶者との関係に安定がほとんどまたは全然ないと述べた。一方、燃えつきない、幸福なカップルは安定があり、それがたいへん肯定的で重要な報酬をあたえてくれていると述べた。エレンは次のように説明した。

　私は仕事をいつも「意欲的に」しています。職場では、ほほえみをもって仕事をうまくさばき、リードしていかなくてはなりません。帰宅すると、ほっとして防衛用の盾とマスクを取りはずすことができます。私は完全に自分自身になります。私は愛され受け入れられていると感じています。私の結婚は私の基礎です。家庭が基礎になって、私はどこへでも行くことができるし何でもすることができます。私はいつも夫に支援されていると確信しています。

アンソニーはつけ加えた。

　私たちの関係の成功は次の二つのことがらの結果だと思います。ひとつは、いっしょに生活しお互いに個人として成長・発達していけるように心づかいをしていることです。もうひとつは安定です。私にとって、この心づかいと安定が、最大限に人生を経験する機会をあたえてくれます。

安定が燃えつきを防ぐのに役立つことがわかっても、カップルは、どうしたら自分たちの関係をより安定したものにすることができるかがわからない。不幸にも、カップルにとって最も脅威となる話題のひとつは、どういうことが自分たちを不安定にするのかということである。さらに、二人の関係がとても不安定であると感じている人はそれを口にしない傾向がある。つまり、安定への脅威はカップルが口に出さない傾向があるが、恐らくはカップルが一番話し合うべきことがらである。

　安定は二人の関係の根、深さ、強さをあたえる。私が面接した人々の何人かにとっては、安定は、長期の二人の関係の最もプラスの面であり、興奮がなくなったことの埋め合わせ以上のものであった。ほかの人にとっては、あまりの安定は、退屈であり、よどみとうっとうしさを感じさせ、新しい発展の欠如を意味する。アンドルーは精神的経済的安定についてのこのマイナス面を次のように述べた。

　妻はいつもたいせつなものは安定だといいます。安定、安定、安定。それが私を圧迫します。私もたったいま安定について考えはじめました。お金をもうける自信はとてもあります。時間もたくさんあります。しかし、いつもうかるかはわかりません。妻は私の計画を踏みにじるような心配をします。それが私にはとてもうっとうしいのです。

女性は親密な関係において男性よりも安定を重要視する傾向がある。発達心理学者のJ・H・ブロックは、次のように主張している。「われわれの社会では男の子には、翼(自己実現)だけを、女の子には、根(安定)だけを奨励する。それは両方に損害をあたえている[20]」。

支援

社会的支援とは、自分は関心をもってもらっている、愛されている、尊敬されている、たいせつにされているということを知っていること、およびコミュニケーションをし、相互の義務を分かち合っている人々のネットワークに自分は所属しているということを知っていることと、医者のシドニー・カッブは定義している。カッブは社会的支援に関する広範囲の文献研究をして、社会的支援は、生活のストレスによる健康へのマイナスの影響、すなわち、関節炎から、結核、うつ病、アルコール依存症、情緒障害までの病気を防ぐということを示した[44]。私の研究でも、社会的支援は燃えつきの防御になることを見いだしている[157]。燃えつき高群と低群の比較が示すところによると、燃えつきてしまった人は、幸せな結婚をしている人よりも配偶者から支援されていないと感じていた。

支援は心理的幸福感にはなくてはならないものである。支援は次の六つの基本的機能にまとめることができる——①聴いてもらえること、②仕事の評価、③仕事上の挑戦、④情緒的支援、⑤心理的刺激、⑥社会的現実の共有。

①だれでも聴いてくれる人が必要である。とくに危機のときには聴いてくれる人が必要である。人はよく聴いてくれる人をありがたいと思う。直接助言をしたり、判断をしたりしなくても。人は痛みや欲求不満をわかってくれる人がほしい。喜びや誇りを大事にしてくれる人がほしい。大きな悩みや小さな出来事を共有してくれる人がほしい。

②職場では人は自分の分野の専門家からの評価を必要とする。人は、自分がしている仕事を理解できるすぐれた人からの肯定的フィードバックを求める。

③人は仕事で新しいことに挑戦しなかったら、よどみと退屈の危機に陥る。よい上司または才能のある同僚がいることによって人は伸び続けることができる。よい批判は考え方を刺激してくれ、人が成長・発達するのを奨励し

てくれる。

④だれでも、困難な状況にあるときには、支援してくれる人を必要とする。たとえ、その人が自分のしていることに全面的には賛成してくれなくても。少なくとも時折無条件に支持してくれる人が必要である。これはストレスが大きい状況ではきわめて重要である。ストレス下にあっては人は自分を万難を排して支援してくれる人を必要とする。この人は専門家である必要はない。

⑤心理的刺激があると、人は障害を乗り越え目標を達成するために、最善を尽くしているかどうかを考え、がんばることができる。たいていの人は最善を尽くしていないときでも最善を尽くしていると思い違いをする。あらゆる道を探索したわけではないときでも、あらゆる道を探索したのだと自分にいい聞かせることはなぐさめである。責任を取るよりもほかの人のせいにする方が気が楽である。しかし、心理的刺激によって、人は自分のいいわけを疑問視し、反省し、現実と取り組むようになる。

⑥いま何が起こっているのかを正確に把握できないと思ったとき、自分の社会的現実を共有している人、すなわち、世界を自分と同じ見方で見ている人、同じ価値体系をもっている人がいると、その人は自分にとってとてもたいせつな人であり役に立つ。ナンセンスといいたいようなことにみなが熱狂的に賛成している部屋で、このひとりの人と顔を見合わせることによって、自分の認識は正しいと知ることができるのはたいせつなことである。[❤171]

ちょっと見ただけで、ひとりの配偶者がこれら六つの機能すべてを果たすことはできないことは明らかである。たとえば、仕事上の評価や挑戦は、その人の仕事をよく知っている上司や同僚によってあたえられるものが一番よい。自分が必要としている支援（そのなかには、配偶者から期待するのは無理な支援がある）をしてくれないからといって配偶者に失望することは、まったく正しくない。配偶者に期待できることは、配偶者が聴いてくれることと、無条件の支援を少なくとも時どきあたえてくれることである（配偶者はしないようにいったのに、自分はやってしまい、それが失敗したとしても、人は自分の配偶者がなお自分を愛し、自分の味方であることを知りたいのである）。

配偶者から期待できる第三の支援は心理的刺激である。配偶者は、お互いに相手が防衛を吟味し、いいわけを疑問視し、通れない路上の障害物のように思えるものを探索するように励ますことができる。そして、配偶者は社会的現実を共有することができる。したがって、それはお互いに相手の世界観や現実の見方を支持するのに役立っている。

不幸にも、多くの人は、とくに仕事のストレス下にあるとき、いろいろな形態の支援の区別をする努力をしない。彼らは配偶者に自分に対してあらゆる支援をしてくれるように求める。そして配偶者が支援することができないときまたは支援しようとしないとき失望する。しばしば、この失望はことばに表されることなく、家庭生活に結びついていく。失望と後悔の雰囲気が結婚生活を蝕みはじめる。結果としてまず仕事で燃えつきる。次に、仕事の燃えつきがあふれ出て結婚生活が燃えつきる。

支援、安定、評価は、いつも相互に作用し合っている。この三者の力動的相互作用は二人の関係の燃えつきの可能性に影響する。聴いてもらい、無条件に支援されているという感情は二人の関係の安定感を増加させる。二人の関係が安定し、配偶者から評価されているという感情は心理的に刺激を受けやすくなり、成長する。社会的現実を共有していることは安定と相互評価を増加させる。逆に、このような支援の機能が二人の関係においてはたらいていないときは、そのマイナスの影響が強くなる。ドナはこのことを次のように述べている。

> 私は、私が接触しているほとんどの人から、仕事上の能力についても、夫婦としての能力についても、高い評価を受けています。しかるに、私は夫のアンドルーからは支援も評価も受けていません。まるで彼は私にほめことばをいうのを恐れているかのようです。私は彼から支援を受けていないので、私もまたお返しをしていません。さらに、彼は私の支援をありがたいと思わないと私は思います。評価されていないという感情は私をとても不安定にします。アンドルーもまた同じだと思います。

ドナは評価をされていない、支援されていないと感じているので、アンドルーに支援をあたえようとしない。同様に、アンドルーも支援されていないし評価されていないと感じている。したがって、アンドルーはドナに、彼女が必要としているとアンドルーがわかっている支援をあたえようとしない。その結果、二人はマイナスの循環にはまってしまった。そこでは二人とも欲求を満たすことができない。二人はコミュニケーションをしないので、このマイナスの循環から抜け出す方法がないのである。

自己実現と知的魅力

知的魅力は自己実現とともに二人の関係に翼をあたえる。自己実現はエイブラハム・マズローによる欲求階層の最上位にあるものである[127]。

自己実現は、自己の潜在的能力を十分に発揮し絶えず成長し続けることであるが、配偶者一人ひとりにとっても二人の関係にとっても重要なことである。親密な関係において自己実現することができればできるほど、人は燃えつきない傾向がある。

自己実現はこのようにすばらしいことであるのに、どうして、あるカップル関係では大きなストレスの原因になるのか。また、別れの原因になるのか。アンドルーは次のように説明している。

ドナは自分の自由な時間を私を含めない方法で過ごすことが好きで友だちとたくさんのときを過ごしていました。そこで私も彼女を含めない趣味をはじめ友だちをつくっていきました。結局私たちはほとんど共通のものはありません。私たちは共通の趣味・興味がなく、共通の友だちがなく、いっしょに楽しんだり、おしゃべりしたりすることが全然ありません。私たち二人は同じ家に住んでいる知らない人たちです。

一方、アンソニーは、彼の結婚の成功を、彼と彼の妻がそれぞれ成長し続けているという事実に帰属させている。彼は次のように説明している。

私たちの間にはたいへん強いきずながありますが、なお、私たちは、お互いを独立の個人として成長・発達し続けさせています。私たちは二人とも自分自身の趣味・興味をもっていて、必ずしも共有していません。私はフットボールの試合に行き友だちとゴルフをします。妻はフォークダンスをしに出かけますし、詩の読書会に友だちといっしょに参加しています。それで大丈夫なのです。私たちは重要な点は共有していますので。ほかにも多くのことを共有しています。

アンソニーとアンドルーの相違は、根と翼の間のバランスと関係がある。二人の関係が深いかかわりの根をもっていないとき、強力な翼を成長させているカップルは、お互いから離れ去っていって終わる。なぜなら、二人をいっしょにするものがないからである。一方、自己実現と成長の翼を発達させずに深いかかわりと安定の強力な根だけを成長させているカップルは、息を詰まらせるような関係に閉じこもり、わなにかかったように感じ、希望がなく無力感に襲われる、すなわち、燃えつきてしまう。

愛の情熱の炎を生き生き保つためには、カップルは、根と翼の両方を成長させなければならない。すなわち、二人の関係へのかかわりを犠牲にせずそして信頼と安定の基礎を失わずに個人として成長し自己実現をするように努力しなければならない。配偶者は互いの活動に少なくともある程度の関心をもつことがたいせつである。なぜなら、ほかの人々をともなういかなる活動も究極的には二人の関係への脅威となり得るからである。自己実現を達成する第一歩は、本質的なことを見いだすことである。たとえば、人生に意味をあたえることができることは何であるかおよびどのようにしてそれは達成され得るのかを見いだすことである。カップルにとっても個人にとっても役に立つ練習は、願望をひとつだけかなえてくれる美しい妖精に出会ったことを想像することである。その願望は何であろうか。その願望は魔法の杖がなくても達成することができるだろうか。

知的魅力

知的魅力は、燃えつき高群と低群の間に差異があった一〇番めの変数である。燃えつき高群の人は配偶者の知的レベルが低いのでうんざりするとしばしば不満をいう。その配偶者がほかのほとんどの人から知的レベルが高いと思われているのに。ドナは、アンドルーがほかの人から尊敬を得ているのを知っていながら、次のようにいう。

> 彼はとても聡明な男性であることはわかっています。彼は仕事で成功していると思います。しかし私にとって重要であることに関しては彼は少しも聡明ではありません。彼は美学や人間の感情というような、私にとって最も大事なことに理解がありませんし、たいせつに思っていないようです。こういう領域では彼は本当に鈍いです。

一方、燃えつき低群の配偶者は、知的魅力を自分たちの二人の関係のとても重要で刺激的な部分と述べている。エレンは次のようにいう。

アンソニーとのこれまでの人生で、私は彼に一瞬たりとも、退屈したことはありません。私は彼と、本、映画、人々、その他あらゆることについて話をすることが好きです。彼はとてもよく本を読みます。私も読書が好きです。彼は私にいろいろなことを話してくれます。私は彼の出来事についての分析を聞くのが好きです。私はいつも彼の知識のお陰で豊かになった感じがします。相互学習は私たちの関係のとても重要な部分です。

知的魅力は、自己実現と同じように、二人の関係の翼の部分である。独立の精神と興味をもっているカップルはお互いに相手に挑戦し、二人の関係における知的情熱の炎をよりよく維持することができる。そのような個人的興味が二人の関係に還元されたとき、成長をはじめる。知的情熱はカップルおよび二人の関係を伸ばしていく。

燃えつき高群と低群の間に差異があった変数はほかにもあったが、この章で述べた一〇の変数が二群の間に最も差異があったものである。

家事の分担

家事の分担は、予想に反して、カップルの燃えつきを防ぐ変数にはならなかったことは注目すべきである。カップルは二人の関係を全体として前向きに肯定的にみているとき、二人がそれぞれ相手に聞いてもらっているし気にかけてもらっていると感じているとき、二人の関係が人生に充実感をあたえているとき、家事の分担そのものは比較に値しない小さなことのように思われる。エレンは、彼の最初の結婚について語り、家事についての夫の援助の価値は小さいことを次のように述べている。

事態は本当に悪くなり、離婚することを考えはじめたとき初めて、彼は家事を手伝いはじめました。彼の仕事仲間の夕食会のあと、彼は皿洗いを手伝ってくれました。しかしそれはあまりに遅くあまりに小さいことでした。私はこの夕食会のために何時間も労力を使ったことを考えると猛烈に腹が立ってきましたので、彼の手助けにもはや感謝することができませんでした。私たちの結婚生活のもっと早い時期に彼が手伝ってくれたら、私は感謝したでしょうに。それから彼はけっして家事を手伝いませんでした。

労力節約器具の開発にもかかわらず、今日は五〇年前よりも家事が多くなっている。そう、電気洗濯機や乾燥機がある。しかし、また別々に洗う必要がある衣服が以前よりもふえて家事評論家は家事の分担という考え方を推奨するけれども、女性は依然として家事の重荷のほとんどを担っているのである。エレンは彼女の二番めの結婚について語り、次のように説明している。

アンソニーは手伝いたくないのではないのですが、彼は何をする必要があるのかよくわかりません。私が無視することができない明白なことでも。私たちはこの問題に直接取り組み変えようとしました。彼は私が指摘したこと、たとえば、汚れているキッチンカウンターに注意を払おうとしました。彼が皿を洗い終わったと自分では思ったあとキッチンカウンターが汚れているのです。そして私はカーペットの汚れのようなことは無視するようにしています。しかし、掃除婦が二週間に一度やってきてきれいにします。

これも私たち二人にとっては努力が要ります。

国民調査は、妻たちはきわめてしばしば夫の散らかしについて不満をいい、夫たちはきわめてしばしば自分の散らかしについての妻の小言に不満をいうと、結論している。しかしながら、カップルの燃えつきの研究によると、家事と燃えつきとの有意の相関は出てこなかった。女性は家事の重荷を男性よりも多く負担していると報告した。夫は家事をしても感謝されないと感じていた。両方のケースにおいて、二人の関係をつくっていくのもこわすのも、家事ではないのである。家事についての不満は、二人の関係においてほかのストレスがあることのバロメーターになる。ほかのこと、とくにコミュニケーションとセックスがよいときには、家事は重要ではないと考えられ、しばしば冗談の対象になるのである。

力動的なシステム

私が考察した一〇の変数すべてと紙数の制約から述べな

かったほかの変数は互いに影響し合っている。このことが意味しているのは、変数そのものの影響に加えて、また、変数は互いに影響し合って影響を増加させているということである。この点から考えると、コミュニケーションがよくなると、性生活がよくなる。性生活がよくなると身体的魅力が増す。身体的魅力が増すと、二人の関係全体を前向きに肯定的にみる能力が増す。それがコミュニケーションをよくする。そして、次々とよくなっていく。変数は力動的に互いに影響し合っているので、どの領域においてもプラスの動きをすると、上方向にらせん状に昇りはじめる。一方、マイナスの動きをすると、下方向にらせん状に下りはじめ、その最終段階が燃えつきである。

この「ドミノ効果」によって、燃えつきた関係を根と翼のある関係に変えることは、とても簡単なことのように思える。カップルがすべきことは二人の関係に対して前向きの、肯定的態度をとることである、あるいは、二人の関係におけるコミュニケーションの質と量を改善することである。しかしながら、われわれみなが知っていることであるが、この種の助言はいうのはやさしいが、実施するのはむずかしい。ほとんどのカップルは何をすべきかはわかっている。彼らの問題は、そのすべきことが二人の関係に起きるようにすることができないことである。

精神分析療法のカップルセラピストによると、ある人々は、無意識の動機によって親密な関係を破壊してしまうと信じている。幼児期の心の傷の経験ゆえに、このような人々は、自分は愛することができない、あるいは、愛は続かないと信じてしまう。そこで彼らは、親密な関係を積極的に破壊し、かくして、彼らの最悪の恐れが現実になってしまう。

このような無意識の破壊的力が、あるカップル関係においてはあり得ることであろうが、それは、ほとんどのカップル関係を破壊しているものではない。日常のイライラ、ストレス、よくない習慣、きまりきった家事が愛と情熱を腐食していく。カップルは自分たちの関係を積極的に破壊する必要はない。二人の関係が悪くなっていくときカップルは受動的にそれを見つめているだけでは、二人の関係はダメになってしまう。愛の腐食のこの過程が始まったら、止めることはむずかしく、逆転することはさらにむずかしい。変えることはたやすいことではない。変えることに対する最大の障害は惰性である。基本的には惰性のゆえに人々は「すべきこと」をすることができないのである。これは、すべきことが自分自身をあるいはパートナーを変えることをともなうときはとくにそうである。たとえば、「私はもっとがまんすべきである」、「彼はもっと自分の気持ちを打ち明けるべきである」、「彼女はいろいろ要求するのをもっと少なくすべきである」。しかし、人ではなく、状況を変えることは、やさしい。カップルがロマンチックな夜をいっしょに過ごしているときは、彼はずっと心を開き、彼女は要求することが少なくなる傾向がある。情熱の炎が消えてしまった二人の関係に情熱の炎を再び灯すことは容易なことではない。それは、二人の心づかいと努力を必要とする。一方の人だけが事態を変えようとするときは、課題は荷が重すぎる。しかし二人が変えることに心を注ぐとき、カップルは生活をよりよい方向に変えることができる。

カップルの燃えつきを防ぐための助言・勧告、および燃えつきが始まったらどう対処するのかの助言・勧告は、この本をとおして提示してきたが、できるだけ一般的に述べてきた。私の経験では、異性愛者も同性愛者もほとんどのカップルは、そのような一般化を、特定の状況に一番よく合うように翻訳することができる。これをするためには、カップルは次にあげることを知っていることは役に立つ。

・二人の問題はほとんどの場合病理的なものではない。
・二人の関係において最も困難な問題として経験していることは、幼児期の未解決の問題と関連している、また非現実的な期待や状況のストレスと関連している。カップル関係の文脈からこれらの問題に取り組むことは、問題を解決する一番よい方法であり、また個人的成長とカップルの成長を達成する一番よい方法である。
・カップルは自分たちの関係を変える力をもっており、これは自分自身を変えたりまたはパートナーを変えたりするよりもやさしい。
・カップルは、助言・勧告を実施したい欲求、時間、エネルギーがあることが必要である。
・ほとんどの場合、最も困難な課題は第一歩を踏み出すことであり、マイナスの循環を断つことである。そのあと、プラスの循環が始まり、動き出したら、次のステップは、やさしくなる。

「うまくいかないだろう」あるいは、うまくいくとしても、「自分にはできない」あるいは、うまくいくとして私たちがそれをすることができるとしても、「いまは時がよくない」と自分にいいきかせることによって、二人の関係を変えることを先延ばしにしやすい。変わることの予想はほとんどいつもなんらかの不安をともなう。しかしながら、ある変化が重要なものであるなら、いまよりほかにいい時はないのだ。ユダヤの律法学者ヒルレルは『父親の倫理』のなかで次のようにいっている。「もし私が私自身のために存在していないなら、だれが私のために存在するだろうか。もし私が私自身のためにだけ存在するなら、私は何者だろうか。そしていまでないなら、いつなのか」(第一章一四節)。

九章

恋愛と結婚の燃えつきの治療集会

私は恋愛と結婚の燃えつき（カップルバーンアウト）の治療集会において、これまでの章で提示した資料を使用した。この資料は経験学習の文脈で使用するときわめて効果がある。治療集会の参加者はまずカップルバーンアウトとはどういうものであるかを学んだ。そして、さらに、カップル関係で経験しているストレスに自分自身が果たしている役割に気づき、ストレスの始まりを理解し、ストレスを克服する新しくて前向きの方法を学んだ。三章で述べたようにほかのカップルも参加していることが、独自性のあやまりを是正するのにたいへん役立った。参加者は、自分たちの問題が独特ではなくてほかの正常で愛し合っているカップルに共通していることを発見した。

治療集会のもうひとつの利点は、日常の活動から離れて、支援的環境のなかで、カップルとして自分が直面している問題を、同様な問題をもっているカップル、あるいは過去に同様な問題をもっていたカップルといっしょに集中して考えることができることである。カップルバーンアウト治療集会の特徴は四つある。すなわち、カップルの問題を正常なものとしてみること、カップルの問題を成長への機会としてとらえること、個々のケースに合った助言・指導、および社会的支援。カップルバーンアウトの治療集会における実際の活動は特別のことは何もない。この治療集会は、成長を促進する方法で、カップルバーンアウトを取りあつかおうとする試みで、集中して具体的に行なうので、効果がある。この章で述べる活動は、治療集会においても、個人のセラピーにおいても、カップルセラピーにおいても使用できるものである。

過去一五年私はアメリカ合衆国および海外で何百もの治療集会を開いてきた。治療集会のあるものは、結婚の燃えつき（長期の親密な関係においていかにして愛の情熱の炎を生き生きと保つか）に関するものであり、ほかの治療集会は、仕事と結婚の燃えつき（仕事とカップル間の親密な関係のバランスをいかに取るか）に関するものであった。これらの治療集会の大きさはさまざまであり、一番小さいものは参加者が八人であり、一番大きいものは参加者が一〇〇人を越えたが、ほとんどの治療集会は参加者が二〇人前後であった。ある治療集会は一般の人に公開され、別の集会はトレーニングの目的のために専門家の集会の際に行なわれた。ある治療集会は同質で、年齢、バックグラウンド、問題が同じであるカップルが参加した。別の治療集会は異質で、年齢、社会的、経済的バックグラウンド、直面している問題が異なるカップルが参加した。治療集会の長

愛の情熱を生き生きと保ち結婚の燃えつきを防ごう

問題をどのように見るかは問題を解決する大きな要因になります。結婚生活の幻滅や不一致は個人の病理や失敗として見るのではなく，ストレスへの正常な反応として見るべきであります。結婚の燃えつきの概念的枠組みは，二人が人生をともにする過程に，大きなストレスや圧力がかかってきたと考えます。これらのストレスはとてつもなく大きくなり，時には耐えられなくなります。結婚の燃えつきの概念的枠組みでは，結婚生活のストレスは，普遍的で正常である，そしてカップルの集団のなかで一番よく治療できると考えます。この概念的枠組みは，カップルを対象とした研究および臨床的治療にもとづいていますが，罪悪感や相手への責めを取り除くのに役立ち，かくして，よりよい解決へエネルギーを注ぐことができるようにします。長い間生活をともにしてきたカップルは，どのようにして，愛の情熱の炎を再燃させるかを学ぶことができます。

この治療集会では，精神分析療法，行動療法，システム療法を簡潔に述べ，次に，結婚の燃えつきの心理の概念的枠組みを提示します。それはとても重要なものであります。結婚の燃えつきの心理の概念的枠組みに基礎をおいた数回の経験学習（実習）を行ないます。これらの実習は，カップルが結婚生活で燃えつきを引き起こしているストレスに，前向きに建設的に対処し，パートナーに心を開くのに役立ちます。

概要

- 結婚の燃えつきの心理とはどのようなものであるか
- 人は結婚生活でどのように燃えつきてしまうか
- 結婚の燃えつきの原因
- カップルセラピーへの臨床的方法と結婚の燃えつきの心理の概念的枠組み
- 魅力がストレスを予測する
- 理想の異性像による障害の発生
- 結婚のストレスを成長への機会に変えること
- 結婚の燃えつきから「根と翼」のある生活へ
- 仕事と結婚（家庭）のバランス
- 結婚の燃えつきの性差

推薦書

パインズ，A. M.（1996）『恋愛と結婚の燃えつきの心理』ルートリッジ出版社さは半日から一週間までいろいろであった。ある治療集会の参加者はカップルだけであり、別の治療集会の参加者は、カップルはもちろん、現在のカップル関係または過去のカップル関係で何が悪かったのかを考えたい既婚の個人および独身者であった。治療集会は構造化されていて、週末に集中して行なわれるものあるいは一週間生活をいっしょにして行なわれるものと、二時間から三時間の集会を、数回にわけて行なうもの、あるいは、半年間の長きにわたって行なうものがあった。

前頁の囲みは、これら治療集会の案内の一例である。この例では、治療集会の対象は長期間結婚生活をしている夫婦であった。

治療集会のようす

治療集会のはじめに、一日だけの治療集会の最初の時間であっても五日間の治療集会の最初の時間であっても、必要なだけ時間を取り、参加者全員が集団に自己紹介をすることは重要であった。順番に、参加者は、自分のカップル関係（何年間結婚している、新婚である、同棲している、恋愛中である、最近離婚した、あるいは一度も結婚したことがなく独身である）、この治療集会になぜ参加したか、どんな問題をかかえているのか、この治療集会にどんなことを期待しているのかについて語った。

自己紹介の別の部分では、各参加者に、自分のパートナーが自分について何というであろうか、および、パートナーは二人の関係の主要な問題として何をあげるであろうかを書いてもらった。これが前向きの経験になるようにするため、参加者には、自分のパートナーが自分についていうであろうと思う「いいこと」を書くようお願いした。この方法は、参加者が自分の立場ばかり主張する代わりに、自分のパートナーが自分についておよび二人の問題についてどう認知しているかを考える機会になる利点がある。

自己紹介には二つの目的がある。第一は、参加者の特定の欲求を把握することである。そうすれば、主催者は参加者の欲求をできるだけ充足する方向に治療集会をもっていくことができる。第二に、自己紹介は、主催者に加えて、参加者にも、治療集会において利用できる人的資源の情報を提供する。参加者間の相互作用は、治療集会のたいへん重要な部分である。治療集会の最も深まる活動は四人一組になって行なわれる。自己紹介を注意深く聴いて、参加者は、いっしょに作業するのに一番適切な人を少なくともひとりできれば三人全部を選ぶ。この二つの目的に加えて、主催者は、自己紹介に反応しながらそれとなく、治療集会の規範（たとえば、正直と開示（心を開くこと）は尊敬され歓迎されるが、批判、判定、攻撃は尊敬されないし歓迎されない）を伝えるようにした。

最初の二、三人が自分のカップル関係の話をするとすぐに、通常きわめて明確になることは、治療集会が、自分たちだけがかかえている問題だと思っていたことがまちがっていたと、見直される機会になるということである。「私も○○さんがいま述べた問題と同じような問題をかかえています」という発言が次つぎになされる。しばしばその発言は同じタイプのカップル関係にある人がしている。また、過去に同じ問題を経験し、いまは人生の異なる段階にある人や、異なるカップル関係にある人からも同じような発言がくり返される。すべてのケースにおいて、参加者にとって明白なことは、同じような問題に苦労して取り組んでいる人がほかにもいて、自分たちだけではないのだということである。

すべての参加者が自己紹介をし、自分たちのカップル関係の話をしたあと、週末のあるいは一週間の治療集会であれば、カップル関係はどんなにいいものであるかを思い出させる非言語的活動を参加者にさせることはとてもプラスになる。部屋にじゅうたんが敷かれていて参加者がその上に座ることができるような場所では、私は、カップルにお互いのパートナーに、足のマッサージ、首のマッサージ、肩もみをしてもらう。性的意味合いがある活動は避けてもらう。部屋が椅子だけの場合も、やはりカップルは、してもらう人が椅子に腰かけて背中を向けて肩と背中のマッサージをしてもらう。

参加者がなんらかの身体的接触を不快に思うようなら、別の非言語的活動をするように求める。参加者は大きな画用紙に自分たち二人の関係のシンボルを描くように求められる。各パートナーがシンボルを描いたあと、今度はカップルはいっしょになってひとつのシンボルを描くことを求められる。これらの絵は治療集会のほかの人が見ることができるように壁に張られる。絵は分析してもらうことができる。しかし、分析してもらわなくてはならないということはない。各参加者は自分のシンボルの意味を説明する機会をあたえられる。ほかのメンバーは、フィードバックすることができる。また、カップルはいっしょに絵を描いたプロセスを述べる機会をあたえられる（何を描くか、だれが何を描くかなどをどのようにして二人は決めたか）。これらの活動はすべて、カップル描画を除いて、治療集会に参加している独身者も行なう。

翌日（半日の治療集会ではこれが最初の部分になる）は、カップルバーンアウトの定義、その症状と危険な兆候（一章を参照）を学ぶことから始まり、燃えつきへといたる道と「根と翼」のある充実した生活へといたる道との二つの道を考察する（二章を参照）。この提示のあと、参加者は、通常自分の燃えつき（バーンアウト）のレベルを知ることにたいへん興味をもつ。参加者は、カップルバーンアウト尺度（付録一を参照）に回答することによって、自分の燃えつきへのレベルがわかる。カップルバーンアウト尺度は二一の項目から成り立っており、回答するのに一五分から二〇分かかる。回答者全員が自分のカップルバーンアウト得点を計算したあと、その得点が何を意味するか告げられる（四点は燃えつきを意味する）。主催者は四点以上を取った人に声をかけて休憩時間に話をすることはたいせつなことである。これらの人は燃えつきがひどい人々である。また得点が五点以上の人は、臨床的にうつであるので、専門的援助を必要としている。

五日間の治療集会では（あるいは参加者が関心があるなら）、次の段階は、カップルセラピーへの三つの臨床的方法、およびそれらを燃えつきの概念的枠組み内で統合することの、重要性の考察を行なう。参加者はこの資料に、とくに、自分と関係のある多くの例が含まれているなら、通常たいへん興味をもつ。

カップルバーンアウトの治療集会で用いられる理論的資料はこの本で述べられている内容である（とくに最初の三章である）。本を読むことと治療集会で情報を得ることとの相違は、治療集会では参加者はたんに情報の提示を受けるだけでなくむしろ情報と自分の生活とのかかわりを体験する機会があることである。この章で、これから私は、この体験学習の方法を述べるであろう。私がこれから述べる活動は、たくさんの部分から成り立っている。そのいくつかは、大きな集団で行なわれるし、またいくつかは四人一組で行なわれ、いくつかはカップルで行なわれ、いくつかはひとりで行なう。半日の治療集会では、はじめの三つの部分だけを行なう。

参加者は、選んだり選ばれたりすることに関する不安を避けるために、自己紹介の部を思い出し、自分と関心を共有すると思われる人々を識別する。参加者は、これらの人々のなかからひとりを、自分の支援グループのメンバーの人として選ぶ。次に、ペアになった二人は、自分たちの問題を共有する別のペアを選んで四人組を形成する。四人組はけっして夫と妻を含まないようにする。もし可能なら、お互いによく知っている人も含まないようにする。少なくともひとりは異性を含むようにする。この最後の提案の理由は、カップルの問題はしばしば性（gender）の問題が関係しているからであり、また、男性が、自分の妻が自分に対して不満をもっている場合、ほかの女性が夫との問題について話をするのを聞くことはきわめて貴重な経験であるからである。

四人組が形成されると（治療集会への参加者が四カップルの場合は四人組は二つしかできないが、そうであっても）、参加者は、順々に、次のようなことを語ることを求められた。どのようにしてパートナーと会ったか、そのときあなたの生活はどのようであったか、そして最も重要なことは、あなたはパートナーのどこに一番惹かれたのか。容姿がよかったというような一般的ないい方は避けて魅力的だと思った容姿のよさは何であったかを具体的に述べるようにいわれた。彼は男性的で荒っぽかったか、それともやさしく知的であったか。彼女は可愛く淑女のようであったか、それともセクシーで浮気っぽい感じであったか。参加者は、四人組のうちのひとりは時計係を務め、話をする持ち時間はひとり五分であることを注意するよう告げられた。そして恋に落ちた段階のことだけを述べ、そのあとの段階やいまの問題はまだ述べないようにいわれた。治療活動のこの部分は私の大好きなところである。私は常に四人組のひとつに参加し大いなる喜びをもって恋に落ちたすばらしい話に耳を傾ける。

二〇分から二五分たって四人組の話を止めさせるのはしばしばむずかしかった。なぜなら彼らはとても楽しんでいたからだ。いまやお互いのパートナーのすばらしい資質についてわかったので、問題について自由に話をすることができる雰囲気になった。カップル関係の問題は正常なことであると教えられると、また、参加者は、二人の関係の最もストレスになっている面について、あるいはパートナーの行動の最もストレスになっている面について安心して話をすることができるようになる。

治療活動の次の段階は、二人の関係の、あるいは、パートナーの行動の最もストレスになっていることを話すことである。参加者は「不満をいう」許容的雰囲気ができたので、大いに意気込んで不満を述べた。また、二〇分後に彼らの話を止めさせるのは通常むずかしい。しかし、このとき、参加者は、次の部（第三部）が最も重要であると告げられる。いまや、彼らの課題は、パートナーに惹かれたことが何であっても、惹かれたことといま最もストレスになっていることとの間の関係を見つけることである。この点を明確にするには次のような具体例がとても役に立つ。夫は妻が独立心が強いように思えたので妻に惹かれたが、いまは妻が彼に相談せずに自分のやり方でいつもやってしまうのでとても不満である。妻は夫が物静かでたくましい人であったので夫に惹かれたが、いまは夫が話をしないのにがまんができない（ほかの例は三章を参照）。

ある人にとっては、とくに心理学的考え方に慣れていないなら、この課題はむずかしいようにみえる。支援グループはこのような人を助けてつながりを見つけるようにしてやるのである。恋をしたときのパートナーの魅力といまパートナーについて一番ストレスになっていることとのつながりを知ることは、心理療法を受けているカップルにとっても燃えつきの治療集会に参加してカップルにとっても重要である。

グループの全メンバーがこのつながりがわかると（必要なときは主催者が助ける）、彼らはある個人的な仕事をする必要がある。それは次のような治療活動で役に立つ。その仕事は紙とペンを使って一〇分から一五分かかる。ひとつのページに、パートナーの最も魅力的なことと、パートナーおよび二人の関係の最も燃えつきの原因になっている特性とを、二つのリストに要約して書きとめる。これは、治療活動の最初の部分で述べた情報の要約を書きしるすものである。

治療活動の次の段階は異性の理想像と関係がある（二章を参照）。リラクゼーション・エクササイズ（顔の筋肉からつま先まで体のすべての部分をしだいにリラックスさせていく運動）のあと、グループのメンバーは、子どものとき両親とかかわった出来事を想い出すように求められる。五日間の治療集会のときは、彼らは自分の支援グループにこの出来事について話をする。次に、グループのメンバーはまた紙とペンを用いて二つのリストをつくるように求められる。ひとつのリストには自分の父母（あるいは子どもの時の親代わりになった重要な人である、養父母または祖父母）の望ましい特性すべてを載せる。もうひとつのリストには父母のマイナスの特性すべてを載せる。それからこの二つのリストは支援グループに見せる。この作業は二〇分から三〇分かける。

次に、グループのメンバーがするようにいわれたことは、二人の関係にとって最も重要なことである。それは、彼らがこれまでにつくった二つのリストのつながりをつけることである。すなわち、彼らのパートナーについてのプラスとマイナスの特性のリストと彼らの両親の特性のリストとの間のつながりをつけることである。パートナーの特性が親の特性と同じであるあるいは正反対であるとき、パートナーの特性に星印をつける。ほとんどの場合、一ページが星印でいっぱいになる。

親の特性と同じであるあるいは正反対であるパートナーの特性に星印をつける。理由は、よく知られている心理学的現象があるからである。われわれは親との未解決の児童期の問題（親は冷たく拒否的であるまたは干渉的でうっとうしい）をもっている場合、その親とそっくり同じである配偶者を選ぶにせよ、あるいは親とは正反対である配偶者を選ぶようにせよ、われわれは、なおその未解決の児童期の問題に取り組まねばならないのである。ほとんどの参加者は少なくとも星印が三つはある。配偶者選択に及ぼす魅力ある異性像の影響は大きい。治療活動のこの部分はカップルセラピーでもよく適用される。

治療活動の次の段階では、カップルは、それぞれが得た洞察にもとづき、カップル関係の燃えつきを改善する具体策を提案するよう求められる。グループのメンバーは、パートナーの最もストレスとなる特性のリストを、両親のマイナスの特性のリストと比較し、二つのリストの比較から、二人の関係で確保する必要がある最も重要なことは何であるか、すなわち、「核心となる欲求」を引き出すことができるかどうかを考えるように求められる。この核心となる欲求は、両親から得ることができなかったし、パートナーからも得ていないものである傾向がある。そしてそれは二人の関係で燃えつきを引き起こすストレスとなっていることが明らかになる。核心となる欲求は、パートナーから愛されたい、パートナーと無事でいたい、パートナーにとって特別でたいせつな人でありたい、パートナーから尊敬されたい、パートナーにとって唯一の人でありたいという「単純な」ことである傾向がある。その欲求を満足させることができなかった場合、それは、ほとんど常にカップル関係の大きなストレスとなる（たとえば、「夫がいつも遅れてくるという事実は、彼は私および私の時間を尊敬していないことを示しています」。「妻が私がそばにいるとき電話で女性の友人と長話をしているという事実は、私が彼女にとってそんなに特別でたいせつな人ではないことを意味しています」)。

グループのメンバーは、自分の核心となる欲求が何であるかわかると、次にその欲求を実現するために、パートナーにしてもらいたい具体的なことは何であるかを考えるむずかしい課題に取り組まねばならない。パートナーに、もっと愛して、もっと理解して、もっと尊敬してと抽象的にいうのではない。そういういい方は自分の欲求を表現しているが、自分の望まないしかたでパートナーから反応されるかもしれない。そこで、多くの人にとって大事なことであって、パートナーがすることができる、いうことができる、あたえることができることのリストをつくる必要がある。これは多くの人にとってむずかしい仕事である。そこで四人組という支援グループのメンバーからの示唆がとても役立つのである。四人組ではメンバーは、自分の核心となる欲求とその欲求を実現するためパートナーにしてもらいたいことを述べる機会があたえられる。グループのメンバーは、彼または彼女はパートナーの何に魅力を感じ何がストレスになっているかを知っておりかつ魅力とストレスがどのように彼らの理想の異性像(彼らの両親の特徴)と関係しているかをわかっているので核心となる欲求とその欲求を実現するためパートナーにしてもらいたいことについて示唆をあたえることができる。ほとんどの人の核心となる欲求はほぼ同じであるので(とくに彼らは同じ問題をもっていると思ったので、同じ四人組になることを選んだなら、同じであるので)、グループのメンバーは、お互いを励まして、パートナーに対してますます創造的な要求をするようにしばしば刺激する。

パートナーが少しは選択できるようにできるだけ多くの要求(少なくとも七つ)をすることはいいことである。できるだけ多くの創造的な考えを発生させるために、治療集会参加者みんなの前で、各四人組は、自分たちのグループで出てきた最も創造的で、楽しく思え、かつ成長を促進する考えを共有するように求められる。だれもが、自分の核心となる欲求に応えるように思えるよい考えを自分のリストにつけ加えるように奨励させる。

ここまでで、グループのメンバー四人でする仕事はほぼ終わった。あとの小さな仕事は一人ひとりが行なった。休憩時間のときだけ、カップルは会って自分たちのグループではどんなことが出てきているかを話す機会があった。これは、カップル関係の問題についての活発な討論の際に役立った。カップル関係の問題についての討論は、あるカップルにとっては新しい経験であり、別のカップルにとっては一度経験したことであるが長い間忘れていた経験である。しかしながら、いまは、作業単位がカップルに移行した。カップルはパートナーからしてもらいたい要求のリストをもっていっしょに座るようにいわれる。独身の人は、二人組みになって同じ課題をやる。

カップルは自分の核心となる欲求であることがわかったことを、お互いに相手に知らせ、その欲求はどのように二人の関係のストレスや自分の異性の理想像と関係しているかを説明する。また、核心となる欲求、ストレス、異性の理想像は、自分が求めている要求にどのように現われるかも説明する。二人は順番に相手からしてもらいたい要求を提示し（各人は自分の番のとき全リストを提示する）、各要求の意味と重要性を述べる。一方がひとつの要求をしたら、もう一方は、その要求に対し感情を込めて反応し、その要求を達成するのがどんなにむずかしいかまたはやさしいかを述べる。しばしば、カップルは要求が同じであることを知ってびっくりする（たとえば、週に一度ロマンチックな夕食をしたい。二人が交代で、その夕食をする場所を見つける責任を負う）。要求をしたあと、カップルは書面にした契約書をつくる。どこかに掲げておくことができるものである。そうすれば、記憶のゆがみにおかされることはない。契約書において、二人は、詳細に、これらの要求を実現するための約束事を述べる。三章で述べたように、このような契約書をつくることはカップル行動療法ではよく行なわれる。

治療活動の次の段階は最後の段階になるが、大きな集団で行なわれる。これは、アメリカの心理学者クルト・レヴィンの研究に影響を受けている。レヴィンは、人は大勢の人々の前で約束すると、行動を変える傾向がとても強いことを見いだした。各グループのメンバーは、順番に、自分がすることを約束したことを述べる。このプロセスは、構造上は、はじめの導入の段階で行なったことに似ているが、内容はたいへん異なっている。カップルは、導入の段階では、不満・ストレスを述べたが、いまや、二人の関係を改善するために自分の責任として自分が変えることを述べるのである。

二人の関係を築き上げていく責任を取ることによって、自己を見直すようになる。すなわち、重要な概念である「自己焦点（self-focus：人が自分に注意を向ける状態をいう）」による自己の見直しである。人は、無意識であっても愛する人をとても慎重に選んだのであり、等しく、いま、二人の関係に起こっていることに対して責任があるという考えをなかなか受け入れがたい。しかし自己焦点が強まると、やろうという意識が出てくる。

もうひとつの重要な概念は「相互選択」である。パートナー選択は相互的である。非常に理性的な男性が非常に感情的な女性を選んだのはけっして偶然ではないのだ。彼女も、同時に、そして同じ理由で、彼に恋をしたのである。彼は、彼女自身のもうひとつの部分を表わしていた。二人とも、相手に、子どものときに受け取らなかったものを受け取る機会を見たのである。彼にとっては、未解決の子ども時代の問題は、ヒステリーの母親と関係があり、彼は母親から自分を護らねばならなかった。彼女にとっては、未解決の問題は、非常に知的で疎遠な父親と関係があり、彼女は父親とは親しくすることができないと思っていた。二人はそれぞれ相手を未解決の問題と関係のある親と似ているので、選んだのである。しかし、彼らが一番望んでいることはパートナーがその親とは異なってくれることである。恋をしたときパートナーが魅力的であったことといまパートナーについて一番ストレスになっていることのつながり、および、魅力とストレスの理想の異性像とのつながりがわかると、二人はお互いに相手に対して自分は何を望んでいるかを伝えることができる。驚くことではないが、二人の欲求は関連している傾向がある（「感情を抑制せよ」対「感情をもっと表現して」、「もっと距離を置いて」対「もっと近くに来て」）。パートナー間のこれらの葛藤する欲求は、彼らのそれぞれの内面の葛藤を反映している。それゆえに、パートナーの欲求に応えることは、自分自身のためにも自分の成長のためにも最良のことなのである。

カップルバーンアウトの治療集会の利点は、大きな集団でも、四人組でも、ほかの人がいることであるが、このやり方すべては、ほかの人がいないカップルカウンセリングでも行なうことができる。多くのセラピストは、カップルを対象として仕事をするときは何をすべきかがわからなくなる。これは、たいへんスキルがあり個人のセラピーでは自信をもっているセラピストでも、そうである。しばしば、セラピストはまずカップルの一方と話をし、それからもう一方と話をする。経験の浅いカップルセラピストにとっては、ここに提示された段階の治療活動はたいへん治療に役立つステップになるはずである。治療集会のためには、二日から五日間のどこかの日数をとることができれば、いい治療活動ができるはずである。もうひとつの治療活動であるロールプレイングも集団のほかの人々がいることを利用する。そして、カップルが個人の問題で出演を望んでいるときはいつでも、あるいは、自己紹介をしているときに、集団の数組のカップルが共有している問題があることが明らかになったとき、ロールプレイングは行なわれる。

自分たちの問題で出演を希望するカップルは、集団の中央に座り自分たちの問題を提示するようにいわれる。各パートナーは自分の立場から問題を述べる。二人がいわねばならないことを全部いい、くり返しはじめたことが明らかになったとき、話をするのを止めるようにいわれる。それから、集団はカップルのどちらかと立場が同じ人がいるかどうかをたずねられる。二人の人が手をあげたとき（彼らはカップルである必要はないし、事実、ほとんどの場合カップルではない）彼らは、集団の中央の最初のカップルの隣りに座るようにいわれる。そして話し合いが中断したときは参加して話し合いを続けるようにいわれる。ほとんどの場合、新しいカップルが、自分たちの問題であるかのように話し合いに参加するようなことは生じない。

少なくとも四組のカップルが部屋の中央に登場するまで、あるいは、集団全体が、問題のどちら側かにつくまでは、この過程がくり返される。この治療活動は、ほかのカップルが自分たちと同じ問題をもっていることを明確にすることによって、カップルが自分たちの独自性のあやまりに気づくのに役に立つ。さらに、このロールプレイングによって、カップルは、ほかのカップルが問題を話し合っているのに耳を傾け、カップルの問題についてより客観的な視点を取得するようになる。出演者以外の人々もまた、カップルの問題はいかに普遍的であるかがわかるようになる。そのことは、彼らに、自分たちの問題を集団討論にもち出す勇気をあたえる。一週間という長い治療集会では、通常、ほとんどのカップルがこの過程までたどりつくことができる。週末だけの短い治療集会では、通常、二・三のカップルだけしかこれを行なう時間がない。しかし、ほとんどの人がこのロールプレイングに出席するので、代理経験をすることができる。

カップルバーンアウトの治療集会で用いられる別の治療活動はソシオドラマ（集団をサブグループにわけ、特定のテーマをドラマをとおして探究する集団精神療法の技法）である。集団に標準的な問題が出たとき、とくに男性・女性によって見解が分かれるような問題の場合（たとえば、カップルは一夫一婦制がいいのか、それとも開放的な関係がいいのか）、ソシオドラマは、問題を考えるのに役立つ貴重な技法である。私はこの治療活動を、部屋を横切る想像上の線を引くことによって、はじめる。線の両端は、極端な立場である（一夫一婦制の関係だけが真の親密性をもたらし、真の愛を発達させる、対パートナーを自由にさせてやることによってのみ、あなたは真に愛し合うことができる）。私は二人の希望者にこの極端な見解を、説得力があるように、提示してもらう。たとえその見解は自分の本当の見解よりも極端であっても。二人がなるほどと思わせるように極端な見解を述べたら、私は、さらに、ほかの希望者に、この極端な見解を補強する情報を述べるように依頼する。二つの極端な立場が完全に明確になったあと、私は、ほかのメンバーに、この問題で自分の見解を一番よく反映すると思われる想像上の線の位置に立つようにお願いする。話し合いの間に、自分の見解が変化したら、線上を移動するように参加者にお願いする。

「根と翼」を集団で探究するために、私はまたソシオドラマを用いる。「根と翼」については二章の終わりで述べた。想像上の線の両端に二つの極端な立場がある。「根」（かかわり、安定、親密）対「翼」（自由、自己実現、興奮）。私は、あるカップルに、この二つの極端な立場を擁護するようにお願いする。このカップルにとって根と翼は葛藤している問題である。二人がなるほどと思わせるようにそれぞれの立場を擁護したあと、私は別のカップルに参加するようにお願いする。極端な二つの立場が明確になったら、私は、ほかのメンバーに、この二つの立場の間の線上に立つようにいう。この作業のあとの集団討論では、カップルは、通常、個人としても、カップルとしても「根」と「翼」の両方をもつことが重要であるという結論に達する。彼らは、カップルの一方のメンバー（通常は妻）が「根」の代表であり、カップルのもう一方（通常は夫）が「翼」の代表であるように彼らの役割を分割しないことがたいせつであることを理解する。二章で述べたように、一番幸せで、一番燃えつきていないカップルは二人とも「根」と「翼」の両方をもっているカップルである。

治療集会の最後の段階は将来の計画にあてられる。そのひとつの方法は、参加者に五年後の生活のある典型的な一日をできるだけ詳細に想像してもらうことである。一番よいのは今日から五年後の金曜日の朝を想像して、朝起きるところから夜寝るまでをできるだけ詳細に述べることからはじめることである。そしてパートナーと関係する活動や感情を強調する（たとえば、朝起きたときパートナーのことをどのように思っているか。パートナーに手を伸ばして接触したか)。金曜日にイメージをスタートさせる利点は、そうすると、週末の活動の計画が探索できるからである。将来を計画する際にイメージをこのように利用することは、カップルに、治療集会で学んだことを利用して、二人の関係を再構成し、いまや二人にとって一番いいと信じる方向に二人の関係をもっていくために、生活を立て直す機会をあたえる。あとに、カップルは、自分たちの計画にもとづいて、心に描いている方向に、将来をもっていく具体的プランを立てるように求められる。

治療集会は、最終のフィードバックをすると、終わり、解散となる。治療集会の終わりまでに、参加者どうしは、始まるときは知らない人であったが、別れるときは抱擁をして深い感情を表出する。

治療集会に参加したカップルが近くに住んでいる場合は、彼らはしばしば、電話番号を教え合い、カップルの支援グループとして会うことを計画する。

●付録一● カップルバーンアウト尺度

カップルバーンアウト尺度は自己診断の用具である。ここではカップルバーンアウト調査票の次に提示してある。この尺度のあとに、燃えつき得点の計算のしかたおよび解釈のしかたを載せてある。付録二では、この尺度の信頼性と妥当性を示してある。九章では、カップルの燃えつき治療集会におけるこの尺度の利用のしかたを述べた。

カップルバーンアウト調査票

・あなたはあなたのパートナーに初めて会ったとき、パートナーの何に惹かれましたか。

・あなたが二人の関係をもつことを決心したとき、あなたの希望や期待は何でしたか。

・理想のカップル関係についてのあなたのイメージはどんなふうですか。

・あなたのパートナーについてまたはあなたのパートナーとの関係について、最もストレスになっていることを三つあげてください。

①

②

③

・あなたは通常これらのストレスにどのように対処していますか。

①

②

③

・あなたのストレス対処法はどのくらい成功していますか。

1 ― 2 ― 3 ― 4 ― 5 ― 6 ― 7

全然成功していない（1）　ある程度成功している（4）　とても成功している（7）

・もしあなたがパートナー以外の人と親密になったら、パートナーと別れますか。

1 ― 2 ― 3 ― 4 ― 5 ― 6 ― 7

全然別れない（1）　わからない（4）　きっぱり別れる（7）

あなたの回答を説明してください。

カップルバーンアウト尺度

次の質問に答えることによって、あなたの結婚または親密な関係における燃えつき得点を算出することができる。

あなたは次のような経験をどのくらいしていますか。あなたの経験に一番あてはまる番号を（　）に記入してください。

けっしてない	1
まれにある	2
たまにある	3
ときどきある	4
しばしばある	5
たいていある	6
いつもある	7

①疲れている（　）
②気分が沈む（　）
③楽しいときを過ごしている（　）
④体が疲れきっている（　）
⑤精神的に疲れ果てている（　）
⑥幸せである（　）
⑦何もかもやる気がしない（　）
⑧もうこれ以上がまんできない（　）
⑨不幸である（　）
⑩体を悪くしている気がする（　）
⑪こんなはずじゃなかったという思いである（　）
⑫自分は駄目な人間のように思う（　）
⑬うんざりする（　）

⑭悩んでいる　（　）
⑮パートナーに幻滅し憤慨している　（　）
⑯よく眠れないことがある　（　）
⑰望みを失っている　（　）
⑱パートナーに拒否されている感じがある　（　）
⑲楽観的な気分である　（　）
⑳元気いっぱいである　（　）
㉑不安である　（　）

あなたの燃えつき得点を算出する方法

【ステップ一】次の番号の項目に書いた数字を足してください。

①、②、④、⑤、⑦、⑧、⑨、⑩、
⑪、⑫、⑬、⑭、⑮、⑯、⑰、⑱、㉑　合計（　）

【ステップ二】次の番号の項目に書いた数字を足してください。

③、⑥、⑲、⑳　合計（　）

【ステップ三】32からステップ二の合計を引いてください。

32－（　）＝（　）

【ステップ四】ステップ一の合計とステップ三の合計を足してください。

（　）（ステップ一の合計）＋（　）（ステップ三の合計）＝（　）

【ステップ五】ステップ四の答えを21で割ってください。

（　）÷21＝（　）

これがあなたの燃えつき得点である。

燃えつき得点の評価のしかた

得点4は燃えつき状態を示している。得点3は燃えつきの危険な兆候と考えられる。得点5は危機的状態を示している。得点5以上はいますぐの支援の必要性を示している。得点2以下は、二人の関係がとても良好であることを意味している。

仕事の燃えつきを評定するために、同じテストを、少し修正して、使用することができる。そのためには、回答者は、仕事および仕事関係の人（上司、同僚、サービスの受け手など）に関する燃えつき尺度に回答する必要がある。仕事の燃えつきのレベルとカップル関係の燃えつきのレベルを比較することは、おもしろいし貴重である。

もちろん、ほとんどすべての自己診断の用具についてそうであるように、燃えつき得点の値は、回答者の正直性に左右される。もし回答者が不正直であり、実際よりもよいようにあるいは悪いようにしようとするなら、テスト得点は、燃えつきに関してはほとんど診断的価値はないであろう。

●付録二●
カップルバーンアウト尺度の信頼性と妥当性

燃えつきは、身体的、感情的、精神的疲労の状態であって、情緒的に負担の大きい状況に長期間かかわってきた結果、生じるものである。そのような状況は、典型的には、期待と現実のあまりにも大きいズレが原因となっている。人がいだく最も重要な期待は、人生に意味をあたえるものを見いだすことである。親密な関係でそれを見つけようとしたが失敗したとき、結果は、カップルバーンアウト（恋愛と結婚の燃えつき）である。

カップルバーンアウトのレベルを測定するためには、その三つの成分――身体的疲労（たとえば、疲れている、体を悪くしている気がする、よく眠れないことがある）、感情的疲労（たとえば、気分が沈む、こんなはずじゃなかったという思いである、望みを失っている）、精神的疲労（たとえば、自分は駄目な人間だと思う、パートナーに対する幻滅と憤慨）――を表わす二一の項目の尺度に回答しなければならない。これらすべての項目は七段階尺度（1　けっしてない、4　ときどきある、7　いつもある）でその頻度を回答するものである。回答者は、親密な関係においてそのような経験をどのくらいしているかを示すように求められる。燃えつき得点は、個々の項目への回答の平均を算出することによって、表わされる（付録一を参照）。

尺度の再検査法による信頼度は一か月間の間隔で.89であり、二か月の間隔では.76であり、四か月の間隔では.66であった。内部一貫性は研究対象のほとんどの標本を使ってα係数を算出して評定した。その結果、α係数の値は.91から.93の間であった。個々の項目と燃えつき合計点の間のすべての相関は、すべての研究で.001のレベルで統計的に有意であった。たとえば、一〇〇組の男性と女性を対象としたある研究（サンフランシスコでの研究）では、個々の項目とカップルバーンアウト合成得点との間のすべての相関は.001レベルで統計的に有意であった。相関係数 r は.53（体が疲れきっている）から.86（うんざりしている）までにわたっていた。

燃えつきの理論的定義と尺度の全項目が密接に対応しているので、尺度の内容的妥当性が高いことがうかがえる。

二〇〇人の男女（ハイファでの研究）の回答をもとに行なった因子分析は、尺度は基本的には単一の構成概念を測定していることを示した。因子分析は主軸法によって行なわれた。第一因子（感情的疲労因子）が、カップルバーンアウト合成得点の分散のほとんどを説明していた。第二因子（身体疲労因子）は、分散のわずかしか説明しなかった。

カップルバーンアウト尺度の概念的妥当性は、数個の理論的関連変数との相関分析によって検証された。たとえば五八人の男女を対象とした研究では、燃えつきとパートナーと別れたい気持ちとの相関は、$r=.56,\ p<.0001$ であった。一〇〇組のカップルを対象とした研究では、燃えつきと生活の満足度とは、負の相関があった（$r=-.52$）。結婚の満足度とは $r=-.53$、配偶者に対する満足度とは $r=-.49$、自己に対する満足度とは $r=-.45$ であり、すべての r の値は.0001レベルで統計的に有意であった。燃えつきは、また、感情の状態と負の相関があった（$r=-.41,\ p<.0001$）。身体的状態とは $r=.-35,\ p<.0001$ であった。燃えつきの自己診断と配偶者からみた燃えつきのレベルとは正の相関があった（$r=.42,\ p<.0001$）。この相関係数が有意であることは、人は配偶者の燃えつきを認識することができるということを例証しているだけでなく、またこの測定用具の妥当性をも示している。カップルバーンアウトは、身体的状態よりも感情の状態と高い相関があることは興味深い。この結果は因子分析によって明らかになった燃えつきの特徴にも適合する。因子分析では、感情的疲労症状が身体的疲労症状よりもずっとバーンアウト合成得点に寄与していた。

訳者あとがき

本書は、一九九六年に出版されたパインズ（Pines, A. M.）著"Couple Burnout." Routlegde. を翻訳したものである。

翻訳は、高橋丈司がまえがき、一、二、三、六、七、八、九章、および附録一、二を担当し、岩田昌子が四、五章を担当した。

本書は、男女の出会いから別れまでを、社会心理学の研究と臨床心理学的実践にもとづき述べたものである。著者パインズは、アメリカの心理学者であり、カップルセラピストである。愛し合った男女が別れるのはなぜなのか、そしてそれを防ぐにはどうしたらよいかを、カップルバーンアウト（「恋愛と結婚の燃えつきの心理」と本書では訳出した）という概念を提出して、述べている。

本書は、専門家のために書かれたものであるが、一般の読者にとっても分かりやすいと思う。その理由は二つある。

ひとつは、燃えつきたカップルと燃えつきないで愛し合っているカップルの具体的な事例をたくさん使用しているので、心理学の概念および著者が言おうとしていることがよく理解できるという点である。もうひとつの理由は、治療集会で本書がテキストとして使用されているという点である。九章のカップルバーンアウトワークショップ（本書では「恋愛と結婚の燃えつきの治療集会」と訳出した）では、本書をテキストとして、心理学やセラピストの専門家ではない一般の人（カップルや独身者）を対象として開いた治療集会について述べているのであるが、この治療集会において、一般の人が理解できるように配慮して、著者は本書を執筆したと思われる。

パインズによると、アメリカでは、一九八一年に、二四二万二千組が結婚し、一二一万三千組が離婚した。結婚したカップル数の半分強が離婚している。また、アメリカは、離婚率が世界で一番高く、初婚の半分は離婚し、大人の四一％は人生のどこかで離婚を経験するという[21]。

一方、日本は、厚生労働省の人口動態推計によると、二〇〇三年（平成一五年）の婚姻数は七三万七千組であり、離婚数は二八万六千組であった。日本は、アメリカほどではないが、離婚件数は、以前（たとえば一九七五年は一一万九千組）とくらべると増加している。

バーンアウト（燃えつき）は、「仕事の燃えつき」として、アメリカでは一九七〇年代半ばに、日本では一九八〇年代に研究されるようになった。しかし、著者パインズが述べているように、仕事以外の、恋愛や結婚の領域に関して書かれたものはこれまでになく、本書がはじめてである。パインズはまた、仕事の燃えつきについての研究の開拓者の一人でもある。

パインズの研究および理論的立場は、三章で述べているように、特定のひとつの理論に依っているのではない。彼女の立場は、精神分析療法（精神力動的アプローチと著者は述べることもあるが、精神分析療法と本書では統一して訳出している）、行動療法、システム療法の三つの臨床的方法に加えて、社会心理学的視点と実存分析療法を統合したものである。五つのアプローチのすべての長所を取り入れて、カップルバーンアウトについて研究・考察し、治療方法を提案・実践している。

最後に、この翻訳をするにあたって、北大路書房の編集長の関　一明さん、編集部の北川芳美さんにはたいへんお世話になった。記して感謝の意を表したい。

二〇〇四年　一月

訳者　高橋文司

参考文献

❶ Ainsworth, M.D.S. (1989). Attachment beyond infancy. *American Psychologist* 44: 709–16.

❷ Ainsworth, M.D.S.; M.C. Blehar, E. Waters, and S. Wall. (1978). *Patterns of Attachment: A Psychological Study of the Strange Situation*. Hillsdale, NJ: Elbaum.

❸ Alberoni, F. (1983). *Falling in Love*. New York: Random House.

❹ Alexander, F.; and T.M. French. (1946). *Psychoanalytic Therapy Principles and Applications*. New York: Ronald Press.

❺ Allen, J.B.; D.T. Kenrick; D.E. Linder; and M.A. Mc Call. (1989). Arousal and attribution: A response facilitation alternative to misattribution and negative reinforcement models. *Journal of Personality and Social Psychology* 57: 261–70.

❻ Aronson, E. (1995). *The Social Animal*. San Francisco: Freeman.

❼ Aryee, S. (1993). Dual career couples in Singapore: An examination of work and non-work sources of their experienced burnout. *Human Relations* 46: 1441–68.

❽ Barbach, L. (1976). *For Yourself: The Fulfillment of Female Sexuality*. New York: Doubleday.

❾ Bar Levav, R. (1995). *Every Family Needs a C.E.O.: What Mothers and Fathers Can Do about Our Deteriorating Families and Values*. New York: Parenting, Inc. Press.

❿ Barnett, R.C. (1993). Multiple roles, gender, and psychological distress. In *Handbook of Stress*. 2d ed., edited by L. Goldberger and S. Breznitz. New York: The Free Press.

⓫ Baron, R. B.; and D. Byrne. (1991). *Social Psychology: Understanding Human Interaction*. 6th ed. Boston: Allyn and Bacon.

参考文献

⑫ Basow S. (1992). *Gender Stereotypes and Roles*. Belmont, CA: Wadsworth.

⑬ Becker, E. (1973). *The Denial of Death*. New York: Free Press.

⑭ Bellah, R.N.; R. Madsen; W.M. Sullivan; A. Swidler; and S.M. Tipton. (1985). *Habits of the Heart: Individualism and Commitment in American Life*. Berkeley: University of California Press.

⑮ Bengis, I. (1972). *Combat in the Erogenous Zone*. New York: Knopf.

⑯ Bernard, J. (1983). *The Future of Marriage*. New York: Bantam.

⑰ Berscheid, E.; and E.H. Walster. (1978). *Interpersonal Attraction*. 2d ed. New York: Random House.

⑱ Block, J. (1980). *Friendship*. New York: Macmillan.

⑲ ———. (1982). *The Magic of Lasting Love*. New York: Cornerstone Library.

⑳ Block, J.H. (1984). *Sex Role Identity and Ego Development*. San Francisco: Jossey-Bass.

㉑ Blumstein, P.; and P. Schwartz. (1983). *American Couples*. New York: William Morrow.

㉒ ———. (1990). Intimate relationships and the creation of sexuality. In *Homosexuality/Heterosexuality: Concepts of Sexual Orientation*, edited by D.P. McWhirter, S.A. Sanders, J.M. Reinisch. New York: Oxford University Press.

㉓ Bornstein, R.F.; D.R. Leone; and D.J. Galley. (1987). The generalizability of subliminal mere exposure effects: Influence of stimuli perceived without awareness on social behavior. *Journal of Personality and Social Psychology* 53: 1070–79.

㉔ Bossard, J.H.S. (1932). Residential propinquity as a factor in mate selection. *American Journal of Sociology* 38, 219–24.

㉕ Bowen, M. (1978). *Family Therapy in Clinical Practice*. New York: Jason Aronson.

㉖ Boyden, T.; J.S. Caroll; and R.A. Maier. (1984). Similarity and attraction in homosexual males. *Sex Roles* 10: 939–48.

㉗ Branden, N. (1983). *The Psychology of Romantic Love*. New York: Bantam.

㉘ Brehm, S. (1992). *Intimate Relationships*. New York: McGraw-Hill.

㉙ Bridges, W. (1977). *The Seasons of Our Lives*. San Francisco: Wayfarer Press.

㉚ Bryson, J.; R. Bryson; and B. Lecht. (1976). The professional pair: Husband and wife psychologists. *American Psychologist* 31: 10–16.

㉛ Burgess, E.W.; and P. Wallin. (1953). *Engagement and Marriage*. Philadelphia: Lippincott.

㉜ Burney, C. (1952). *Solitary Confinement*. New York: Coward-McCann.

㉝ Buss, D.M. (1994). *The Evolution of Desire: Strategies of Human Mating*. New York: Basic Books.

㉞ Buss, D. (1985). Human mate selection. *American Scientist* 73: 47–51.

㉟ Buss, D.M.; and D.P. Schmitt. (1993). Sexual strategies theory: An evolutionary perspective on human mating. *Psychological Review* 100: 204–232.

㊱ Byrne, D. (1969). Attitudes and attraction. *Advances in Experimental Social Psychology*, edited by L. Berkowitz. Vol. 4. New York: Academic Press.

㊲ Caccese, T.M.; and C.K. Mayeberg. (1984). Sex differences in perceived burnout of college coaches. *Journal of Sport Psychology* 6: 279–88.

㊳ Cantril, A.H.; and C.W. Roll, Jr. (1971). *Hopes and Fears of the American People*. New York: Universe Books.

39 Caspi, A.; and E.S. Harbener. (1990). Continuity and change: Assortive marriage and the consistency of personality in adulthood. *Journal of Personality and Social Psychology* 58: 250–58.
40 Chasin, C.; H. Grunebaum; and M. Herzig (eds.) (1990). *One Couple Four Realities: Multiple Perspectives on Couple Therapy.* New York: Guilford Press.
41 Chodorow, N. (1978). *The Reproduction of Mothering: Psychoanalysis and the Sociology of Gender.* Berkeley: University of California Press.
42 Clarke, A.C. (1952). An examination of the operation of propiquity as a factor in mate selection. *American Sociological Review* 27: 17–22
43 Clore, G.L.; and D. Byrne. (1974). A reinforcement-affect model of attraction. In *Foundations of Interpersonal Attraction,* edited by T.L. Houston, 143–70. New York: Academic Press.
44 Cobb, S. (1976). Social support as a moderator of life stress. *Psychosomatic Medicine* 5, 300–314.
45 Collins, N.L.; and S.J. Read. (1990). Adult attachment, working models, and relationship quality in dating couples. *Journal of Personality and Social Psychology* 58: 644–63.
46 Congreve, W. (1965). *The Way of the World.* London: E. Arnold.
47 Davis, S. (1990). Men as success objects and women as sex objects: A study of personal advertisements. *Sex Roles* 23: 43–50.
48 de Rougemont, D. (1940). *Love in the Western World.* New York: Pantheon, 1983.
49 Dicks, H.W. (1967). *Marital Tensions*, New York: Basic Books.
50 Dinnerstein, D. (1976). *The Mermaid and the Minotaur: Sexual Arrangements and Human Malaise.* New York: Harper & Row.
51 Donelson, E.; and J. Gullahorn (eds.) (1977). *Women: A Psychological Perspective.* New York: Wiley.
52 Duffy, E. (1962). *Activation and Behavior.* New York: Wiley.
53 Dutton, D.G.; and A.P. Aron. (1974). Some evidence for heightened sexual attraction under conditions of high anxiety. *Journal of Personality and Social Psychology* 30: 510–17.
54 Dyer, E.D. (1983). *Courtship, Marriage, and Family American Style.* Homewood, IL: Dorsey Press.
55 Ehrenreich, B. (1983). *The Hearts of Men: American Dreams and the Flight From Commitment.* Garden City, NJ: Anchor/Doubleday.
56 Eldridge, N.S.; and L.A. Gilbert. (1990). Correlates of relatonship satsfaction in lesbian couples. *Psychology of Women Quarterly* 14: 43–62.
57 Ellis, B.J. (1992). The evolution of sexual attraction: Evaluative mechanisms in women. In *The Adapted Mind: Evolutionary Psychology and the Generation of Culture,* edited by J.H. Barkow, L. Cosmedes, and J. Tooby, 267–88. New York: Oxford University Press.
58 Ephron, N. (1983). *Heartburn.* New York: Pocket Books.
59 Epstein, C.F. (1971). Law partners and marital partners: Strains and solutions in the dual career family enterprise. *Human Relations* 24: 549–63.
60 *Ethics of the Fathers.* (English translation, 1964) New York: Judaica Press.
61 Etzion, D. (1987). Burning out in management: A comparison of women and men in matched organizational positions. *Israel Social Science Research* 1–2; 147–63.

62 Etzion, D.; and A. Pines. (1986). Sex and culture in burnout and coping among human service professionals. *Journal of Cross-Cultural Psychology* 17: 191–209.

63 Etzion, D.; A. Pines., and D. Kafry. (1983). Coping strategies and the experience of tedium: A cross-cultural comparison between Israelites and Americans. *Journal of Psychology and Judaism* 8: 41–51.

64 Farrell, W. (1986). *Why Men Are the Way They Are: The Male-Female Dynamic.* New York: McGraw-Hill.

65 Feingold, A. (1988). Matching for attractiveness in romantic partners and same sex friends: A meta analysis and theoretical critique. *Psychological Bulletin* 104: 226–35.

66 ———. (1992). Gender differences in mate selection preferences: A test of the parental investment model. *Psychological Bulletin* 112: 125–39.

67 Festinger, L. (1951). Architecture and group membership. *Journal of Social Issues* 7: 152–63.

68 Fisch, R.; J.H. Weakland; and L. Segal. (1982). *The Tactics of Change*. San Francisco: Jossey-Bass.

69 Fisher, H.E. (1992). *Anatomy of Love*. New York: W.W. Norton.

70 Folkes, V.S. (1982). Forming relationships and the matching hypothesis. *Personality and Social Psychology Bulletin* 8: 631–36.

71 Framo, J.L. (1981). The integration of marital therapy with sessions with family of origin. In *Handbook of Family Therapy,* edited by T. Paulino and B. McCrady, 131–58. New York: Bruner/Mazel.

72 ———. (1982). *Explorations in Marital and Family Therapy.* New York: Springer.

73 Frankl, V.E. (1966). *Man's Search for Meaning: An Introduction to Logotherapy.* New York: Washington Square Press.

74 French, M. (1977). *The Women's Room*. New York: Harcourt Brace Jovanovich.

75 Fromm, E. (1956). *The Art of Loving: An Enquiry into the Nature of Love.* New York: Harper & Row.

76 Fuehrer, A.; and K. McGonagle. (1988). Individual and situational factors as predictors of burnout among resident assistants. *Journal of College Student Development* 29: 244–49.

77 Galton, F. (1884). The measurement of character. *Fortnightly Review* 36: 179–85.

78 Gilligan, C. (1982). *In a Different Voice: Psychological Theory and Women's Development.* Cambridge, MA: Harvard University Press.

79 Goffman, E. (1952). On cooling the mark out: Some aspects of adaptation to failure. *Psychiatry* 15: 451–63.

80 Goldner, V. (1985). Feminism and family therapy. *Family Process* 24: 31–47.

81 Goodrich, T. J.; C. Rampage; S. Ellman; and K. Halstead. (1988). *Feminist Family Therapy*. New York: Norton.

82 Goodwin, R. (1990). Sex differences among partner preferences: Are the sexes really very similar? *Sex Roles* 23: 501–513.

83 Gottman, J. (1994). Why marriages fail. *Networker* (May/June): 41–48.

84 ———. (1995). *Why Marriages Succeed or Fail.* New York: Simon & Schuster.

85 Gouaux, C. (1971). Induced affective states and interpersonal attraction. *Journal of Personality and Social Psychology* 20: 37–43.

86 Gove, W. (1972). The relationship between sex roles, marital status, and mental illness. *Social Forces* 51: 34–44.
87 Greenglass, E.R.; and R.J. Burke. (1988). Work and family precursors of burnout in teachers: Gender differences. *Sex Roles* 18: 215–29.
88 Greenglass, E.R.; R.J. Burke; and M. Ondrach. (1990). A gender-role perspective on coping and burnout. *Applied Psychology: An International Review* 39: 5–27.
89 Haley, J. (1977). *Problem Solving Therapy: New Strategies for Effective Family Therapy.* San Francisco: Jossey-Bass.
90 Hare-Mustin, R. (1978). A feminist approach to family therapy. *Family Process* 17: 181–94.
91 Hazan, C.; and P. Shaver. (1987). Romantic love conceptualized as an attachment process. *Journal of Personality and Social Psychology* 52: 511–24.
92 Hendrix, H. (1992). *Keeping the Love You Find.* New York: Pocket Books.
93 Hennig, M.; and A. Jardim. (1976). *The Managerial Woman.* New York: Doubleday.
94 Hetherington, C.; M.K. Oliver; and C.E. Phelps. (1989). Resident assistant burnout: factors of job and gender. *Journal of College Student Development* 30: 266–69.
95 Hinsz, V.B. (1989). Facial resemblance in engaged and married couples. *Journal of Social and Personal Relationships* 6: 223–29.
96 Hiscott, R.D.; and P.J. Connop. (1989). Job stress and occupational burnout: Gender differences among mental health professionals. *Sociology and Social Research* 74: 10–15.
97 Hothschild, A. (1989). *The Second Shift.* New York: Avon.
98 Hyde, J.S. (1993). Sex, Love and Psychology. Paper presented at the annual convention of the American Psychological Association, Toronto Canada.
99 Jacobson, N. (1991). Keynote address presented at the annual convention of the American Psychological Association, San Francisco, August 16–20, 1991.
100 Johnson, R. (1983). *We: Understanding the Psychology of Romantic Love.* New York: Harper & Row.
101 Kafry, D.; and A. Pines. (1980). The experience of tedium in life and work. *Human Relations* 33: 477–503.
102 Kaplan, M.F. (1981). State dispositions in social judgment. *Bulletin of the Psychonomic Society* 18: 27–29.
103 Kasl, S.V.; and S. Cobb. (1970). Blood pressure changes in men undergoing job loss. *Psychosomatic Medicine* 6: 95–106.
104 Kaslow, F.; and H. Hammerschmidt. (1992). Long-term "good" marriages: The seemingly essential ingredients. *Journal of Couples Therapy* 3: 15–38.
105 Kelleman, S. (1985). *Emotional Anatomy.* Berkeley, CA: Center Press.
106 Kellerman, J.; J. Lewis; and J.D. Laird. (1989). Looking and loving: The effects of mutual gaze on feelings of romantic love. *Journal of Research in Personality* 23: 145–61.
107 Kessel, N. (1965). Self poisoning. *British Medical Journal* 2: 1265–1340.
108 Kierkegaard, S. (1957). *The Concept of Dread.* Translated by W. Lowrie. Princeton, NJ: Princeton University Press, 1988.

109 Kishon, E. (1974). *It Was the Lark* [in Hebrew, *Ho, Ho Yulia*]. Tel Aviv: Sifriyat Maariv.

110 Kobasa, S.C. (1979). Stressful life events, personality, and health: An inquiry into hardiness. *Journal of Personality and Social Psychology* 37: 1–11.

111 Kobasa, S.C.; and S. Maddi. (1981). Personality and constitution as mediators in the stress-illness relationship. *Journal of Health and Social Behavior* 22: 368–78.

112 Kreckhoff, A.; and K. Davis. (1962). Value consensus and need complementarity in mate selection. *American Sociological Review* 17: 295–303.

113 Kurdek, L.A. (1989). Relationship quality in gay and lesbian cohabiting couples: A one-year follow-up study. *Journal of Social and Personal Relationships* 6: 39–59.

114 Lasswell, M.; and N. Lobsenz. (1980). *Styles of Loving: Why You Love the Way You Do*. New York: Ballantine.

115 Lauer, J.; and R. Lauer. (1985). Marriages made to last. *Psychology Today* 19 (June): 22–26.

116 Lazarus, R. (1984). *Psychological Stress and the Coping Process*. New York: McGraw-Hill.

117 Lazarus, R.; and S. Folkman. (1984). *Stress Appraisal and Coping*. New York: Springer.

118 Lederer, W.; and D. Jackson. (1968). *The Mirages of Marriage*. New York: Norton.

119 Leiter, M.P.; D. Clark; and J. Durup. (1994). Distinct models of burnout and commitment among males and females in the military. *Journal of Applied Behavioral Science* 1: 63–82.

120 Lerner, G.H. (1988). *Women in Therapy*. New York: Harper.

121 Liem, R.; and P. Rayman. (1982). Health and social costs of unemployment: Research and policy considerations. *American Psychologist* 37: 1116–23.

122 Locke, K.D.; and L.M. Horowitz. (1990). Satisfaction in interpersonal interactions as a function of similarity in level of dysphoria. *Journal of Personality and Social Psychology* 58: 823–31.

123 Malanowski, J.R.; and P.H. Wood. (1984). Burnout and self actualization in public school teachers. *Journal of Psychology* 117 (1): 23–26.

124 Martin, T.W.; K.J. Berry; and R.B. Jacobsen. (1975). The impact of dual-career marriages on female professional careers. Paper presented at the annual meeting of the National Council on Family Relations, Salt Lake City, Utah, August.

125 Maslach C.; and S. Jackson. (1985). The role of sex and family variables in burnout. *Sex Roles* 12: 837–51.

126 ———. (1986). *Maslach Burnout Inventory Manual*. Palo Alto, CA: Consulting Psychologists Press.

127 Maslow, A. (1962). *Toward A Psychology of Being*. New York: Van Nostrand.

128 May, J.L.; and P.A. Hamilton. (1980). Effects of musically evoked affect on women's interpersonal attraction and perceptual judgments of physical attractiveness of men. *Motivation and Emotion* 4: 217–28.

129 May, R. (1969). *Love and Will*. New York: Dell.

130 Mehrabian, A. (1989). Marital choice and compatibility as a function of trait similarity-dissimilarity. *Psychology Reports* 5: 1202.

131 Meissner, W. (1978). The conceptualization of marriage and family dynamics from a psychoanalytic perspective. In *Marriage and Marital Therapy: Psychoanalytic, Behavioral, and Systems Therapy Perspectives,* edited by T. Paolino and B. McCrady, 25–88. New York: Brunner/Mazel.

132 Merikangas, K.R.; M.M. Weissman; B.A. Prusoff; and K. John. (1988). Assortative mating and affective disorders: Psychopathology in offspring. *Psychiatry* 51: 48–57.

133 Miller, J.B. (1976). *Toward a New Psychology of Women.* Boston: Beacon Press.

134 Minuchin, S. (1974). *Families and Family Therapy.* Cambridge: Harvard University Press.

135 Mittelman, B. (1948). The concurrent analysis of married couples. *Psychoanalytic Quarterly* 17: 182–97.

136 Money J. (1986). *Lovemaps: Clinical Concepts of Sexual/Erotic Health and Pathology, Paraphilia, and Gender Transposition in Childhood, Adolescence and Maturity.* New York: Irvington.

137 Murstein, B. (1976). *Who Will Marry Whom?* New York: Springer.

138 Nadelson, C. (1978). Marital therapy from a psychoanalytic perspective. In *Marriage and Marital Therapy: Psychoanalytic, Behavioral, and Systems Therapy Perspectives,* edited by T. Paolino and B. McCrady, 89–164. New York: Brunner/Mazel.

139 Nadelson, C.C.; and T. Nadelson. (1980). Dual-career marriages: Benefits and costs. In *Dual-career Couples,* edited by F. Pepitone-Rockwell. Beverly Hills, CA: Sage.

140 Nagoshi, C.T.; R.C. Johnson; and F.M. Ahern. (1987). Phenotype assortative mating vs. social homogamy among Japanese and Chinese parents. *Behavior Genetics* 17: 477–85.

141 Neimeyer, G.J. (1984). Cognitive complexity and marital satisfaction. *Journal of Social and Clinical Psychology* 2: 258–63.

142 Newcomb, T.M. (1961). *The Acquaintance Process.* New York: Holt, Reinhart and Winston.

143 Nicholson, J. (1984). *Men and Women: How Different Are They?* Oxford: Oxford University Press.

144 Norton A.J.; and P.C. Glick. (1976). Marital instability past and future. *Journal of Social Issues* 32: 5–20.

145 Norvell, N.K.; H.A. Hills; and M.R. Murrin. (1993). Understanding burnout in male and female law enforcement officers. *Psychology of Women Quarterly* 3: 289–301.

146 Nye, I.; and L. Hoffman (eds.) (1963). *The Employed Mother in America.* Chicago: Rand McNally.

147 Oates, W. (1971). *Confessions of a Workaholic.* Nashville, TN: Abingdon Press.

148 O'Leary, D.; H. Turkewitz. (1978). Marital therapy from a behavioral perspective. In *Marriage and Marital Therapy: Psychoanalytic, Behavioral and Systems Therapy Perspectives,* edited by T. Paolino and B. McCrady. 240–97. New York: Brunner/Mazel.

149 Paolino, T.; and B. McCrady (eds.) (1978). *Marriage and Marital Therapy: Psychoanalytic, Behavioral and Systems Therapy Perspectives.* New York: Brunner/Mazel.

参考文献

150 Papp, P. (1990). The use of structured fantasy in couple therapy. In *One Couple Four Realities: Multiple Perspectives on Couple Therapy,* edited by C. Chasin, H. Grunebaum, and M. Herzig. New York: Guilford Press.

151 Parnas, J. (1988). Assortative mating in schizophrenia. *Psychiatry* 51: 58–64.

152 Paul, J.; and M. Paul. (1983). *Do I Have to Give Up Being Able to Be Loved by You?* Minneapolis, MN: Compcare.

153 Peck, S.M. (1978). *The Road Less Traveled.* New York: Simon & Schuster.

154 Pepitone-Rockwell, F. (1980). *Dual-career Couples.* Beverly Hills, CA: Sage.

155 Phillips, K.; D.W. Fulker; G. Carey; and C.T. Nagoshi. (1988). Direct marital assortment for cognitive and personality variables. *Behavior Genetics* 18: 347–56.

156 Pines, A. (1979). The influence of goals on people's perceptions of a competent woman. *Sex Roles* 5: 71–76.

157 ———. (1982a). On burnout and the buffering effects of social support. In *Stress and Burnout in the Human Service Professions,* edited by B. Farber. New York: Pergamon Press.

158 ———. (1982b). Changing organizations: Is a work environment without burnout an impossible goal? In *Job Stress and Burnout,* edited by W.S. Pain. Beverly Hills, CA: Sage.

159 ———. (1982c). Helpers' motivation and the burnout syndrome. In *Basic Process in Helping Relationships,* edited by T.A. Wills, 453–464. New York: Academic Press.

160 ———. (August 1983). "Sexual Jealousy as a Cause of Violence." Paper presented at the annual convention of the American Psychological Association, Anaheim, California.

161 ———. (1985). Who is to blame for a helper's burnout? In *Self Care for Health-Care Providers,* edited by C. Scott. New York: William Morrow,

162 ———. (1986). Marriage burnout from women's perspective. In *Everywoman's Emotional Well Being,* edited by C. Tavris. New York: Doubleday.

163 ———. (1987a). Marriage burnout: A new conceptual framework for working with couples. *Psychology in Private Practice* 5: 31–44.

164 ———. (1987b). Polyfidelity: An alternative to monogamous marriage?" in *Communal Life,* edited by Y. Gorni, Y. Oven, and I. Paz, 622–26. Yad Tabenkin Efal, Israel: Transaction Books.

165 ———. (1989). Sex differences in marriage burnout. *Israel Social Science Research* 5: 60–75.

166 ———. (1992). *Romantic Jealousy: Understanding and Conquering the Shadow of Love.* New York: St. Martin's Press.

167 ———. (1992). A burnout workshop: Design and rationale. In *Handbook of Organizational Consultation,* edited by R. Golembiewski. New York: Marcel Dekker 82: 605–13.

168 ———. (1993). Burnout: An existential perspective. In *Professional Burnout: Recent Developments in Theory and Research,* edited by W. Schaufeli, C. Maslach, and T. Marek. Washington, DC: Taylor and Francis 3: 33–52.

169 Pines, A.; and E. Aronson. (1981). Polyfidelity: An alternative lifestyle without jealousy. *Alternative Lifestyles* 4: 323–92.

170 ———. (1983). The antecedents, correlates and consequences of sexual jealousy. *Journal of Personality* 54: 108–35.

171 ———. (1988). *Career Burnout: Causes and Cures*. 2d ed. New York: Free Press.
172 Pines, A.; and D. Kafry. (1981a). Coping with burnout. In *The Burnout Syndrome,* edited by J. Jones, 139–150. Park Ridge, IL: London House Press.
173 ———. (1981b). Tedium in the life and work of professional women as compared with men. *Sex Roles* 7: 963–77.
174 Prochaska, J.; and J. Prochaska. (1978). Twentieth century trends in marriage and marital therapy. In *Marriage and Marital Therapy: Psychoanalytic, Behavioral and Systems Therapy Perspectives,* edited by T. Paolino and B. McCrady, 1–24. New York: Brunner/Mazel.
175 Rank, O. (1945). *Will Therapy and Truth and Reality*. New York: Knopf.
176 ———. (1958). *Beyond Psychology*. New York: Dover Books.
177 ———. (1961). *Psychology and the Soul*. New York: Perpetual Books Edition.
178 Rapoport, R.; and R. Rapoport. (1969). The dual career family, *Human Relations* 22: 3–30.
179 Reik, T. (1964). *The Need to Be Loved*. New York: Bantam.
180 Rogers, C. (1961). *On Becoming a Person*. Boston: Houghton Mifflin.
181 Rubin, L. (1983). *Intimate Strangers*. New York: Harper & Row.
182 Rushton, P. (1988). Genetic similarity, mate choice, and fecundity in humans. *Ethology and Sociobiology* 9: 329–34.
183 Rushton, J.; and P.I.R. Nicholson. (1988). Genetic similarity theory, intelligence, and human mate choice. *Ethology and Sociobiology* 9, 45–58.
184 Safir, M.P.; Y. Peres; M. Lichtenstein; Z. Hoch; and J. Shepher. (1982). Psychological androgyny and sexual adequacy. *Journal of Sex and Marital Therapy* 8: 228–40.
185 Sager, C. (1976). *Marriage Contracts and Couple Therapy*. New York: Brunner/Mazel.
186 Scarf, M. (1979). The more sorrowful sex. *Psychology Today* 12: 44–52.
187 Schachter, S. (1964). The Interaction of cognitive and physiological determinants of emotional state. In *Advances in Experimental Social Psychology,* edited by L. Berkowitz. New York: Academic Press.
188 Schachter, S. ; and J. Singer. (1962). Cognitive, social and physiological determinants of emotional state. *Psychological review* 69: 379–99.
189 Schafer, R.B.; and P.M. Keith. (1990). Matching by weight in married couples: A life cycle perspective. *Journal of Social Psychology* 130: 657–64.
190 Segal, M.W. (1974). Alphabet and attraction: Unobtrusive measure of the effect of propinquity in a field setting. *Journal of Personality and Social Psychology* 30: 654–57.
191 Segraves, R.T. (1982). *Marital Therapy: A Combined Psychodynamic Behavioral Approach*. New York: Plenum Medical Book Company.
192 Smith, J.E.; V.A. Waldorf; and D.L. Trembath. (1990). Single white male looking for thin, very attractive . . . *Sex Roles* 23: 675–85.
193 Snyder, M. (1979) When belief creates reality: The self fulfilling impact of first impressions on social interaction. In *Experiencing Social Psychology,* edited by A. Pines and C. Maslach. New York: Random House.
194 Sprecher, S.; Q. Sullivan; and E. Hatfield. (1994). Male selection preferences: Gender differences examined in a national sample. *Journal of Personality and Social Psychology* 66: 1074–80.

195 Stephan, W.A.; E. Berscheid; and E.H. Walster. (1971). Sexual arousal and interpersonal perception. *Journal of Personality and Social Psychology* 20: 93–101.

196 Stuart, R.B. (1969). Operant-interpersonal treatment for marital discord. *Journal of Consulting and Clinical Psychology* 33: 675–82.

197 Stuart, R.B. (1980). *Helping Couples Change: A Social Learning Approach to Marital Therapy.* New York: Guilford Press.

198 Suyin, H. (1960). *A Many Splendoured Thing.* New York: Penguin.

199 Tannen, D. (1990). *You Just Don't Understand.* New York: William Morrow.

200 Taylor, M.; and S.G. Vandenberg. (1988) Assortative mating for IQ and personality due to propinquity and personal preference. *Behavior Genetics* 18: 339–45.

201 Tennov, D. (1979). *Love and Limerence: The Experience of Being in Love.* New York: Stein and Day.

202 Thelen, T. (1988). Effect of late familiarization on human mating preferences. *Social Biology* 35: 251–66.

203 U.S. Bureau of the Census (1981). *Current Population Report.* Washington, DC: U.S. GPO.

204 Valins, S. (1966). Cognitive effects of false heart rate feedback. *Journal of Personality and Social Psychology* 4: 400–408.

205 Veitch, R.; and W. Griffitt. (1976). Good news, bad news: Affective and interpersonal effects. *Journal of Applied Social Psychology* 6: 69–75.

206 Wallerstein, J.S.; and S. Blakeslee. (1995). *The Good Marriage: How and Why Love Lasts.* Boston: Houghton Mifflin.

207 Walster E.; and E. Berscheid. (1971). Adrenalin makes the heart grow fonder. *Psychology Today* (June): 47–62.

208 ———. (1969). *Interpersonal Attraction.* Menlo Park, CA: Addison-Wesley.

209 Walster, E.; and W.G. Walster. (1978). *A New Look at Love.* Reading, MA: Addison Wesley.

210 Walters, M.; B. Carter, B.; P. Papp; and O. Silverstein. (1991). *The Invisible Web: Gender Patterns in Family Relationships.* New York: Guilford Press.

211 Watts, A. (1985). Divine madness. In *Challenge of the Heart,* edited by John Welwood. Boston: Shambhala.

212 Watzlawick, P.; J.H. Weakland; and R. Fisch. (1974). *Change: Principles of Problem Formation and Problem Resolution.* New York: Norton.

213 Weiderman, M.W.; and E.R. Allgeier. (1992). Gender differences in mate selection criteria: Sociobiological or socioeconomic explanation? *Ethology and Sociobiology* 13: 115–24.

214 Weinberg, S.; G. Edwards; and W.E. Garove. (1983) Burnout among employees of state residential facilities serving developmentally disabled persons. *Children and Youth Services Review* 5: 239–53.

215 Weissman, M.; and Klerman, G. (1981). Sex differences and the epidemiology of depression. In *Women and Mental Health,* edited by E. Howell and M. Bay. New York: Basic Books.

216 Westman, M.; and D. Etzion. (1990). Job stress and burnout: The moderating effect of social support and sense of control. Paper presented at the first European Network of Organizational Psychologists conference on Professional Burnout. Cracow, Poland, September 24–27.

⑰ White, G.L. (1980). Physical attractiveness and courtship progress. *Journal of Personality and Social Psychology* 39: 660–68.
⑱ Whitaker, C.; and D.V. Keith. (1977). Counseling the dissolving marriage. In *Klemer's Counseling: Marital and Sexual Problems,* edited by R.F. Stahmann and W.J. Hiebert. Baltimore, MD: William and Wilkins.
⑲ White, G.L.; S. Fishbein; and J. Rutstein. (1981). Passionate love: The misattribution of arousal. *Journal of Personality and Social Psychology* 41: 56–62.
⑳ White, G.L.; and D. Shapiro. (1989). Don't I know you? Antecedents and social consequences of perceived familiarity. *Journal of Experimental Social psychology* 23: 75–92.
㉑ White, M.; and D. Epston. (1990). *Narrative Means to Therapeutic Ends*. New York: W.W. Norton.
㉒ Wile, D. (1981). *Couple Therapy*. New York: Wiley
㉓ ———. (1995). The ego analytic approach to couple therapy. In *Clinical Theory of Couple Therapy*, edited by Neil Jackobson and Alan Gurman. New York: Guilford Press.
㉔ Wilson, W. (1989). Brief resolution of the issue of similarity versus complementarity in mate selection using height preference as a model. *Psychological Reports* 65: 387–93.
㉕ Winch, R. (1958). *Mate selection: A study of complementary needs* New York: Harper & Row.
㉖ Wolman, B. (1973). *Dictionary of Behavioral Science*. New York: Van Nostrand.
㉗ Yalom, I.D. (1980). *Existential Psychotherapy*. New York: Basic Books.
㉘ Zajonc, R.B. (1968). Attitudinal effects of mere exposure. *Journal of Personality and Social Psychology*. Monograph supplement 9, part 2, 1–27.
㉙ Zajonc, R.B.; P.K. Adelmann; S.T. Murphy; and P.M. Niedenthal. (1987). Convergence in physical appearance of spouses. *Motivation and Emotion* 11: 335–46.
㉚ Zilbergeld, B. (1992). *The New Male Sexuality*. New York: Bantam.
㉛ Zimbardo, P.; C. Haney; W.C. Banks; and D.A. Jaffe. (1973). Pirandellian prison: The mind is a formidable jailer. *New York Times Magazine* (April 8): 38–60.

※⑮については，『愛するということ』エーリッヒ・フロム／懸田克躬訳　紀伊国屋書店　1959年，⑱については『慕情』ハン・イースン／深町眞理子訳　角川書店　1970年からそれぞれ引用した。

【訳者紹介】

高橋　文司（たかはし・たけし）

1965年　東京大学大学院教育学研究科修士課程修了

現　在　愛知教育大学名誉教授・南山短期大学コミュニティカレッジ講師

主　著　教育心理学（共著）　福村出版　1980

　　　　発達社会心理学講座１　（共著）　学芸図書　1988

　　　　発達と学習の心理（共著）　福村出版　1991

　　　　道徳性心理学（共著）　北大路書房　1992

　　　　教育心理学の展開 改訂版（共著）　北樹社　1997

岩田　昌子（いわた・まさこ）

1998年　聖心女子大学文学部卒業

2000年　愛知教育大学大学院教育学研究科修士課程修了

現　在　臨床心理士

主　著　保育ソーシャルカウンセリング（共著）　建帛社　2004

恋愛と結婚の燃えつきの心理

—カップルバーンアウトの原因と治療—

2004年 3 月10日　初版第 1 刷発行
2007年 4 月20日　初版第 2 刷発行

定価はカバーに表示してあります。

著　　者　A. M. パインズ
訳　　者　高　橋　丈　司
　　　　　岩　田　昌　子
発　行　所　㈱北大路書房
〒603-8303　京都市北区紫野十二坊町12-8
電　話　(075) 431-0361㈹
F A X　(075) 431-9393
振　替　01050-4-2083

制作／高瀬桃子　印刷・製本／㈱シナノ
検印省略　落丁・乱丁本はお取り替えいたします。
ISBN978-4-7628-2358-9　Printed in Japan